Neuerungen im Krankenhaus- und Arzneimittelbereich
zwischen Bedarf und Finanzierung

ALLOKATION IM MARKTWIRTSCHAFTLICHEN SYSTEM

Herausgegeben von
Heinz König (†), Hans-Heinrich Nachtkamp (†),
Ulrich Schlieper, Eberhard Wille

Band 73

Eberhard Wille (Hrsg.)

NEUERUNGEN IM KRANKENHAUS- UND ARZNEIMITTELBEREICH ZWISCHEN BEDARF UND FINANZIERUNG

21. Bad Orber Gespräche über kontroverse Themen im Gesundheitswesen

Bibliografische Information der Deutschen Nationalbibliothek
Die Deutsche Nationalbibliothek verzeichnet diese Publikation
in der Deutschen Nationalbibliografie; detaillierte bibliografische
Daten sind im Internet über http://dnb.d-nb.de abrufbar.

ISSN 0939-7728
ISBN 978-3-631-73827-6 (Print)
E-ISBN 978-3-631-73833-7 (E-PDF)
E-ISBN 978-3-631-73834-4 (EPUB)
E-ISBN 978-3-631-73835-1 (MOBI)
DOI 10.3726/b12534

© Peter Lang GmbH
Internationaler Verlag der Wissenschaften
Frankfurt am Main 2017
Alle Rechte vorbehalten.
PL Academic Research ist ein Imprint der Peter Lang GmbH.

Peter Lang – Frankfurt am Main · Bern · Bruxelles · New York ·
Oxford · Warszawa · Wien

Das Werk einschließlich aller seiner Teile ist urheberrechtlich
geschützt. Jede Verwertung außerhalb der engen Grenzen des
Urheberrechtsgesetzes ist ohne Zustimmung des Verlages
unzulässig und strafbar. Das gilt insbesondere für
Vervielfältigungen, Übersetzungen, Mikroverfilmungen und die
Einspeicherung und Verarbeitung in elektronischen Systemen.

Diese Publikation wurde begutachtet.

www.peterlang.com

Inhaltsverzeichnis

Marco Annas
Begrüßungsansprache „Bad Orber Gespräche 2016" 7

Volker Ulrich
Morbi-RSA – Weiterentwicklungsbedarf nach 2017 13

Eberhard Wille und Gregor Thüsing
Fairer Wettbewerb in der gesetzlichen Krankenversicherung.
Wege zur Steigerung von Wettbewerbsneutralität
und Effizienz in der Kassenaufsicht 37

Michael Philippi
Die ewige Baustelle Krankenhaus – Erfahrungen aus über 20 Jahren 91

Wulf-Dietrich Leber
Qualitätsorientierung und Strukturbereinigung –
Das KHSG in der Umsetzungsphase 107

Michael Hennrich
AMVSG: Gesetzgebung auf der Zielgeraden 135

Josef Hecken
AMNOG – eine Zwischenbilanz 143

Johann-Magnus v. Stackelberg und Anja Tebinka-Olbrich
Zukunftssicherung der Versorgung mit innovativen Arzneimitteln 151

Han Steutel
Nach dem Pharmadialog. Was ist erreicht? Was steht noch aus? 169

Jürgen Wasem und Vivien Engelberth
Erfahrungen mit der Schiedsstelle nach § 130b Abs. 5 SGB V 177

Verzeichnis der Autoren 195

Marco Annas
Begrüßungsansprache „Bad Orber Gespräche 2016"

Meine sehr geehrten Damen und Herren, liebe Gäste,
es ist mir eine große Freude, Sie heute im Namen von Bayer zu den mittlerweile 21. Bad Orber Gesprächen begrüßen zu dürfen. Ich möchte mich bereits vorab ganz herzlich bei den hochkarätigen Referenten und ebenso bei den zahlreichen Gästen für ihr Kommen und ihre Wortbeiträge bedanken – denn davon leben die Bad Orber Gespräche: Von interessanten Vorträgen und spannenden, mitunter kontroversen Diskussionen in einer traditionell offenen Atmosphäre.

Ein ganz besonderer Dank gilt wieder einmal Herrn Prof. Wille, der erneut Schirmherr unserer Veranstaltung ist und die Gesamtmoderation übernehmen wird. Er hat es erneut erfolgreich verstanden, Kenner, Gestalter und Entscheider unseres Gesundheitssystems für diese Veranstaltung als Referenten zu gewinnen, die uns „aus erster Hand" berichten können und die ihre Positionen zu wichtigen gesundheitspolitischen Themen der Gegenwart und der Zukunft mit uns teilen werden. Dafür meinen ganz besonders herzlichen Dank, lieber Herr Professor Wille!

Das Schöne ist: Uns gehen die Themen für die Bad Orber Gespräche nie aus. Denn nichts ist im Gesundheitswesen so beständig wie der Wandel – das stellen wir jedes Jahr aufs Neue fest. Und so lautet der diesjährige Titel unserer Veranstaltung: „Neuerungen im Krankenhaus- und Arzneimittelbereich zwischen Bedarf und Finanzierung". Das ist das ewige Spannungsfeld, in dem wir uns seit Jahren befinden.

Auf die Arzneimittel bezogen heißt das: Einerseits stehen den Patienten immer neue, innovative Therapien zur Verfügung, die Krankheiten heilen oder zumindest lindern und die Leben verlängern und verbessern können. Andererseits wird, insbesondere von Krankenkassen, vor steigenden Kosten, die das System ins Wanken bringen, gewarnt. Sogar dann, wenn – wie vor kurzem geschehen – eine durch und durch unspektakuläre Zahl veröffentlicht wird: nämlich ein Arzneimittelausgabenwachstum von 4,3 Prozent im letzten Jahr. Das wird dann dramatisiert und dazu genutzt, selbst in einem

Jahr mit moderater Kostenentwicklung eine Spardebatte anzuzetteln. Man sollte doch meinen, dass es sich bei den Ausgaben um eindeutig quantifizierbare, statistische Größen handelt. Doch es ist immer wieder interessant und manchmal eben auch durchaus besorgniserregend, wie unterschiedlich diese Zahlen dargestellt und interpretiert werden können. Natürlich stimmt die so dramatisch daherkommende Aussage: „Die GKV-Ausgaben für Arzneimittel waren im Jahr 2015 so hoch wie nie zuvor." Aber das allein ist doch wenig aussagekräftig. Denn richtig ist auch: Die Anzahl der GKV-Versicherten ist ebenfalls so hoch wie nie zuvor. Die Bevölkerung ist so alt und damit so krank wie nie zuvor. Die Aufregung über zu viel Geld für neue Arzneimittel ist derzeit eine politisch motivierte Scheindebatte. Fakt ist: Die Kosten bleiben unter Kontrolle, die Arzneimittelausgaben der Krankenkassen steigen nur moderat und ihr Anteil an den Gesamtausgaben der GKV ist stabil. Neue Arzneimittel sind in Deutschland im Übrigen günstiger als in anderen europäischen Ländern und es mehren sich die Anzeichen, dass Deutschland nach und nach zu einem Exportmarkt für „preisgünstige" Arzneimittelinnovationen wird. Es darf vermutet werden: Diese Dramaturgie zielt auf den politischen Prozess, der spätestens letzten Monat mit der Verabschiedung des GKV-Arzneimittelversorgungsgesetz – kurz AMVSG – im Bundeskabinett begann. Heute findet die erste Lesung im Bundestag statt, wir sind also genau in der heißen Phase. Der Gesetzentwurf enthält mehrere „Pakete", die es durchaus „in sich haben" und über die wir heute und morgen auch sprechen werden. Als forschendes pharmazeutisches Unternehmen schauen wir natürlich besonderes auf das sich in diesem Gesetzentwurf befindliche „AMNOG-Paket" einerseits und das „Preis-Paket" andererseits. Hier sehen wir durchaus noch Anpassungsbedarf. Aber auch das „Apothekenpaket" wird durch die Regelungen im Bereich der Zytostatika und nun vor allem durch das EUGH-Urteil noch einmal äußerst spannend.

Meine Damen und Herren, wie Sie wissen, fand von 2014 bis 2016 der sogenannte Pharmadialog zwischen der Bundesregierung, den Pharmaverbänden, Vertretern der Gewerkschaften und der Wissenschaft statt. Ein Dialog, den es in dieser Form zuvor so noch nie gegeben hat und den ich für einen wichtigen Meilenstein halte. Im Ergebnisbericht zum Pharmadialog heißt es: Die pharmazeutische Industrie ist – ich zitiere – „wichtiger Motor der deutschen Wirtschaft", „wirtschaftlicher Stabilitätsanker auch in

Krisenzeiten" und „Schlüsselindustrie für den medizinischen Fortschritt". Und das Bekenntnis der beteiligten Ministerien geht noch weiter: „Die Bundesregierung will, dass der Pharmastandort Deutschland im internationalen Wettbewerb auch weiterhin stark bleibt" und: „Die Bundesregierung will mit Anreizen für Innovationen die Voraussetzungen für eine gute Patientenversorgung schaffen". Das klingt alles sehr gut, denn zentrale Voraussetzung für eine gute Gesundheitsversorgung, den wirtschaftlichen Erfolg der Unternehmen und den Erhalt von Beschäftigung sind in der Tat auch verlässliche Rahmenbedingungen und ein innovationsfreundliches Klima – auch im Bereich des gesetzlichen Krankenversicherungssystems. Sie können sich vorstellen, dass wir im April, als der gemeinsame Ergebnisbericht zum Pharmadialog veröffentlicht wurde, mit Zuversicht einem geplanten „Pharmagesetz" entgegengesehen haben. Wir hatten Grund zur Hoffnung, dass die Politik auf dieser Basis Maßnahmen ableiten würde, die tatsächlich zu besseren und planungssicheren Rahmenbedingungen für Forschung und Entwicklung im Arzneimittelbereich beitragen und damit langfristig zu einer hochwertigen Versorgung von Patienten mit innovativen Arzneimitteln beitragen würden. Diese Zuversicht ist mittlerweile Ernüchterung gewichen. Das AMVSG stellt leider insgesamt kein ausgewogenes und zukunftsfähiges Maßnahmenpaket dar – die Balance stimmt schlicht nicht. Der Gesetzentwurf ist in seiner derzeitigen Fassung eben kein „Arzneimittelversorgungsstärkungsgesetz". Lassen Sie mich nur ein paar wenige Punkte ansprechen, ohne der Diskussion morgen vorgreifen zu wollen:

– Erstens: Entgegen den Absprachen im Pharmadialog sollen auch neue dirigistische Markteingriffe vorgenommen werden. Das Preismoratorium soll nun bis Ende 2022 verlängert werden. Die faktische Institutionalisierung dieser Zwangsmaßnahme über 13 Jahre hinweg ist nicht nur ordnungspolitisch höchst fragwürdig, sondern auch verfassungsrechtlich bedenklich. Bedenklich ist auch, dass das alle wissen und es trotzdem Eingang in den Gesetzentwurf gefunden hat und die Begründung immer abenteuerlicher ausfällt. Die Maßnahme kann eben nicht mit der aktuellen gesamtwirtschaftlichen Lage begründet werden, die in Deutschland so robust ist wie selten zuvor. Die GKV verfügt bekanntlich trotz steigender Ausgaben über ein Finanzpolster von über 20 Milliarden Euro.

– Zweitens: Gerade bei den für die Interessen unserer Industrie so wesentlichen Regelungen fehlt dem Gesetzentwurf in der konkreten Ausgestaltung die notwendige Klarheit. Dies betrifft insbesondere die nicht-öffentliche Listung der Erstattungsbeträge oder auch das geplante Arztinformationssystem mit seinen offensichtlichen Auswirkungen und Gefahren für die ärztliche Therapiefreiheit. Das Gesetz ist an vielen, für uns so wichtigen Stellen, einfach zu unkonkret. Es ist z.b. nicht absehbar, wie die geplanten Regelungen im Rahmen des Arztinformationssystems tatsächlich umgesetzt werden soll. Die Ärzte sollen zukünftig besser über die Ergebnisse der frühen Nutzenbewertung informiert werden – ein durchaus nachvollziehbares Anliegen, das wir grundsätzlich unterstützen. Doch wie soll eine solche Arztsoftware aussehen? Wir dürfen jedenfalls auf keinen Fall zulassen, dass hier ein System etabliert wird, das letztlich nur der Verordnungssteuerung im Interesse der Kostendämpfung dient, bei denen die ärztliche Therapiefreiheit endgültig auf der Strecke bleibt. Wir benötigen ein System für Ärzte, das Ärzte über Arzneimittel informiert und kein System für Kassen, mit dem diese die Verschreibungen von Ärzten kontrollieren!
– Drittens: Geradezu kontraproduktive Signale gehen von anderen Regelungen aus. Diese stellen im Rahmen des AMNOG-Prozesses für die forschende Industrie sogar neue und zusätzliche Hürden dar. Dazu gehören beispielsweise die Beschränkung der freien Preisbildung im ersten Jahr durch eine Umsatzschwelle oder auch der Vorschlag zur Ausweitung der Nutzenbewertung auf den Bestandsmarkt, der in seiner aktuellen Fassung immer noch viel zu große Planungsunsicherheiten provoziert. Wirklich relevante Verbesserungen beim AMNOG-Prozess sind kaum vorgesehen. Alle reden beim AMNOG gern von einem „lernenden System". Doch die Verbesserungen, die nun geplant sind – beispielsweise die Möglichkeit, bereits vor Ablauf eines Jahres eine neue Bewertung zu beantragen oder die Flexibilisierung bezüglich der wirtschaftlichsten Vergleichstherapie als Preisanker – würde ich allenfalls als „homöopathisch" bezeichnen.

Die gemeinschaftlich erarbeiteten und veröffentlichten Ergebnisse des Pharma-Dialogs stellen einen Konsens aller Beteiligten dar. Wir haben die Ergebnisse als Verpflichtung der Beteiligten verstanden, sie im Sinne des Dialogs auch tatsächlich politisch umzusetzen. Wir setzen darauf, dass den guten Worten nun auch noch die richtigen Taten folgen werden.

Wir schauen dabei auch mit Spannung auf das aktuelle EUGH-Urteil zu Boni-Zahlungen ausländischer Versandhändler bei verschreibungspflichtigen Arzneimitteln. Ein höchst kontrovers diskutiertes Urteil, das die deutsche Politik herausfordert. Das Urteil bestärkt uns in der Erkenntnis, dass „Europa" in unserem Gesundheitssystem eine immer größere, ja teilweise sogar schon dominante Rolle spielt. Der EUGH hat ein Urteil gesprochen, das nun eine möglichst rasche, kluge politische Antwort erfordert. Eine Antwort, die die wirtschaftliche Existenz der deutschen Apotheke und das stabile System der Arzneimittelversorgung vor Ort nicht gefährdet. Die Politik ist dabei durchaus nicht zu beneiden, denn bei all den kurzfristig lockenden Rabatten und Vorteilen für den Patienten dürfen die drohenden Folgen mittel- und langfristiger Natur nicht außer Acht bleiben.

Wenn ich abschließend einen Wunsch äußern darf, dann ist es der, dass wir uns heute und morgen einen unvoreingenommenen Blick auf die Realitäten des deutschen Gesundheitswesens erlauben und dass die „Bad Orber Gespräche" dabei ihrem Ruf als „Think Tank" für dringend notwendige und sinnvolle Anpassungen im deutschen Gesundheitswesen gerecht werden.

Ich wünsche uns allen eine interessante und erkenntnisreiche Veranstaltung und fruchtbare Gespräche. Herzlichen Dank für Ihre Aufmerksamkeit.

Volker Ulrich

Morbi-RSA – Weiterentwicklungsbedarf nach 2017

1. Einleitung

Im Jahr 1994 führte der Gesetzgeber (Gesundheitsstrukturgesetz 1993) mit dem Risikostrukturausgleich einen umfassenden Ausgleich der Risikostrukturen von Versicherten in unterschiedlichen Krankenkassen eingeführt. Noch bis zum Jahr 1996 wurden Versicherte den einzelnen Krankenkassen gesetzlich zugewiesen, einen Wettbewerb zwischen den Krankenkassen gab es noch nicht. Der angestrebte Wettbewerb in der gesetzlichen Krankenversicherung (GKV) dient insbesondere der Suche nach besseren Versorgungslösungen und sollte daher vor allem ein Vertrags- und Qualitäts- aber kein Preiswettbewerb sein (vgl. Rebscher 2015). Ohne einen Risikostrukturausgleich bleibt der Beitragssatz- und damit der Preiswettbewerb in der GKV das dominierende Wettbewerbskriterium und der Wettbewerb um Qualität hat letztlich keine Chance.

Der technische Kern der Wahlfreiheit ist dabei der morbiditätsorientierte Risikostrukturausgleich (Morbi-RSA, vgl. Jacobs et al. 2002, Cassel et al. 2014). Um einen zielorientierten Wettbewerb zwischen den Krankenkassen zu ermöglichen, benötigt man den Morbi-RSA. Hätte man unmittelbar nach dem GSG im Jahr 1994 den Versicherten Wechselmöglichkeiten eröffnet, wären viele Krankenkassen vom Markt verschwunden, ohne dass man ihr Ausscheiden auf Ineffizienzen bei der Leistungsgewährung oder bei der Verwaltung hätte zurückführen können. Hauptgrund für das Ausscheiden wären die unterschiedlichen Risikostrukturen gewesen, die von den Krankenkassen aber nicht zu verantworten sind, sondern überwiegend historische Wurzeln besitzen.

Der Risikostrukturausgleich ist daher notwendig, denn das GKV-System kennt nun zwar ein freies Krankenkassenwahlrecht der Versicherten, aber aus Solidargründen keine risikoabhängigen Prämien, sondern risikounabhängige, einkommensbezogene Beiträge. Gäbe es keinen Risikostrukturausgleich zwischen den Krankenkassen, bliebe der Solidarausgleich auf die Mitglieder einer Krankenkasse beschränkt. Um mit günstigen Beiträgen im Wettbewerb erfolgreich zu sein, müssten die Krankenkassen lediglich die Strategie verfolgen, möglichst junge und gesunde Mitglieder zu gewinnen (vgl. Bundesversicherungsamt 2008, S. 2).

In jüngster Zeit werden die Rufe nach einer umfassenden Reform des Morbi-RSA lauter. Insbesondere die verschiedenen Verbände der Krankenkassen und auch einzelne Bundesländer haben mittels Gutachten umfangreichen Reformbedarf vorgebracht[1]. Die Kritiker des gegenwärtigen Ausgleichssystems bemängeln, dass der heutige Morbi-RSA es nicht schafft, für faire Wettbewerbsbedingungen in der GKV zu sorgen und betonen, dass die Verteilungswirkungen des Morbi-RSA zu einer Ungleichbehandlung der Kassenarten führen (vgl. BKK Dachverband/VDEK 2016).

Die AOK Gemeinschaft (2016) betont in ihrem Positionspapier den Beitrag des Morbi-RSA zu sozialpolitischen Zielen und findet eine Änderung des Morbi-RSA nur dann angemessen, wenn die messbare Zielgenauigkeit des Morbi-RSA auf der Ebene von Versicherten und Versichertengruppen steigt, das heißt, dass Risikoselektionsanreize zu Lasten bestimmter Versichertengruppen weiter reduziert bzw. idealerweise ausgeschlossen und Wirtschaftlichkeitsanreize gestärkt werden.

Aus theoretischer Perspektive betrachtet geht es letztlich um die Frage, ob der bestehende Morbi-RSA nach wie vor sogenannte Rent-Seeking-Aktivitäten zulässt bzw. sogar belohnt (vgl. Wille/Ulrich/Schneider 2007). Unter Rent-Seeking versteht man Aktivitäten von Individuen, Unternehmen oder Verbänden, die auf eine Einflussnahme auf die Entscheidungen des Gesetzgebers abzielen und diese in ihrem eigenen Sinne zu beeinflussen versuchen (vgl. Connolly und Munroe 1999). Diese Bestrebungen zielen darauf ab, durch solche Investitionen in die Beeinflussung von Entscheidungsträgern eine Rente für sich zu generieren. Dabei geht es um eine künstlich geschaffene Rente, der keinerlei produktive Aktivität gegenübersteht, sondern deren Ziel in einer Umverteilung liegt. Zudem entsteht ein Anreiz für andere Marktteilnehmer, bei erfolgreichem Rent-Seeking ebenfalls in diesem Marktsegment tätig zu werden. Der Morbi-RSA ist ein gutes Beispiel für

---

1 SVR-G 2015; IGES/Glaeske 2016; Wasem et al. 2016,1 und 2016,2; IGES/Glaeske/Greiner 2015; Häckl et al. 2016; Ulrich/Wille 2014 und Ulrich/Wille/Thüsing 2016.

solche Rent-Seeking-Aktivitäten, wenn es lohnender ist, sich auf der Einnahmenseite um möglichst viel Geld aus dem RSA-Topf (Gesundheitsfonds) zu bemühen, anstatt auf der Leistungsseite in eine qualitativ gute Versorgung zu investieren. Der folgende Beitrag analysiert den Status quo und skizziert den Weiterentwicklungsbedarf des Morbi-RSA nach dem Wahljahr 2017.

2. Ziele und Funktionen des Morbi-RSA

Der ursprünglich für das Jahr 2007 geplante Morbi-RSA ist im Jahr 2009 zeitgleich mit dem Gesundheitsfonds in Kraft getreten. Gesetzliche Grundlage war insbesondere das Gesetz zur Stärkung des Wettbewerbs in der gesetzlichen Krankenversicherung (GKV-WSG, 2007). Der Morbi-RSA gleicht aktuell neben den bereits im ersten RSA vorhandenen Merkmalen Einkommen, Alter, Geschlecht und Erwerbsminderung auch die Einstufung in gesund und krank aus, d.h. er besitzt nun einen direkten Morbiditätsbezug durch die Berücksichtigung von 80 Krankheiten, für deren Auswahl aus den insgesamt rund 350 Krankheiten die Kriterien schwerwiegender Verlauf, chronisch, kostenintensiv und Schwellenwert dienen[2]. Die Zuordnung eines Versicherten zu einer Morbiditätsgruppe stützt sich im Klassifikationsmodell in erster Linie ambulante und stationäre Diagnosen. Zu ihrer Validierung können Arzneimittelverordnungen dienen. Während die Krankenhausdiagnosen unmittelbar zu einer Zuordnung führen, gilt für Diagnosen aus der vertragsärztlichen Versorgung das sogenannte M2Q-Kriterium. Es setzt für die Zuordnung zu einer Morbiditätsgruppe voraus, dass zwei Diagnosen derselben Krankheit aus mindestens zwei unterschiedlichen Abrechnungsquartalen vorliegen müssen (vgl. Drösler et al. 2016).

---

2   Im Sinne des Morbi-RSA werden Krankheiten über Einzeldiagnosen von Ärzten definiert. Eine Krankheit setzt sich dabei aus mehreren Einzeldiagnosen zusammen, die sich aus medizinischer Sicht ähneln. Auf diesem Wege werden rund 16.000 mögliche Einzeldiagnosen der International Classification of Diseases (ICD-10-GM) zu insgesamt mehr als 350 Krankheiten zusammengefasst. Aus diesen werden 80 Krankheiten ausgewählt. Ursprünglich sah der Gesetzgeber für eine Übergangsphase 50 bis 80 Krankheiten in der Auswahl vor, es waren jedoch von Anfang an schon 80 Krankheiten.

Die Krankenkassen erhalten nun aus dem Gesundheitsfonds Zuweisungen zur Finanzierung ihrer Ausgaben. Dabei ist zwischen
- Zuweisungen zur Deckung von Pflichtleistungen einer Krankenkasse,
- Zuweisungen für Satzungs- und Mehrleistungen,
- Zuweisungen für Aufwendungen zur Entwicklung und Durchführung der strukturierten Behandlungsprogramme und
- Zuweisungen zur Deckung von Verwaltungskosten

zu unterscheiden.

Die Zuweisungen für Pflichtleistungen werden dabei durch den Morbi-RSA angepasst, um dem unterschiedlichen Versorgungsbedarf der Versicherten einer Krankenkasse Rechnung zu tragen (vgl. Bundesversicherungsamt 2008). Sie bilden den Kern des Morbi-RSA.

Der Morbi-RSA stellt auf indirektem Weg somit die für den Wettbewerb erforderliche Risikoäquivalenz her. Um einen Finanzausgleich mit seinen Ineffizienzen zu vermeiden, erhalten die Krankenkassen aus dem Gesundheitsfonds nicht ihre tatsächlichen Ausgaben, sondern standardisierte Zuweisungen in Höhe des Bundesdurchschnitts.

Abbildung 1 fasst die Ziele und Funktionen des RSA noch einmal graphisch zusammen. Wie die Abbildung veranschaulicht, besitzt der Morbi-RSA das Ziel der Sicherstellung von Risikoäquivalenz im solidarischen GKV-System mit einkommensabhängigen Beiträgen. Weiterhin soll er Risikoselektion verhindern. Damit stellt der Morbi-RSA ein Instrument dar, um auf der Ebene der Leistungsausgaben grundsätzlich einen Vertrags- und Qualitätswettbewerb zu ermöglichen. Neben dieser instrumentalen Sichtweise verfolgt der Morbi-RSA folgende abgeleitete Ziele: Durch die Sicherung der Effizienz und die Erhöhung der Effektivität zielt er auf eine optimale Gesundheitsversorgung ab. Daneben gilt es, erwünschte regionale Verteilungseffekte unter Zielaspekten zu bewerten und abzusichern, da Morbidität stets auch eine regionale Dimension besitzt.

Der Finanzausgleich der Krankenkassen besitzt trotz bereits stattgefundener gesetzlicher Korrekturen weiterhin Reformbedarf[3]. Im Wahljahr 2017

---

3 Die Kosten Verstorbener werden rückwirkend seit dem Jahr 2013 auf pro-Tag-Werte umgestellt und aufs Jahr hochgerechnet (Annualisierung). Damit lassen sich die Unterdeckungen für diese Gruppe der unvollständig Versicherten abschwächen bzw. korrigieren und zudem werden die Verstorbenen nun wie

positionieren sich die großen Verbände der Kassenarten und betonen den jeweiligen Handlungsbedarf des lernenden Systems Morbi-RSA. Inzwischen hat das Bundesgesundheitsministerium den wissenschaftlichen Beirat zur Weiterentwicklung des Morbi-RSA mit einer umfassenden Evaluation beauftragt, deren Ergebnisse im Herbst in den Koalitionsverhandlungen der neuen Regierung Berücksichtigung finden sollen.

Abbildung 1: Ziele und Funktionen des Morbi-RSA.

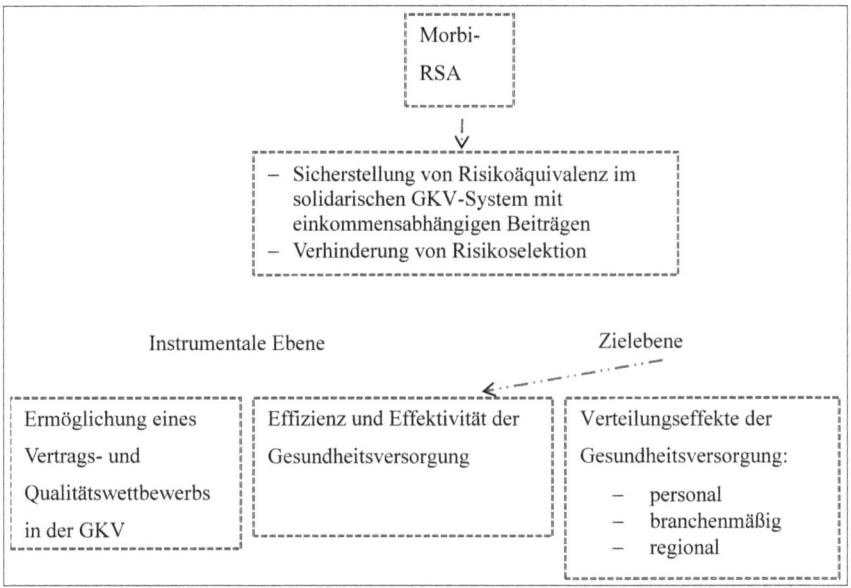

Quelle: Darstellung in Anlehnung an Wille/Ulrich/Schneider 2007, S. 31 und 2008, S. 45.

Allerdings hängen nicht alle Probleme der Krankenkassen ausschließlich mit dem Morbi-RSA zusammen. Selbst ein „perfekter" Morbi-RSA stößt an Grenzen, wenn der Gesetzgeber den Krankenkassen nicht genügend

---

alle anderen Versicherten behandelt. Außerdem gab es Veränderungen bei den Zuweisungen für Verwaltungskosten und für das Krankengeld. In beiden Fällen sucht man Möglichkeiten, die Zuweisungen zielgenauer auszugestalten und hat zumindest temporär Ist-Ausgaben-Elemente in den Morbi-RSA aufgenommen, die dem prospektiven System grundsätzlich fremd sind. Weiterhin wurde mit dem Morbi-RSA ein vollständiger Einkommensausgleich eingeführt.

Handlungsparameter an die Hand gibt, insbesondere im Vertragsgeschäft auf dem Versicherungs- und Leistungsmarkt, die ebenfalls einer stärkeren Öffnung bedürfen. Das IGES Institut hat in einem Gutachten für die DAK das Konzept der „ergänzenden Selektivität" (Albrecht et al. 2015) vorgeschlagen. Die Ausgestaltung des Vertragskontextes harmonisiert wettbewerbliche Freiheitsgrade mit einer Kultur der Evaluation und der Weiterentwicklung der GKV-Zielsetzung, die populationsorientierte Versorgung zu verbessern. Das Konzept setzt auf einen zielgenauen Morbi-RSA, um den heutigen in erster Linie preisgesteuerten Krankenkassenwettbewerb durch einen Wettbewerb um bessere Versorgungslösungen zu ersetzen (vgl. Rebscher 2015).

3. Morbi-RSA und Zielgenauigkeit

Abbildung 2 verdeutlicht, wie sich der Morbi-RSA seit seiner Einführung im Jahr 2009 mit Blick auf die Deckungsquoten bei (hierarchisierten) Morbiditätsgruppen verändert hat[4]. Die Überdeckungsquote für Versicherte, die an keiner der 80 ausgleichsfähigen Erkrankungen leiden („Gesunde"), liegt im Jahr 2014 bei etwa 105 Prozent. Rechnet man auch die im Ausgleich nicht enthaltenen Krankheiten heraus und berücksichtigt zudem, dass Akuterkrankungen, die innerhalb eines Jahres ausheilen, ebenfalls nicht kalkuliert werden, fällt die Überdeckung für Gesunde sicherlich höher aus. Dennoch erkennt man aus Abbildung 2, dass die Überdeckung der Gesunden seit Einführung des Morbi-RSA im Jahr 2009 signifikant gesunken ist. Dem stehen kranke Versicherten gegenüber, die gleichzeitig an vier oder mehr Erkrankungen leiden (vier und mehr hierarchisierte Morbiditätsgruppen HMG in Abbildung 2). Waren diese multimorbiden und chronisch kranken Versicherten bislang deutlich untergedeckt, erreichen sie seit dem Jahresausgleich 2013 eine Deckungsquote von 100 %. Hier stellt der Morbi-RSA insofern Risikoäquivalenz her, als eine Krankenkasse im Durchschnitt genau so viel Zuweisungen erhält, wie sie für die Versorgung dieser schwerkranken Personengruppe benötigt. Eine Krankenkasse ist dann im Wettbewerb nicht mehr benachteiligt, weil sie überdurchschnittlich viele kranke Menschen zu ihrer Klientel zählt oder für diese die Versorgung verbessern will.

---

4 Die Deckungsquote ist das Verhältnis von Zuweisungen zu Leistungsausgaben für die entsprechende HMG.

Dies ist gegenwärtig aber immer noch der Fall für Versicherte, die an einer, zwei oder drei Erkrankungen leiden. Krankenkassen mit vielen kranken Versicherten in den HMG-Gruppen eins, zwei und drei bekommen über den RSA weniger Mittel zugewiesen als sie für die Versorgung im Durchschnitt eigentlich bräuchten.

Auch wenn sich der Morbi-RSA weiterentwickelt hat, ist es unter den gegebenen Bedingungen immer noch „clever", sich verstärkt um junge und gesunde Versicherte zu bemühen. Dem kommt entgegen, dass die Versicherten sich auch rational verhalten: „Warum sollten junge, gesunde Versicherte nicht die angebotenen Boni mitnehmen" (Rebscher 2015)?

Abbildung 2: Morbi-RSA und Zielgenauigkeit.

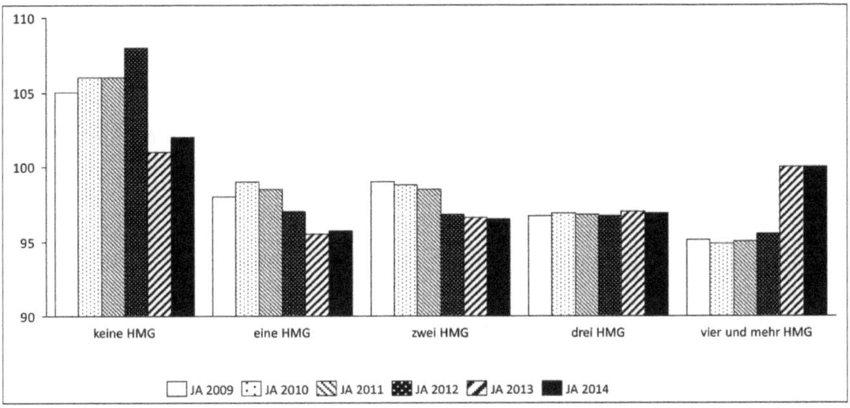

Quelle: Demme 2015.

Abbildung 3 zeigt, wie sich der Anteil der Zuweisungen nach Alter (40 Alter-Geschlechts-Gruppen AGG), Erwerbsminderung (6 Erwerbsminderungsgruppen EMG) und Morbidität (144 hierarchisierte Morbiditätsgruppen HMG) im Zeitablauf entwickelt hat. Während die Zuweisungen über die EMG-Gruppen nur noch 1,4 % der Zuweisungen ausmachen, hat sich das Gewicht der Morbiditätsgruppen erhöht (von 45,1 % im Jahr 2009 auf 48,2 % im Jahr 2014):

Abbildung 3: Anteil der Zuweisungen über Alter, Geschlecht, Erwerbsminderung und Morbidität.

Risikogruppe	JA 2009	JA 2010	JA 2011	JA 2012	JA 2013	JA 2014
AGG-Anteil	53,0%	51,8%	51,7%	52,3%	51,4%	50,4%
EMG-Anteil	1,9%	1,9%	1,8%	1,7%	1,7%	1,4%
HMG-Anteil	45,1%	46,4%	46,6%	46,0%	47,3%	48,2%

Hinweis 2013: Umsetzung der PTW-Regelung.
AGG: Alters-Geschlechtsgruppen
EMG: Erwerbsminderungsgruppen
HMG: Hierarchisierte Morbiditätsgruppen.
Quelle: Demme 2015.

Dies bedeutet, dass in dieser Zeit die direkten Morbiditätsindikatoren gegenüber den indirekten an ökonomischer Relevanz gewonnen haben. Die Entwicklung zwischen den Jahren 2009 und 2014 zeigt eine deutlich gestiegene dokumentierte Morbidität, die in den Zuweisungen aus dem Gesundheitsfonds auch ökonomisch ihren Niederschlag bzw. ihre Berücksichtigung fand (vgl. Drösler et al. 2016).

4. Baustellen des Morbi-RSA

Der Morbi-RSA sollte mit einer gegenüber dem ersten RSA verfeinerten Systematik dazu beitragen, dass die Zielgenauigkeit der Zuweisungen erhöht und dadurch über eine Erhöhung der Risikoäquivalenz die Rahmenbedingungen für einen fairen Wettbewerb in der GKV gesichert werden. Ist dies gelungen? Hier gehen die Meinungen zum Teil weit auseinander. Sicherlich ist der aktuelle Morbi-RSA der „zielgenaueste", den es bisher in Deutschland gab" (Plate und Demme 2016, S. 172). Das bedeutet aber nicht, dass der Morbi-RSA nicht verbessert werden könnte oder dass er keine Baustellen aufweist, die es zu beheben gäbe.

Die Analyse der aktuellen Einnahmen- und Ausgaben-Salden der Krankenkassen sowie ihrer Zusatzbeitragssätze wird kontrovers diskutiert (vgl. BKK DV 2016, VDEK 2016, AOK Gemeinschaft 2016). Gestritten wird insbesondere darüber, ob die Systematik des Morbi-RSA die Schere zwischen den Kassen mit einer Über- und einer Unterdeckung auseinandertreibt. Wenn das der Fall ist, kann der eigentlich gewünschte Wettbewerb zwischen den Krankenkassen nicht wie erhofft stattfinden. Dem steht die Auffassung gegenüber, dass die Ebene der Kassen und Kassenarten eigentlich nicht die richtige Ebene sei, wenn man die Wettbewerbswirkungen des RSA analysieren möchte. Verbesserungen der Zielgenauigkeit des Zuweisungsmodells sollten auf der Versichertenebene stattfinden, da nur hier beurteilt werden kann, ob der Morbi-RSA Risikoselektion vermeiden hilft oder ob es in nennenswertem Umfang Anreize zur Risikoselektion von Versicherten gibt (vgl. Plate und Demme 2016). Grundsätzlich hat eine Krankenkasse im Wettbewerb keinen Bestandsschutz. Der Fokus auf die Ebene der Versicherten vernachlässigt allerdings, dass die Krankenkassen über den Zusatzbeitrag miteinander konkurrieren und der Morbi-RSA letztlich (mit)entscheidend dafür ist, wie hoch der Zusatzbeitrag ausfällt. Zudem stehen die Krankenkassenarten in einem Haftungsverbund, so dass auch aus dieser Perspektive der Ebene der Kassenarten erhebliche Bedeutung für die Bewertung des Morbi-RSA zukommt.

Die Notwendigkeit, auch die Krankassenebene bei der Diskussion über dem Morbi-RSA miteinzubeziehen, schlägt sich auch darin nieder, dass einige Kassen mit hohen Verwaltungskosten bei gleichzeitig, regional bedingt günstigen Leistungsausgaben von überhöhten Zuweisungen aus dem Morbi-RSA profitieren und dann in der Folge noch von Geldern aus dem vollständigen Einkommensausgleich bei den Zusatzbeiträgen (vgl. BKK DV 2016). Im Ranking der Verwaltungskosten oder bei Kundenbefragungen zur Service-Zufriedenheit schneiden einige dieser Kassen nicht sonderlich gut ab. Trotzdem profitieren sie von attraktiven unterdurchschnittlichen Zusatzbeitragssätzen und haben damit klare Wettbewerbsvorteile. Diese Entwicklung ausschließlich auf Vorteile beim Kassenmanagement zurückzuführen, dürfte schwer vorstellbar bzw. vermittelbar sein und wird auch nicht ernsthaft diskutiert. Gleichzeitig sind Kassen mit Versicherten in teuren Regionen und dadurch erhöhten Ausgaben aber dennoch unterdurchschnittlichen Verwaltungskosten gezwungen, einen überdurchschnittlichen Zusatzbeitragssatz zu veranschlagen. Auch dieser Wettbewerbsnachteil wird durch den vollständigen Ausgleich der Finanzkraft verschärft. Er führt zu einem weiteren Mittelabfluss von Krankenkassen, die Versicherte mit hohen Grundlöhnen bei gleichzeitig hohen Kosten haben.

Abbildung 4: Baustellen des Morbi-RSA.

```
Ambulante
und            Plausibilität   Krankheits-
stationäre  ➡  sprüfungen   ➡  filter        Krankheitsauswahl
Diagnosen
                                    ⬇
Auslandsversicherte
                              80 Krank-
                              heiten
                                    ⬇
                              Aufgreif-     Klassifika-
                              kriterien  ➡  tionsmodell  ➡  Zuschläge

                              Erwerbsminderung    Regionalisierung
                              Krankengeld         Risikopool
```

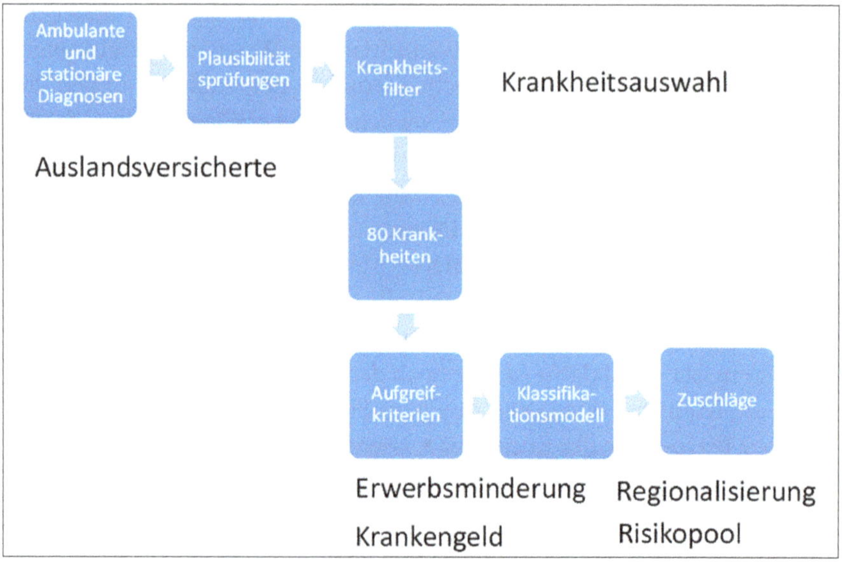

Quelle: Eigene Darstellung nach BVA 2008.
Abbildung 4 enthält zentrale Baustellen des Morbi-RSA, die im Mittelpunkt der aktuellen Diskussionen über einen Reformbedarf bestehen.

4.1 Weiterentwicklung des Risikostrukturausgleichs

Der RSA unterlag seit seiner Einführung im Jahre 1994 hinsichtlich seiner inhaltlichen Ausgestaltung zahlreichen Änderungen und auch der derzeitige Morbi-RSA erfuhr als „lernendes System" (Jacobs 2015, S. 23) bereits einige Modifikationen. Zudem stehen momentan mehrere Reformvorschläge zur Diskussion (zu einem Überblick Jacobs 2015 und 2016, Ulrich/Wille/Thüsing 2016, Plate/Demme 2016), die aus überwiegend nachvollziehbaren Gründen auf spezielle Problemlagen bestimmter Krankenkassen bzw. Krankenkassenarten abstellen. Insbesondere die folgenden Punkte sind Teil der aktuellen Reformdiskussion:

1. Morbi-RSA setzt falsche Anreize (Upcoding-Probleme, fehlende ambulante Kodierrichtlinie, DMP-Zuschläge)
2. Fehlende Deckung der Hochkostenfälle (Risikopool)
3. Fehlende Präventionsbemühungen
4. Verwendung von Surrogatparametern (Erwerbsminderungsrentner)

5. Verwendung von Ist-Kosten
6. Wegfall der Begrenzung auf Auswahlkrankheiten
7. Einführung eines Regionalfaktors
8. Anpassen der Krankengeldzuweisungen
9. Höhere Transparenz bei Zuweisungen für Auslandsversicherte
10. Gerechte Verteilung der Verwaltungskosten.

Einige der Punkte werden im Folgenden näher diskutiert. Was die einzelnen wettbewerbspolitisch notwendigen Komponenten des RSA betrifft, so bestand schon bei seiner Einführung in der Literatur dahingehend Konsens, dass möglichst alle Effekte, die sich dem Gestaltungsspielraum der Krankenkassen entziehen, eines Ausgleichs bedürfen (Meyers-Middendorf 1993, S. 364; Pfaff/Wassener 1996, S. 1666 und 1998, S. 12). Geschieht dies nicht oder in einem unzureichenden Maße, verfehlt der Morbi-RSA seine Funktion, den miteinander konkurrierenden Krankenkassen gleiche Wettbewerbschancen einzuräumen und Risikoselektion zu vermeiden (vgl. Ulrich/Wille/Thüsing 2016). Ein zentrales Kriterium bei der Bewertung der einzelnen Reformvorschläge wird daher sein, inwieweit die Maßnahme aus Sicht der Krankenkassen exogen ist und ob sich die Risikoäquivalenz durch eine Reform verbessern lässt.

4.2 Krankheitsauswahl

Durch den Gesetzgeber ist festgelegt, dass das Bundesversicherungsamt (BVA) 50 bis 80 Krankheiten auswählt, für die gesonderte Zuschläge erfolgen. Die Begrenzung auf Auswahlkrankheiten begründete der Gesetzgeber bei der Einführung des Morbi-RSA mit einer gleitenden Einführung der direkten Morbiditätsmessung. Diese Phase könnte nach nun 8 Jahren eigentlich abgeschlossen werden, so dass der Wegfall der Begrenzung auf 80 Krankheiten ernsthaft in Erwägung gezogen werden sollte. Einerseits würde sich dadurch sicherlich die Modellgüte verbessern, da mehr Krankheiten berücksichtigt werden und Manipulationsanreize verringert werden können. Andererseits wird das Klassifikationsmodell umfangreicher, da eine Zuordnung aller rund 15.000 Diagnosen (ICDs) zu Morbiditätsgruppen (HMGs) und die Hierarchisierung einer weit größeren Anzahl von HMGs erforderlich werden. Auf der Ebene der Krankenkassen gilt es weiterhin zu beachten, dass Krankenkassen mit hoher Morbidität, die bereits heute in der Tendenz überdeckt sind, weiter begünstigt werden könnten, wodurch die Spreizung der Deckungsgrade zwischen den Krankenkassen, die ja gerade Gegenstand der Reformdiskussion ist, verstärkt werden dürfte. Nichtsdestotrotz sollte der Wegfall der Begrenzung im Rahmen der Reformvorschläge diskutiert werden.

Mit Blick auf die Prävalenzgewichtung der Krankheiten gilt es zu beachten, dass die bisherige Auswahl der 80 Krankheiten anhand folgender drei Kriterien stattfindet:

- die Durchschnittskosten der Krankheit je Versicherten,
- die Krankheitsschwere (Anteil der Erkrankten, die im Krankenhaus behandelt werden oder ob es sich um eine chronische Krankheit handelt) und
- die Kostenintensität.

Für die Prüfung der Kostenintensität ist wichtig, was unter einer kostenintensiven Krankheit verstanden wird (vgl. BKK DV 2016, VDEK 2016, AOK Gemeinschaft 2016). Handelt es sich hier um Krankheiten, die in der Einzelbehandlung besonders kostenintensiv sind (oftmals seltene Erkrankungen) oder um Krankheiten, die erst durch eine große Anzahl an Erkrankten kostenintensiv werden (oftmals Volkskrankheiten).

Durch die derzeit angewandte Wurzelgewichtung verteilt der Morbi-RSA vermehrt Zuschläge für Volkskrankheiten (vgl. IGES/Glaeske/Greiner 2015). Seltenere Krankheiten mit individuell sehr hohen Kosten werden dagegen vernachlässigt. Gerade Volkskrankheiten wie Hypertonie und Diabetes können in der Regel durch Prävention verhindert bzw. hinausgezögert werden. In dem Augenblick, in dem Krankenkassen aber kostendeckende Zuschläge für diese Krankheiten erhalten, sinkt der Anreiz, in Prävention zu investieren[5]. Gleichzeitig werden Krankenkassen schlechter gestellt, die Patienten versichern, die etwa an einer schweren Lungenerkrankung leiden.

---

5 Hinzu kommt der Aspekt, dass Krankassen nicht unbedingt in präventive Maßnahmen investieren, wenn insbesondere die gesünderen Versicherten die Krankenkassen wechseln. Dieser Punkt hat sich allerdings etwas verändert, da zuletzt auch die kränkeren Versicherten gewechselt haben, da ihre Deckungsquote deutlich erhöht wurde.

Diese Krankheiten bzw. diese Krankheitsverläufe sind jedoch im Regelfall nicht durch die Krankenkasse oder den Patienten beeinflussbar.

Mit Einführung des Morbi-RSA war es erklärtes Ziel des Gesetzgebers, jene Krankheiten besonders zu berücksichtigen, die eine größere Bedeutung für das Versorgungsgeschehen bzw. das Kostengeschehen haben. Das trifft vor allem auf jene Krankheiten zu, bei denen jeder einzelne Behandlungsfall besonders teuer ist. Durch eine Umstellung der Prävalenzgewichtung könnte diesen Aspekten eine stärkere Beachtung zukommen. Zudem würde sich auch die Manipulationsanfälligkeit des Morbi-RSA verringern (vgl. IGES/Glaeske/Greiner 2015). Leichte Erkrankungen bieten einen größeren Spielraum bei der Kodierung als schwere Erkrankungen und sind deshalb eher anfällig für Upcoding-Strategien.

4.3 Krankengeld

Die Krankengeldausgaben belaufen sich aktuell auf rund 11 Mrd. Euro pro Jahr und machen damit rund 5% der Kassenausgaben aus. Sie stiegen zwischen 2006 und 2014 um 85 Prozent von rund 6 auf 11 Mrd. Euro jährlich (vgl. SVR-G 2015). Mit Blick auf die Reform des Morbi-RSA ist es wichtig zu betonen, dass das Krankengeld als einkommensabhängige Lohnersatzleistung eine Preis- und eine Mengenkomponente besitzt, welche für die Krankenkassen unterschiedliche Implikationen besitzen. Die Preiskomponente bedeutet, dass ein Versicherter mit einem hohen Einkommen auch eine hohe Krankengeldzahlung erhält, wodurch die Kasse belastet wird.

Dem steht allerdings gegenüber, dass die Mengenkomponente der Krankengeldausgaben, etwa ausgedrückt in der Zahl der Krankengeldtage je Anspruchsberechtigtem aufgrund u.a. der sie beeinflussenden Morbidität, tendenziell mit der Höhe der beitragspflichtigen Einkommen der Mitglieder sinkt (vgl. Wasem et al. 2016). Im aktuellen Zuweisungssystem wird diese Einkommensabhängigkeit der Krankengeldausgaben jedoch nicht berücksichtigt. Dies benachteiligt ceteris paribus Krankenkassen mit Mitgliedern mit überdurchschnittlichen Einkommen. Zugleich wird die Morbidität nur schwach berücksichtigt, nämlich über Alter, Geschlecht und Erwerbsminderungsstatus. Dabei wird der Versicherte einer von insgesamt 244 Krankengeldgruppen zugeordnet. Das benachteiligt bei isolierter Betrachtung die Krankenkassen mit überdurchschnittlicher krankengeldbezogener

Morbidität ihrer Mitglieder. Gemessen auf der individuellen Ebene der Mitglieder weist das aktuelle Zuweisungsmodell für Krankengeld entsprechend eine vergleichsweise geringe Genauigkeit auf. Auf der Ebene der Krankenkassen ergeben sich relativ hohe Unter- bzw. Überdeckungen. Würde man beim Krankengeld beispielsweise auf einen Ist-Ausgleich umstellen, würde man einen Teil der Benachteiligungen korrigieren, bei den Krankenkassen aber den Anreiz für ein Krankengeldmanagement verringern bzw. sogar wegnehmen. Es geht daher im Wesentlichen um eine Verbesserung des Zuweisungsmodells, das die oben genannten verzerrenden Faktoren besser ausgleicht als der Status quo.

Wichtige Faktoren für die Krankengeldzahlungen, die bislang nicht berücksichtigt werden, sind beispielsweise der Wohnort, die Branche oder der Beschäftigtenstatus (vgl. Häckl et al. 2016). Als Sonderregelung zur Erhöhung der Zielgenauigkeit hat man inzwischen auf einen 50%gen Ist-Ausgleich umgestellt, was die Probleme einzelner Kassen abschwächt. Allerdings gehören Ist-Ausgleiche grundsätzlich nicht in ein prospektives Modell, das aus Anreizgründen durchschnittliche Kosten ausgleicht, nicht aber die tatsächlich entstandenen Ist-Kosten.

Der Gesetzgeber hat im Rahmen des Gesetzes zur Weiterentwicklung der Finanzstruktur und der Qualität in der gesetzlichen Krankenversicherung (GKV-FQWG) das BVA verpflichtet, ein Gutachten in Auftrag zu geben, mit dem Modelle für eine zielgerechte Ermittlung der Zuweisungen aus dem Gesundheitsfonds im Rahmen des Morbi-RSA zur Deckung der Aufwendungen für Krankengeld entwickelt werden sollen. Das Wasem-Gutachten (Wasem et al. 2016,1) zu den Zuweisungen für Krankengeld zeigt, dass die Berücksichtigung direkter Morbiditäts- und Einkommensinformationen zu einer Modellverbesserung führt. Auf der versichertenindividuellen Ebene lassen sich Verbesserungen erreichen, wenn bei der Mengenkomponente weitergehende Morbiditätsinformationen in das Modell integriert werden. Damit bestätigt das Wasem-Gutachten Untersuchungen, die der Wissenschaftliche Beirat 2011 vorgelegt hatte (vgl. Drösler et al. 2011). Für eine konkrete Umsetzung schlagen Wasem et al. weitere Untersuchungen über mögliche Ausgleichsvariablen vor.

Der Sachverständigenrat zur Begutachtung der Entwicklung im Gesundheitswesen untersucht in seinem Gutachten „Krankengeld – Entwicklung, Ursachen und Steuerungsmöglichkeiten" (vgl. SVR-G 2015) die Ursachen für den überproportionalen Anstieg der Aufwendungen der GKV für Krankengeld für den Beobachtungszeitraum 2006 bis 2014. Nach den Analysen des SVR-G können die Zunahme der krankengeldberechtigten Versicherten, das Wachstum der entgeltabhängigen individuellen Zahlbeträge bzw. des Entgeltausgleichs sowie die im Zeitablauf erfolgte Veränderung von Alter und Geschlecht zusammen etwa die Hälfte der durchschnittlichen jährlichen Wachstumsrate der Ausgaben für Krankengeld erklären. Bei seinen Reformvorschlägen stellt der SVR-G daher auf die Verbesserung der Effizienz und Effektivität von Prävention und Behandlung ab, vornehmlich in den krankengeldrelevanten Indikationsbereichen.

Insgesamt gesehen bedarf es allerdings eines erheblichen Aufwands, das bestehende Zuweisungsverfahren zu verbessern, da nicht jede Krankenkasse mit Blick auf die individuellen Besonderheiten beim Krankengeld in das RSA-Schema des Ausgleichs durchschnittlicher Ausgaben passt. Es ist daher auch zu fragen, ob und in welchem Ausmaß verbleibende Unterschiede in den Deckungsquoten nicht doch über das Instrument eines partiellen Ist-Ausgaben-Ausgleichs effizient korrigiert werden können.

4.4 Auslandsversicherte

Versicherte, die mehr als 183 Tage des jeweiligen Vorjahres ihren Wohnsitz oder gewöhnlichen Aufenthalt außerhalb Deutschlands hatten, werden im Morbi-RSA separat erfasst. Dies sind u.a. Personen, die zwar im Ausland leben, aber in Deutschland arbeiten und über die Grenze pendeln, oder Familienangehörige mit Wohnsitz im Ausland von in Deutschland arbeitenden GKV-Mitgliedern. Wenn diese Versicherten im Ausland behandelt werden, liegen in Deutschland über Diagnosen und Verordnungen keine Morbiditätsinformationen vor. Im Verfahren des Alt-RSA vor 2009 war eine besondere Berücksichtigung von Auslandsversicherten vor diesem Hintergrund nicht erforderlich, da weder Diagnosen noch Arzneimittelverordnungen einbezogen wurden. Die standardisierten Zuweisungen im Morbi-RSA seit 2009 für diese Auslandsversicherten werden aktuell nach Alter und Geschlecht einheitlich für alle Bundesländer ermittelt. Grundlage sind dabei die Leistungsausgaben der Versicherten mit Wohnort im Inland. Dadurch kommt es zu erheblichen Überdeckungen der Ausgaben von Auslandsversicherten in den meisten Ländern, da hier niedrigere Leistungsausgaben anfallen. Das Problem erscheint quantitativ nicht so bedeutsam, da der

Anteil am Gesamtversichertenbestand in der GKV nur bei etwa 0,4% liegt (vgl. BKK-DV 2016). Je nach kassenindividuellem Anteil von Auslandsversicherten kann es aber zu erheblichen Wettbewerbsverzerrungen kommen.

Der Gesetzgeber hat auch hier als Interimslösung eine Sonderregelung zur Reduzierung der Fehldeckung eingeführt: Die Zuweisungssumme darf nicht größer sein als die tatsächlichen Leistungsausgaben. Auch für die Auslandsversicherten gibt es ein vom Gesetzgeber in Auftrag gegebenes Gutachten. Das Wasem-Gutachten (Wasem et al. 2016,2) zeigt die Schwierigkeiten der Datenerfassung und -übermittlung und schlägt vor, künftig die Leistungsausgaben von Versicherten länderspezifisch, also entsprechend dem Wohnort im Ausland, zu erfassen und so die Zuweisungsgenauigkeit zu erhöhen. Auch hierzu sind jedoch erhebliche Anpassungen bei der Datenerfassung und -lieferung erforderlich. Dennoch dürfte das Problem der Erhöhung der Zuweisungsgenauigkeit von Auslandsversicherten von den geschilderten Reformbaustellen vergleichsweise sachadäquat zu lösen sein, wenn die erforderlichen Datengrundlagen geschaffen bzw. angewandt werden.

4.5 Erwerbsminderungsrentner

Ausschlaggebend für die Gewährung einer Erwerbsminderungsrente ist, wie viele Stunden der Versicherte täglich noch auf dem Arbeitsmarkt tätig sein kann. Auf dieser Basis sind volle und teilweise Erwerbsminderung zu unterscheiden, die Rente wird grundsätzlich auf 3 Jahre befristet gewährt, eine Verlängerung ist möglich.

Der Status des Bezugs einer Erwerbsminderungsrente war bereits Bestandteil des Alt-RSA vor 2009, als indirekter Morbiditätsindikator diente er der Einschätzung der zu erwartenden Leistungsausgaben. Da hinter jeder Erwerbsminderung eine Erkrankung steht, die nun direkt in den Morbi-RSA eingeht, wird diskutiert, ob der Status Erwerbsminderungsrentner einen Surrogatparameter darstellt, den es eigentlich bei direkter Morbiditätsmessung nicht mehr bräuchte, sondern im Gegenteil zu einer Mehrfachberücksichtigung dieses Merkmals führt (vgl. I GES/Glaeske 2016).

Im Morbi-RSA kommen Probleme hinzu, da der Erwerbsminderungsstatus, wie die anderen Ausgleichsfaktoren, prospektiv behandelt wird. Die Zuordnung zu einer Erwerbsminderungsgruppe (EMG) erfolgt, wenn ein Versicherter im Vorjahr überwiegend erwerbsunfähig war. Voraussetzung ist, dass bei einem Versicherten, an mindestens 183 Tagen eine Erwerbsminderung vorgelegen hat. Nur dann gibt es im Folgejahr einen Zuschlag über eine EMG. Dabei ist es unerheblich, ob und wie lange der Erwerbsminderungsstatus im Folgejahr überhaupt noch besteht. Der Zuschlag, den die Kasse für den betroffenen Versicherten erhält, orientiert sich nur an dem Tatbestand, dass dieser weiterhin in der GKV versichert ist (vgl. BKK-DV 2016). Während die Erwerbsminderungsrente früher die akuten Kosten im Ausgleichjahr abbilden sollte, wird sie im neuen Verfahren zur Erklärung der Kosten im Folgejahr verwendet.

Die Beibehaltung der gesonderten Berücksichtigung des Erwerbsminderungsstatus als Surrogatparameter passt grundsätzlich nicht allzu gut in die Systematik des Morbi-RSA. Rechtfertigen lässt sich die Beibehaltung allerdings mit dem Umstand, dass Erwerbsminderungsrentner bei gleichen Erkrankungen mit gleichen Schweregraden regelmäßig signifikant höhere Kosten aufweisen als nichterwerbsunfähige Personen, die im Morbi-RSA sonst nicht abgebildet werden und zu Risikoselektion führen können. Erwerbsminderungsrentner weisen im Durchschnitt um 1.424 Euro höhere Ausgaben als andere Versicherte ohne diesen Status auf. Im aktuellen Modell wird dieser Betrag über eine Erwerbsminderungsgruppe (EMG) zugewiesen, so dass die Deckungsquote für diese Risikogruppe bei 100 % liegt. Aus Sicht der Befürworter ist der EMG eine sozioökonomische Variable, die in Ergänzung zu den ambulanten Diagnosen erwünscht bzw. sogar erforderlich ist.

Das gilt allerdings auch für zahlreiche andere Hochkostenfälle und könnte über einen Risikopool aufgefangen werden. Befürchtungen, dass eine Abschaffung der EMG die Zielgenauigkeit des Morbi-RSA verschlechtern würde, ließen sich daher auch beim Klassifikationsmodell oder durch einen Risikopool berücksichtigen. Aus dieser Perspektive sollte die Forderung einiger Kassen, die Risikogruppen für Erwerbsminderungsrentner (EMGs) zu streichen, weiter diskutiert werden.

4.6 Hochrisikopool

Im gegenwärtigen Morbi-RSA kommt es zu einer Belastung insbesondere der kleineren Krankenkassen durch sehr leistungsintensive Patienten (vgl. Gutachten IGES/Glaeske/Greiner 2015). Zudem verschlechtern solche Hochkostenfälle die Zielgenauigkeit des Morbi-RSA. Die Modellgüte würde durch die Herausnahme dieser Ausreißer verbessert.

Im System des Alt-RSA gab es zwischen 2002 und 2008 schon einmal einen Risikopool, der einen partiellen Ist-Ausgabenausgleich jenseits einer bestimmten Ausgabenschwelle vorsah. Damit sollten Risikoselektionsanreize gegenüber Versicherten mit besonders hohen Leistungsausgaben zumindest abgeschwächt werden. Mit Einführung des Morbi-RSA ab 2009 hat der Risikopool an Bedeutung verloren, seine Zweckmäßigkeit wird aber in regelmäßigen Abständen thematisiert.

Die Frage der Zweckmäßigkeit eines Hochrisikopools zur Steigerung der Zielgenauigkeit des Morbi-RSA hängt daher maßgeblich von der konkreten Ausgestaltung des Morbi-RSA ab. Möchte man einen Hochrisikopool als flankierende Maßnahme umsetzen, ist es wichtig, eine systematische und anreizkonforme Integration dieses Ist-Kostenelements zu erarbeiten (vgl. AOK Gemeinschaft 2016). Dabei gilt es auch, Verwaltungsaspekte zu berücksichtigen. Der Risikopool, der bis 2008 gültig war, besaß letztlich keine relevanten Effekte, da der Gesetzgeber einen hohen Schwellenwert und einen hohen Eigenbeteiligungssatz beschlossen hatte (vgl. Wasem 2007). Da die Krankenkassen einen hohen Aufwand bei der Erfassung der Leistungsausgaben betreiben mussten, war seine Streichung letztlich konsequent. Außerdem erhalten die Krankenkassen aus dem Morbi-RSA für zahlreiche Fälle, die eigentlich in den Risikopool gehören, hohe Zuweisungen, so dass ein Teil des Risikopools seine Funktion eigentlich eingebüßt hat.

4.7 Regionalkomponente

Im Kontext der Weiterentwicklung des Morbi-RSA wird auch intensiv über die Notwendigkeit der Einführung einer regionalen Komponente diskutiert. Im gegenwärtigen Morbi-RSA treten Unterdeckungen vor allem in Kernstädten bzw. zentralen Ballungsräumen und deutlich schwächer in ländlichen Kreisen geringerer Dichte bzw. sehr peripheren Räumen auf. Dagegen finden sich Überdeckungen in verdichteten und ländlichen Kreisen verstädterter Räume sowie im ländlichen Raum in Kreisen höherer Dichte (vgl. Göpffarth 2013).

Diese Unter- und Überdeckungen bzw. die unterschiedlichen Deckungsquoten gehen auf ein vielschichtiges Spektrum angebots- und nachfrageseitiger Einflussgrößen zurück. Hinsichtlich der Notwendigkeit einer regionalen Komponente im Morbi-RSA stellt sich die Frage, ob es sich bei diesen Einflussgrößen um Faktoren handelt, die einzelne Krankenkassen steuern können, oder um Effekte von für sie nicht beeinflussbaren Faktoren, die letztlich eines Ausgleichs bedürfen.

Bei den nachfrageseitigen Einflussgrößen unterschiedlicher regionaler Deckungsquoten, wie z.b. dem Einkommen der Versicherten, den Einpersonenhaushalten und dem Dienstleistungsanteil, handelt es sich unstrittig um exogene Faktoren, denn die einzelnen Krankenkassen vermögen diese Determinanten ähnlich wie Alter, Geschlecht und Morbidität der Versicherten nicht zu steuern. Bei den angebotsseitigen Einflussgrößen gilt dies im Wesentlichen auch für die Vorhaltung einer qualitativ hochwertigen Infrastruktur im ambulanten, stationären und im Pflegebereich sowie für die regional unterschiedlichen Faktorkosten der medizinischen Leistungserstellung und das jeweilige Preisniveau der Konsumgüter. Die Krankenkassen verfügen lediglich im selektivvertraglichen Bereich über gewisse Gestaltungsspielräume, um die Mengen und Preise der von ihnen finanzierten Leistungen zu beeinflussen. Da aber auch große Krankenkassen im geltenden System kaum mehr als 10 % ihrer Leistungsausgaben gestalten können, dürften die Unterschiede in den regionalen Deckungsquoten derzeit zu gut 90 % in exogenen für die einzelnen Krankenkassen nicht beeinflussbaren Faktoren wurzeln.

Regionale Unterdeckungen, die in exogenen Einflussgrößen wurzeln, benachteiligen vor allem regional aufgestellte Krankenkassen gegenüber bundes- und landesweit operierenden, aber auch landesweit tätige Krankenkassen gegenüber bundesweit agierenden. Bei regionalen Überdeckungen verhält es sich entsprechend umgekehrt. Diese Problematik gewinnt derzeit insofern wieder deutlich an Bedeutung, als sich im Zuge des GKV-FQWG mit zunehmend unterschiedlichen Zusatzbeiträgen der Wettbewerb der Krankenkassen um Versicherte wieder spürbar intensivierte. Damit nehmen auch die Wettbewerbsverzerrungen, die aus einer fehlenden regionalen Komponente resultieren und ebenfalls die Anreize zur regionalen Risikoselektion zu.

Kritische Einwände gegen die Einführung einer regionalen Komponente in den Morbi-RSA weisen auf die Gefahr hin, dass sie eine Überversorgung in Ballungsgebieten und eine Unterversorgung in weniger ausgabenintensiven Regionen zementiere. Gegen diese Befürchtungen spricht, dass die Vorhaltung einer qualitativ hochwertigen medizinischen Infrastruktur auch den Versicherten aus den umliegenden Regionen zur Verfügung steht. Zudem geht, wie regionale Vergleiche belegen, eine spezialisierte stationäre und ambulante Versorgung nicht zwingend mit einer ineffizienten und ineffektiven Gesundheitsversorgung einher. Letztlich kann der Morbi-RSA auch überfrachtet werden. Er besitzt insbesondere die Aufgabe Risikoselektion zu verhindern, für effiziente Versorgungsstrukturen müssen zusätzliche Instrumente der Politik und der Bedarfsplanung herangezogen werden.

5. Ausblick

Die Entscheidung, den RSA morbiditätsorientiert weiterzuentwickeln, kann als eine zentrale Voraussetzung für einen erwünschten Wettbewerb zwischen den Krankenkassen angesehen werden, der auf Qualität und Wirtschaftlichkeit der Versorgung abstellt. Um Verzerrungen beim Preis (Zusatzbeitrag) zu vermeiden, ist der Morbi-RSA als „lernendes System" konzipiert, das permanent weiter zu entwickeln ist. Die Auswirkungen des Systems Morbi-RSA wurden zuletzt durch den Wissenschaftlichen Beirat des Bundesversicherungsamtes im Auftrag des Bundesgesundheitsministeriums im Jahr 2011 untersucht. Diesen Auftrag an den Beirat hat das BMG aktuell wiederholt, um eine Grundlage für die im Herbst anstehenden Koalitionsverhandlungen zu erhalten.

Aus den Analysen können Rückschlüsse auf die Wirkungsweise und auf die Weiterentwicklungsmöglichkeiten gezogen werden. Im Rahmen des Aufsatzes wurden zentrale Reformfelder des Morbi-RSA vorgestellt und mögliche Reformvorschläge diskutiert. Dabei geht es um offensichtliche Fehlsteuerungen und Überfrachtungen, die den Morbi-RSA beeinträchtigen. Die Analyse zeigt, dass akuter Handlungsbedarf besteht. Da das Volumen des Gesundheitsfonds gegeben ist, geht jede Reform des Morbi-RSA mit Gewinnern und Verlieren einher. Dadurch wird jede Reform schwierig umzusetzen, da die potenziellen Gewinner die Reform einfordern, während die potenziellen Verlierer, d.h. die Gewinner des Status quo, die Veränderungen ablehnen. Der Beitrag stellt zentrale Ansatzpunkte für künftige Reformen vor, die insbesondere unter dem Aspekt der Vermeidung von Risikoselektion und damit auch der Ermöglichung eines verzerrungsfreien Wettbewerbs diskutiert werden. Aus Sicht der Krankenkassen ist ein entscheidender Punkt, ob die bestehende Schieflage durch die Kasse beeinflusst werden kann oder ob es sich um eine exogene Größe handelt, die auszugleichen wäre. Die zentralen Reformbaustellen betreffen insbesondere folgende Bereiche:

- Krankheitsauswahl
- Auslandsversicherte
- Krankengeld
- Erwerbsminderungsrente
- Risikopool
- Regionalkomponente

Der Gesetzgeber ist dabei bereits kurzfristig gefordert, die Rahmenbedingungen des Morbi-RSA zu hinterfragen und im Sinn der Risikoäquivalenz und des erwünschten Wettbewerbs zwischen den Krankenkassen anzupassen.

Literatur

Albrecht, M., Neumann, K. und Nolting, H.-D. (2015): IGES-Konzept für einen stärker versorgungsorientierten Wettbewerb in der Gesetzlichen Krankenversicherung, in: Rebscher, H. (Hrsg.), Update: Solidarische Wettbewerbsordnung, medhochzwei Verlag, Heidelberg, S. 14–54.

AOK Gemeinschaft (2016): Vorschläge für eine systematische Weiterentwicklung des Risikostrukturausgleichs, Positionen der AOK-Gemeinschaft, Berlin, Oktober 2016.

BKK DV – Dachverband der Betriebskrankenkassen (2011): BKK Vorschläge für eine Reform des morbiditätsorientierten Risikostrukturausgleichs 25. Juli 2011, Berlin, URL: www.bkk-dachverband.de/fileadmin/user_upload/bkk_02_2016_e.pdf.

BKK DV – Dachverband der Betriebskrankenkassen (2016): Finanzausgleich neu justieren, Stellschrauben im Morbi-RSA, Sondergruppen im Fokus, Berlin, URL: www.bkk-dachverband.de/.../RSA/morbi-rsa_SONDER GRUPPEN-IM-FOKUS.pdf.

BVA – Bundesversicherungsamt (2008): So funktioniert der neue Risikostrukturausgleich im Gesundheitsfonds, Bonn.

Cassel, D. und Jacobs, K. (2008): Risikostrukturausgleich und Prävention: Zur Problematik der versorgungspolitischen Instrumentalisierung des Morbi-RSA. In: Göpffarth D. et al. (Hrsg.): Jahrbuch Risikostrukturausgleich 2008: Morbi-RSA, St. Augustin, Asgard, S. 185–212.

Cassel, D. et al. (Hrsg.) (2014): Solidarische Wettbewerbsordnung. Genese, Umsetzung und Perspektiven einer Konzeption zur wettbewerblichen Gestaltung der Gesetzlichen Krankenversicherung, medhochzwei, Heidelberg.

Connolly, S. und Munroe, A. (1999): Economics of the Public Sector, Prentice hall, Harlow et al.

Demme, S. (2015): Ergebnisse des Jahresausgleichs 2014 und aktueller Planungsstand zu den Ausgleichsjahren 2016 und 2017, Foliensatz 4. GKV Informationsveranstaltung „Gesundheitsfonds" Berlin, 26. November 2015.

Drösler, S. et al. (2011): Evaluationsbericht zum Jahresausgleich 2009 im Risikostrukturausgleich. Endfassung., Bonn und Berlin, URL: http://www.bmg.bund.de/fileadmin/dateien/Publikationen/Gesundheit/Forschungsberichte/Evaluationsbericht_zum_Jahresausgleich.pdf.

GKV-WSG – Gesetz zur Stärkung des Wettbewerbs in der gesetzlichen Krankenversicherung (2007), in Kraft getreten zum 1.4.2007, Berlin.

Göpffarth, D. (2013): Was wissen wir über die regionale Variation der Gesundheitsausgaben und was bedeutet das für den Risikostrukturausgleich? in: Gesundheit und Sozialpolitik, 2013/6, S. 29–35.

IGES, Glaeske, G. und Greiner, W. (2015): Begleitforschung zum Morbi-RSA (Teil 1), Kriterien, Wirkungen und Alternativen, Berlin, URL: i-ges.com/e6/e1621/e10211/.../IGES_RSA-Begleitforschung_Teil_1_WEB_ger.pdf.

IGES und Glaeske, G. (2016): Begleitforschung zum Morbi-RSA. Erwerbsminderungsrenten als Morbiditätsindikatoren? Berlin, URL: http://www.iges.com/kunden/gesundheit/forschungsergebnisse/2016/morbi-rsa-ii/index_ger.html.

Häckl, D. et al. (2016): Verbesserung der Deckungsquoten im Krankengeld Eine Analyse auf Basis von Daten der gesetzlichen Krankenversicherung, Gutachten WIG2, IGES, Berlin, URL: http://www.wig2.de/special/gutachten-zur-verbesserung-der-deckungsquoten-im-krankengeld.html.

Jacobs, K. et al. (2002): Zur Wirkung des Risikostrukturausgleichs in der gesetzlichen Krankenversicherung – Eine Untersuchung im Auftrag des Bundesministeriums für Gesundheit – Endbericht, URL: http://www.iges.com/e6/e1621/e10211/e6061/e6630/e6632 /e9590/e9592/attr_objs12667/RSA – Gutachten2001_ger.pdf.

Jacobs, K. (2015): Bayern lässt nicht locker – Zur Einführung eines Regionalfaktors im Risikostrukturausgleich, in: GGW, Jg. 15, Heft 2 (April), S. 23–30.

Jacobs, K. (2016): Keine Schnellschüsse beim Risikostrukturausgleich, in: GGW, Jg. 16, Heft 2 (April), S. 7–14.

Meyers-Middendorf, J. (1993): Die Gestaltungsrelevanz marktwirtschaftlichen Wettbewerbs in der gesetzlichen Krankenversicherung. Sozialökonomische Analyse der Möglichkeiten und Grenzen eines Krankenkassenwettbewerbs, Köln.

Pfaff, M. und Wassener, D. (1996): Risikoselektion dauerhaft vermeiden, in: Forum für Gesellschaftspolitik, Bonn, Juli 1996, S. 166–188.

Pfaff, M. und Wassener, D. (1998): Bedeutung des Risikostrukturausgleichs für den Kassenwettbewerb und die solidarische Wettbewerbsordnung, in: Ehlers, A. (Hrsg.): Fairness, Effizienz und Qualität der Gesundheitsversorgung, Berlin, S. 9–21.

Plate, F. und Demme, S. (2016): Reformoptionen zum Risikostrukturausgleich – Kühler Kopf und klarer Blick gefragt, in: Welt der Krankenversicherung, 7-8/2016, S. 172–175.

Rebscher, H. und Walzik, E. (2015): Solidarische Wettbewerbsordnung – Der Diskussionsprozess um ein Allokationsinstrument für die Gesundheitsversorgung, in: Rebscher, H. (Hrsg.), Update: Solidarische Wettbewerbsordnung, medhochzwei Verlag, Heidelberg, S. 1–13.

SVR-G – Sachverständigenrat zur Begutachtung der Entwicklung im Gesundheitswesen (2015): Krankengeld-Entwicklung, Ursachen und Steuerungsmöglichkeiten. Sondergutachten 2015, Bonn/Berlin, im Dezember 2015, URL: http://www.svr-gesundheit.de/index.php?id=565.

Ulrich, V. und Wille, E. (2014): Zur Berücksichtigung einer regionalen Komponente im morbiditätsorientierten Risikostrukturausgleich (Morbi-RSA), Endbericht für das Bayerische Staatsministerium für Gesundheit und Pflege (StMGP), Bayreuth und Mannheim, im September 2014.

Ulrich; V., Wille, E. und Thüsing, G. (2016): Die Notwendigkeit einer regionalen Komponente im morbiditätsorientierten Risikostrukturausgleich unter wettbewerbspolitischen und regionalen Aspekten, Gutachten für das Bayerische Staatsministerium für Gesundheit und Pflege (StMGP), Bayreuth, Mannheim und Bonn, im Juni 2016.

vdek – Verband der Ersatzkrankenkassen (2016): vdek-Positionen „Faire Wettbewerbsbedingungen schaffen", beschlossen in der Mitgliederversammlung des vdek am 20.07.2016, aktualisiert 09.02.2017, Berlin.

Wasem, J. (2007): Die Weiterentwicklung des Risikostrukturausgleichs ab dem Jahr 2009, in: GGW, 7. Jg. 3/2007, S. 15–22.

Wasem, J. et al. (2016,1): Gutachten zu Zuweisungen für Auslandsversicherte nach § 269 Abs. 3 SGB V i. V. m. § 33 Abs. 4 RSAV, Endbericht, Universität Duisburg-Essen.

Wasem, J. et al. (2016, 2): Gutachten zu Zuweisungen für Krankengeld nach § 269 Abs. 3 SGB V i. V. m. § 33 Abs. 3 RSAV, Endbericht, Universität Duisburg-Essen.

Wille, E., Ulrich, V. und Schneider, U. (2007): Wettbewerb und Risikostrukturausgleich im internationalen Vergleich. Erfahrungen aus den USA, der Schweiz, den Niederlanden und Deutschland, Beiträge zum Gesundheitsmanagement, Band 17, Nomos, Baden-Baden.

Eberhard Wille und Gregor Thüsing

Fairer Wettbewerb in der gesetzlichen Krankenversicherung. Wege zur Steigerung von Wettbewerbsneutralität und Effizienz in der Kassenaufsicht

I. Einleitung: Die Kassenaufsicht als aktuelles wettbewerbliches Problem

1. Die Trennung der Kassenaufsicht als Ausgangspunkt

Die Aufsicht über die gesetzlichen Krankenkassen nimmt in Deutschland eine Vielzahl verschiedener (Aufsichts-)Behörden wahr. Als Folge und Ausdruck des föderalen Staatsaufbaus existiert im Sinne einer Kompetenzverteilung zwischen Bund und Ländern eine historisch gewachsene geteilte Zuständigkeit für die Kassenaufsicht. So beaufsichtigt gemäß § 90 Abs. 1–3 SGB IV das Bundesversicherungsamt (BVA) die bundesunmittelbaren Krankenkassen, während die landesunmittelbaren Krankenkassen der Aufsicht der zuständigen bzw. jeweiligen Landesbehörden unterstehen. Bei bundesunmittelbaren Krankenkassen erstreckt sich ihr Geschäfts- bzw. Zuständigkeitsbereich über mehr als drei Bundesländer. Hierzu zählen neben der Knappschaft und der Sozialversicherung für Landwirtschaft, Forsten und Gartenbau derzeit 6 Ersatzkassen, 4 Innungskrankenkassen sowie 57 Betriebskrankenkassen.[1] Der Zuständigkeitsbereich von landesunmittelbaren Krankenkassen bezieht sich nach § 90 Abs. 3 SGB IV auf das Gebiet eines Bundeslandes, aber nicht über mehr als 3 Bundesländer. Die Aufsicht über diese Krankenkassen führen die für die Sozialversicherung zuständigen obersten Verwaltungsbehörden der Länder oder die von den Landesregierungen ermächtigten Behörden durch (§ 90 Abs. 2 SGB IV). Dies betrifft z.B. alle Allgemeinen Ortskrankenkassen (AOKen) sowie eine Reihe von Betriebskrankenkassen. Das Gesetz räumt damit den Bundesländern

---

1 vgl. Monopolkommission 2017, S. 51.

einen großen Freiraum ein, bei der Kassenaufsicht verschiedene zentrale oder dezentrale Organisationsformen zu wählen.[2]

Das BVA und die Aufsichtsbehörden der Bundesländer haben nach § 274 Abs. 1 SGB V mindestens alle 5 Jahre „die Geschäfts-, Rechnungs- und Betriebsführung der ihrer Aufsicht unterstehenden Krankenkassen" zu prüfen. Dabei handelt es sich um eine sehr umfassende Rechtsaufsicht, denn es fallen nur wenige Sachverhalte, wie die Sicherung der Datengrundlage des morbiditätsorientierten Risikostrukturausgleichs (Morbi-RSA), in die übergreifende Aufsichtskompetenz des BVA (siehe § 273 Abs. 2 und 3 SGB V).

Angesichts der Vielzahl der betrauten Behörden stellt sich die Frage, ob und inwieweit die einzelnen Aufsichten bei ihren Prüfungen, die überwiegend fallabhängig erfolgen, die Geschäftstätigkeit der Krankenkassen und hier insbesondere strittige Maßnahmen bzw. Praktiken mit gleichen Maßstäben messen oder unterschiedlich bewerten. Sofern hier relevante Unterschiede in der Stringenz der Prüfungen und Bewertungen auftreten, können hieraus Wettbewerbsverzerrungen zwischen den Krankenkassen erwachsen. Auf diese Gefahr machten in der Vergangenheit bereits mehrere Autoren sowohl unter ökonomischen als auch unter juristischen Aspekten aufmerksam.[3] Neuerdings bestätigt ein Gutachten der Monopolkommission diesen Verdacht und führt zahlreiche Beispiele von Wettbewerbsverzerrungen zwischen landesunmittelbaren bzw. regional tätigen und bundesunmittelbaren Krankenkassen an.[4]

2. Anlass und Inhalt des Gutachtens

Diese Problematik der geteilten Kassenaufsicht und der damit einhergehenden Wettbewerbsverzerrungen zwischen den Krankenkassen gewann in jüngster Zeit insofern an politischer Relevanz, als der Vorstandsvorsitzende der Techniker Krankenkasse, Dr. Jens Baas, auf die nach seiner Ansicht

---

2 vgl. *Wille, E., Hamilton, G.J., Graf von der Schulenburg, J.-M. und Thüsing,* G. 2012, S. 95 sowie unten unter Punkt III.
3 siehe hier u.a. *Hermann, Ch.* 1995; *Wille, E.* 1999, S. 133; *Epsen, I., Greß, S. Jascobs, K., Szecsenyi, J.* und *Wasem, I.* 2003, S. 6; *Wille, E., Hamilton, G.J., Graf von der Schulenburg J.-M.* und *Thüsing G.* 2012, S. 95; *Epsen, I.* 2014, S. 316f.
4 vgl. Monopolkommission 2017, S. 52 sowie die Ausführungen unten unter Punkt IV.

teilweise fragwürdigen Kodierungen von ambulanten Diagnosen im Rahmen des Morbi-RSA hinwies. Er stellte in diesem Kontext auch die Stringenz und Wirksamkeit der jeweiligen Kontrollen, insbesondere durch die Kassenaufsichten der Bundesländer, in Frage.[5] Diese Einschätzung bestätigt nicht nur das kürzlich erteilte Sondergutachten der Monopolkommission,[6] sie kommt auch in einer kleinen Anfrage der Fraktion BÜNDNIS 90/DIE GRÜNEN zum Ausdruck.[7]

Mögliche Wettbewerbsverzerrungen können für einzelne Krankenkassen auf der Einnahmenseite zu finanziellen Einbußen und auf der Leistungsseite zu Nachteilen hinsichtlich ihrer Positionierung bzw. Attraktivität für die Versicherten führen. Die Einführung der krankenkassenindividuellen Zusatzbeiträge in 2015 entfachte zunächst den Wettbewerb auf der Finanzierungsseite, der sich anschließend infolge der günstigen Finanzlage der gesetzlichen Krankenversicherung (GKV) wieder deutlich abschwächte. Die GKV profitiert in 2017 von einer Entnahme aus der Liquiditätsreserve, was den Druck auf die Zusatzbeiträge mindert, aber ab 2018 steht ohne eine solche finanzielle Unterstützung eine Intensivierung des Wettbewerbs um günstige Beitragssätze zu erwarten.[8] Wettbewerbsverzerrungen durch die geteilte Kassenaufsicht fallen dann in ihren Auswirkungen für die Attrahierung von Versicherten noch stärker ins Gewicht.

Mehrere Krankenkassen, insbesondere die Ersatzkassen, erheben daher die Forderung, eine einheitliche Aufsichtspraxis über alle Krankenkassen sicher zu stellen. In diesem Kontext trat die DAK-Gesundheit an die Gutachter mit der Frage heran, auf welchen ökonomischen sowie juristisch zulässigen Wegen durch Steigerung der Wettbewerbsneutralität und Effizienz der Kassenaufsicht in der GKV faire Wettbewerbsbedingungen hergestellt werden können. Die Beantwortung dieser Fragen erfolgt in getrennten Schritten unter ökonomischen und juristischen Aspekten. Während bei der ökonomischen

---

5 vgl. IGES Institut 2017, S. 9.
6 Monopolkommission 2017, S. 512ff.
7 vgl. *M. Klein-Schmeink, H. Terpe und E. Scharfenberg et al.* 2016.
8 vgl. *Schwarz, M.* 2017, S. 11f.

Betrachtung der Abbau von Wettbewerbsverzerrungen und Effizienzverlusten im Mittelpunkt steht, befasst sich der juristische Teil insbesondere mit den verfassungs- und sozialrechtlichen Rahmenbedingungen und legt dabei die Möglichkeiten und Grenzen einer optimierten Kassenaufsicht dar.

Vor dem Hintergrund möglicher Wettbewerbsverzerrungen durch die geteilte Kassenaufsicht widmet sich das vorliegende Gutachten zunächst den Grundlagen bzw. Voraussetzungen für einen fairen Wettbewerb in der GKV und sucht anschließend nach Wegen zur Steigerung der Wettbewerbsneutralität in der Kassenaufsicht. Auf eine kurze Darlegung der Funktionen und Voraussetzungen eines zielorientierten Wettbewerbs (Punkt II) folgt eine eingehende Analyse des Status quo der Kassenaufsicht im Verfassungs- und Sozialrecht (III). Die sich anschließenden Ausführungen beleuchten die möglichen und tatsächlichen bzw. nachweisbaren Wettbewerbsverzerrungen durch unterschiedliche Kassenaufsichten (IV). Dabei spielen die bereits erwähnten ambulanten Diagnosen im Rahmen des Morbi-RSA eine besondere Rolle. Angesichts der im Prinzip kaum zu leugnenden Wettbewerbsverzerrungen durch die unterschiedlichen Kassenaufsichten liegt die Frage nach den möglichen Reformoptionen nahe. Diese gilt es aus ökonomischer Sicht unter Wettbewerbs- und Effizienzaspekten zu analysieren (V). Die Machbarkeit und die politische Umsetzung diese Reformoptionen hängt schließlich eng mit der Frage nach der Änderbarkeit des Status quo und der Durchführbarkeit dieser Ansätze zur Weiterentwicklung der Kassenaufsicht zusammen (VI). Das Gutachten beschließen ein kurzes Fazit und aus den vorangegangenen Ausführungen abgeleitete Empfehlungen (VII).

II. Funktionen und Voraussetzungen eines zielorientierten Wettbewerbs im Gesundheitswesen

Der Wettbewerb stellt aus normativer Sicht grundsätzlich, d.h. auch im Gesundheitswesen, keinen Selbstzweck dar, sondern dient instrumental zur Verwirklichung höherrangiger Ziele, hinsichtlich der Gesundheitsversorgung vornehmlich um:[9]

---

9 ähnlich *Wille, E.* 1999, S. 120; *Wille, E., Hamilton, G.J.; Graf von der Schulenburg J.-M.* und *Thüsing, G.* 2012, S. 61.

- Verbesserung der gesundheitlichen Outcomes, d.h. Erhöhung von Lebenserwartung und -qualität,
- Orientierung des Leistungsangebotes an den Bedürfnissen und Präferenzen der Bürger und Patienten,
- Schaffung von materiellen Wahlfreiheiten für jeden Versicherten,
- Gute, zumindest zumutbare Erreichbarkeit der Leistungen für alle Bürger,
- Effiziente bzw. kostengünstige Produktion,
- Förderung von Produkt- und Prozessinnovationen,
- Leistungs- und qualitätsbezogene Vergütung,
- Schnellere Anpassung an veränderte Rahmenbedingungen,
- Schutz vor finanzieller Überforderung der Versicherten sowie
- Verhinderung von monopolistischem Machtmissbrauch durch staatliche Instanzen, Krankenkassen oder Leistungserbringer.

In Verbindung mit der Erweiterung einer freien Wahl der Krankenkasse durch die Versicherten geht die Schaffung rechtlicher Rahmenbedingungen für die Intensivierung eines Wettbewerbs der Krankenkassen, der auch dem Solidaritätsprinzip Rechnung trägt, vornehmlich auf das Gesetz zur Sicherung und Strukturverbesserung der GKV (GSG) vom 21.12.1992 zurück.[10] Nach dem Gesetzentwurf zum GSG können sich „die Vorteile der gegliederten und selbstverwalteten GKV gegenüber alternativen Systemen staatlicher Gesundheitssicherung... nur dann in einer Wettbewerbsordnung voll entfalteten", wenn „weitgehend gleiche Wahlrechte für die Versicherten zwischen allen Krankenkassen, ausgewogene Risikostrukturen sowie größtmögliche Chancengleichheit aller konkurrierenden Krankenkassen vor Ort die zentralen Voraussetzungen" bilden (Fraktionen der CDU/CSU, SPD und F.D.P. 1992, S. 69). „Gleiche Wettbewerbsbedingungen" gehören „zu den wesentlichen Voraussetzungen", um im Zuge struktureller Reformmaßnahmen im Gesundheitswesen eine „gesteigerte Qualitätssicherung, Effektivität und Effizienz" zu erreichen (ebenda)[11].

---

10 siehe hierzu vor allem die Beiträge in: *Cassel, D., Jakobs, K. Vauth, Ch.* und *Zerth, J.* 2014.
11 Der Gesetzentwurf betont noch an anderer Stelle (S. 74) die Notwendigkeit einer „größtmöglichen Chancengleichheit zwischen allen Krankenkassen" und „gleiche Wettbewerbsbedingungen für alle Krankenkassen".

Die im Gesetzentwurf des GSG betonten Postulate „Chancengleichheit aller konkurrierenden Krankenkassen" bzw. „gleiche Wettbewerbsbedingungen" stehen zunächst in einem gewissen Konflikt mit einer geteilten Kassenaufsicht, zumindest gibt es unter diesen Rahmenbedingungen a priori keine Garantie für die Einhaltung dieser Voraussetzungen eines zielorientierten Wettbewerbs. Letzterer bedarf in ordnungspolitischer Hinsicht zwar einer staatlichen Rahmenordnung, die in der GKV auch dem Solidaritätsprinzip Rechnung trägt, aber keines „Wettbewerbs der Wettbewerbshüter".[12] Das Nebeneinander der Zuständigkeiten von BVA und Landesbehörden birgt die Gefahr von unterschiedlichen Bewertungen bzw. Entscheidungen in gleich gelagerten Fällen. Dies gilt vor allem dann, wenn die politischen Interessen oder wirtschaftspolitischen Positionen von Bund und Ländern in den entsprechenden Fällen divergieren.[13] Diese unterschiedlichen Aufsichtspraktiken können – aus welchen Gründen auch immer; siehe hierzu unten unter IV. – sowohl zwischen dem BVA und den Landesbehörden als auch zwischen den Kassenaufsichten einzelner Bundesländer auftreten. Aus diesen Divergenzen kann dann, auch wenn hier primär keine Wettbewerbsverzerrung intendiert sein mag, eine wettbewerbliche Diskriminierung einzelner Krankenkassen bzw. Krankenkassenarten resultieren.

III. Der Status quo in Verfassungs- und Sozialrecht

Wie bereits dargestellt wurde, spaltet sich in Deutschland die Kassenaufsicht für bundesunmittelbare und landesunmittelbare Krankenkassen nach föderalistischem Prinzip auf. Die Grundlagen dafür finden sich in der Zuständigkeits- und Kompetenzordnung des Grundgesetzes. Diese grundsätzlich geteilte Zuständigkeit spiegelt sich ebenso in den darauf aufbauenden Regelungen des Sozialrechts wieder.

1. Die Lex regia des Art. 87 Abs. 2 GG

Im Bereich der Sozialversicherung stellt Artikel 87 Absatz 2 GG eine ausdrückliche Ausnahme vom Grundsatz der Verwaltungszuständigkeit der Länder gemäß Artikel 30 und 83 GG dar.[14] Als maßgebliche Norm bestimmt

---

12 *Jacobs*, K. 1994, S. 186.
13 vgl. *Wille*, E. 1994, S. 133.
14 BT-Drucks. 18/9993, S. 2.

Art. 87 Abs. 2 GG insoweit, dass soziale Versicherungsträger, deren Zuständigkeitsbereich sich über das Gebiet eines Landes hinaus erstreckt, als bundesunmittelbare Körperschaften des öffentlichen Rechtes geführt werden (S. 1), während soziale Versicherungsträger, deren Zuständigkeitsbereich sich über das Gebiet eines Landes, aber nicht über mehr als drei Länder hinaus erstreckt, als landesunmittelbare Körperschaften des öffentlichen Rechtes geführt werden, wenn das aufsichtführende Land durch die beteiligten Länder bestimmt ist (S. 2). Mit dem Begriff der Sozialversicherung knüpft Art. 87 Abs. 2 GG als Verwaltungskompetenzgrundlage an die konkurrierende Gesetzgebungskompetenz des Art. 74 Abs. 1 Nr. 12 GG an. Nach allgemeiner Ansicht sind die Begriffe in beiden Normen gleich zu verstehen.[15] Erfasst sind demnach Systeme, die das soziale Bedürfnis nach Ausgleich besonderer Lasten erfüllen und dazu selbständige Anstalten oder Körperschaften des öffentlichen Rechts als Träger vorsehen, die ihre Mittel im Wesentlichen durch Beiträge aufbringen, wozu jedenfalls die im V. und VI. Buch des Sozialgesetzbuches geregelte gesetzliche Kranken- und Rentenversicherung gehört.[16]

Mit der betriebsbezogenen räumlichen Ausdehnung geht also eine Änderung der aufsichtsrechtlichen Zuständigkeit einher.[17] Die Frage, ab wann sich der Zuständigkeitsbereich eines Trägers der Sozialversicherung über Landesgrenzen hinweg erstreckt, wird nicht einheitlich beantwortet. In einer frühen Entscheidung ging das Bundessozialgericht davon aus, dass eine lediglich geringfügige Grenzüberschreitung nicht bereits zu einer Bundeszuständigkeit führt.[18] Die überwiegende Ansicht sieht eine Zuständigkeitsbereichserstreckung nur auf Teilgebiete weiterer Länder allerdings bereits

---

15 BVerfG, Beschluss v. 13.9.2005 – 2 BvF 2/03, BVerfGE 114, 196, Rn. 157; Mangoldt/Klein/Starck/*Burgi*, Band III, Art. 87 GG, Rn. 59; *Sachs*, Art. 87 GG, Rn. 49.
16 BVerfG, Beschluss v. 13.9.2005 – 2 BvF 2/03, BVerfGE 114, 196, Rn. 148.
17 vgl. BSG, Urteil v. 10.3.2015 – B 1 A 10/13 R, BSGE 118, 137, SozR 4–2400 § 90 Nr. 1, Rn. 11; BSG, Urteil v. 16.12.1965 – 3 RK 33/62, BSGE 24, 171, SozR Nr 3 zu GG Art 87, Rn. 22.
18 BSG, Urteil v. 3.5.1955 – 3 RK 1/54, BSGE 1, 17, Rn. 57; Kreikebohm/*Schütte-Geffers*, § 90 SGB IV, Rn. 10.

als ausreichend an.[19] Die Bestimmung des aufsichtführenden Landes gem. Art. 87 Abs. 2 Satz 2 GG spielt inzwischen keine Rolle mehr, da die Bundesländer am 1.6.1997 einen Staatsvertrag darüber abgeschlossen haben, dass grundsätzlich dasjenige Land die Aufsicht führt, in dem der betreffende Sozialversicherungsträger seinen Sitz hat.[20]

Nach überwiegender Ansicht ist Art. 87 Abs. 2 GG als zwingende Norm ausgestaltet, sodass die Aufsicht über bundesunmittelbare Sozialversicherungsträger nur durch Bundesbehörden erfolgen kann.[21] Durch Art. 87 Abs. 2 S. 2 GG hat der Gesetzgeber jedoch einen gewissen Spielraum eröffnet, der es bei einer Erstreckung auf nicht mehr als drei Länder ermöglicht, dass die Verwaltung durch Staatsvertrag auf eines der Länder übertragen wird. Diese Erweiterung entstammt einer Änderung des Grundgesetzes zum 15.11.1994, durch welche die Länderkompetenzen gestärkt werden sollten; zuvor hatte sich die Bundesunmittelbarkeit noch ausnahmslos bereits bei Erstreckung nur über eine Landesgrenze hinweg ergeben.[22]

Aus der Systematik der Art. 83 ff GG wird deutlich, dass auch eine sog. „Mischverwaltung", im Sinne etwa einer Verwaltung unter Leitung einer Bundesoberbehörde, aber mit nachgeschaltetem Verwaltungsunterbau auf Landesebene, grundsätzlich nicht in Betracht kommt.[23] Je nachdem, ob die Verwaltungszuständigkeit dem Bund oder dem Land zugewiesen ist, muss der jeweilige Verband die damit verbundenen Aufgaben folglich „mit eigenem Personal, eigenen Sachmitteln und eigener Organisation"[24] erfüllen. Allerdings werden beispielsweise hinsichtlich der Möglichkeit einer

---

19 BSG, Urteil v. 16.12.1965 – 3 RK 33/62 –, BSGE 24, 171, Rn. 18 ff.; Mangoldt/Klein/Starck/*Burgi*, Band III, Art. 87 GG, Rn. 64; *Sachs*, Art. 87 GG, Rn. 51; Maunz/Dürig/*Ibler*, Art. 87 GG, Rn. 155.
20 Krauskopf/*Baier*, § 90 SGB IV, Rn. 11; Kreikebohm/*Schütte-Geffers*, § 90 SGB IV, Rn. 6.
21 Maunz/Dürig/*Ibler*, Art. 87 GG, Rn. 193.
22 Kreikebohm/*Schütte-Geffers*, § 90 SGB IV, Rn. 7 f.
23 BVerfG, Urteil v. 20.12.2007 – 2 BvR 2433/04, BVerfGE 119, 331, Rn. 153; Maunz/Dürig/*Ibler*, Art. 87 GG, Rn. 195.
24 BVerfG, Urteil v. 20.12.2007 – 2 BvR 2433/04, BVerfGE 119, 331, Rn. 151.

Organleihe[25] oder der Amtshilfe[26] Ausnahmen zugelassen. Eng verbunden mit dieser grundsätzlichen Spaltung zwischen Bundes- und Landesverwaltung ist auch das Erfordernis der Einhaltung der rechtsstaatlichen Grundsätze der Normenklarheit und Widerspruchsfreiheit durch den Bundesgesetzgeber, wenn dieser Verwaltungszuständigkeiten bestimmt. Dadurch sollen die Länder vor einem Eindringen des Bundes in den ihnen vorbehaltenen Bereich der Verwaltung geschützt und eine Aushöhlung der grundsätzlichen Verwaltungszuständigkeit der Länder gem. Art. 30 GG verhindert werden.[27]

Das Grundgesetz trifft also eine klare Entscheidung darüber, wann eine gesetzliche Krankenkasse durch das BVA beaufsichtigt wird und wann die Aufsicht durch eine Landesbehörde erfolgen kann. Angesichts dieser eindeutigen Kompetenzverteilung durch Art. 74 Abs. 1 Nr. 12 GG und Art. 87 Abs. 2 GG, wäre eine davon abweichende Neuordnung der Kassenaufsicht nicht mit den derzeitigen Vorgaben des Grundgesetzes vereinbar.

2. Die Vorgaben des Sozialrechts: Akzessorische Aufsicht

Der verfassungsrechtliche Rahmen im Bereich der Kassenaufsicht wird auf einfachgesetzlicher Ebene durch Normen des Sozialrechts konkretisiert. Relevant sind dabei das vierte (Gemeinsame Vorschriften für die Sozialversicherung) und das fünfte Buch (Gesetzliche Krankenversicherung) der Sozialgesetze.

a) § 90 Abs. 1 und 2 SGB IV

Die Aufgaben der allgemeinen Rechtsaufsicht für alle Sozialversicherungen sind in den §§ 87–89 SGB IV geregelt. In § 90 SGB IV wird wiederum festgelegt, welche Behörde diese Aufsicht wahrnimmt. Die Abs. 1 und 2 des § 90 SGB IV stimmen insoweit mit Art. 87 Abs. 2 GG überein, als dass es für die Frage, ob die Aufsicht durch eine Landes- oder Bundesbehörde wahrgenommen wird, darauf ankommt, ob der „Zuständigkeitsbereich sich über

---

25 BVerfG, Beschluss v. 12.1.1983 – 2 BvL 23/81, BVerfGE 63, 1, Rn. 55; zustimmend: Mangoldt/Klein/Starck/*Burgi*, Band III, Art. 87 GG, Rn. 73; Maunz/Dürig/*Ibler*, Art. 87 GG, Rn. 197.
26 Maunz/Dürig/*Ibler*, Art. 87 GG, Rn. 195; *Stüer*, DÖV 1985, 720.
27 BVerfG, Urteil v. 20.12.2007 – 2 BvR 2433/04, BVerfGE 119, 331, Rn. 156.

das Gebiet eines Landes hinaus erstreckt". Nach § 90 Abs. 1 S. 1 SGB IV ist bei bundesunmittelbaren Versicherungsträgern das BVA zuständige Aufsichtsbehörde, während gem. § 90 Abs. 2 SGB IV bei landesunmittelbaren Versicherungsträgern die für die Sozialversicherung zuständigen obersten Verwaltungsbehörden der Länder oder die von den Landesregierungen durch Rechtsverordnung bestimmten Behörden zuständig sind, wobei die Landesregierungen diese Ermächtigung auf die obersten Landesbehörden weiter übertragen können. Die Aufsicht erfolgt also nach der im Sozialrecht zum Ausdruck kommenden Konzeption akzessorisch zu der verfassungsrechtlichen Verwaltungskompetenz.

Deutlich wird auch: § 90 Abs. 2 SGB IV eröffnet den Bundesländern in organisatorischer Hinsicht viele Freiheiten.[28] Dies entspricht auch dem in Art. 84 Abs. 1 GG zum Ausdruck kommenden Grundgedanken, dass für die Einrichtung und die Durchführung der Bundesgesetze die Länder zuständig sind.[29] Die jeweils gewählte Organisationsform hängt regelmäßig von der Größe des Bundeslandes ab und kann von einer zentralen Organisation im Sozial- und Gesundheitsministerium bis zur Einrichtung eigener Landesversicherungsämter reichen.[30]

Was unter Zuständigkeitsbereich i.S.d. § 90 SGB IV zu verstehen ist, regelt der § 90 a SGB IV. Dementsprechend ist bei Ortskrankenkassen die Region, für die sie bestehen (Abs. 1 Nr. 1), bei Betriebskrankenkassen die Betriebe, für die sie ihrer Satzung nach zuständig sind; wobei unselbständige Betriebsteile mit weniger als zehn Mitgliedern in einem Land unberücksichtigt bleiben (Abs. 1 Nr. 2), bei Innungskrankenkassen die Bezirke der Handwerksinnungen, für die sie ihrer Satzung nach bestehen (Abs. 1 Nr. 3) und bei Ersatzkassen die in der Satzung festgelegten Bezirke maßgeblich.

b) § 274 SGB V

Einheitlicher Anknüpfungspunkt für die Prüfung der gesetzlichen Krankenkassen auf den Gebieten der Geschäfts-, Rechnungs- und Betriebsführung ist § 274 SGB V. Danach hat die jeweilige Aufsichtsbehörde alle fünf Jahre

---

28 Krauskopf/*Baier*, § 90 SGB IV, Rn. 8; Kreikebohm/*Schütte-Geffers*, § 90 SGB IV, Rn. 16.
29 Krauskopf/*Baier*, § 90 SGB IV, Rn. 9.
30 Kreikebohm/*Schütte-Geffers*, § 90 SGB IV, Rn. 16.

eine entsprechende Prüfung der ihnen unterstehenden Krankenkassen und den entsprechenden Arbeitsgemeinschaften vorzunehmen (S. 1). Im gleichen Turnus hat eine entsprechende Prüfung des Spitzenverbandes Bund der Krankenkassen und der Kassenärztlichen Bundesvereinigung durch das Bundesministerium für Gesundheit, bzw. der Landesverbände der Krankenkassen, der Kassenärztlichen Bundesvereinigung sowie der Prüfstelle und des Beschwerdeausschusses nach § 106c SGB V durch Aufsichtsbehörden der Länder (S. 2) zu erfolgen. Nach S. 3 müssen die zuständigen Behörden diese Prüfung aber nicht zwingend selbst durchführen, sondern können diese Aufgabe alternativ auf eine öffentlich-rechtliche Prüfungseinrichtung übertragen, die bei der Durchführung der Prüfung unabhängig ist, oder sogar selbst eine solche Prüfungseinrichtung errichten. Gegenstände der Prüfung sind nach S. 4 der gesamte Geschäftsbetrieb sowie dessen Gesetzmäßigkeit und Wirtschaftlichkeit.

In § 274 Abs. 2 SGB V wird zudem die Berechnung der Kosten dieser Prüfung, sowie Tragung der selbigen (grundsätzlich durch die geprüfte Einrichtung) festgelegt. Das Bundesministerium für Gesundheit kann gem. § 274 Abs. 3 S. 1 SGB V mit Zustimmung des Bundesrates allgemeine Verwaltungsvorschriften für die Durchführung der Prüfungen erlassen, allerdings hat es von dieser Möglichkeit bislang keinen Gebrauch gemacht.[31] Im Gegensatz dazu findet jedoch der nach § 274 Abs. 3 S. 2 SGB V vorgesehene, regelmäßige Erfahrungsaustausch zwischen den Prüfungseinrichtungen in Form der Einrichtung eines Gesamtgremiums und von Arbeitskreisen, sowie der Durchführung von Tagungen, statt.[32] Eine Besonderheit, die die grundsätzlich klare Aufteilung von Landes- und Bundesaufsicht an dieser Stelle durchbricht, stellt die Regelung des § 274 Abs. 4 SGB V dar, wonach der Bundesrechnungshof die Haushalts- und Wirtschaftsführung der gesetzlichen Krankenkassen, ihrer Verbände und Arbeitsgemeinschaften prüfen kann – also auch landesunmittelbaren Krankenkassen. Nach

---

31 Krauskopf/*Baier*, § 274SGB V, Rn. 17; Becker/Kingreen/*Pfohl*, 5. Aufl. 2017, § 274 SGB V, Rn. 4; nach *Hänlein*, Rechtsquellen im Sozialversicherungsrecht, 2001, S. 120 ff., ist die Ermächtigung nur eines einzelnen Ministeriums nicht mit Art. 84 Abs. 2 GG vereinbar.
32 Krauskopf/*Baier*, § 274SGB V, Rn. 18; Becker/Kingreen/*Pfohl*, § 274 SGB V, Rn. 4.

der Gesetzesbegründung ergibt sich dieses Prüfrecht aus § 55 Abs. 1 S. 1 des Haushaltsgrundsätzegesetzes und soll im Interesse einer unabhängigen, umfassenden und wirksamen Finanzkontrolle klarstellen, dass der Bundesrechnungshof die gesamte Haushalts- und Wirtschaftsführung der bundesunmittelbaren und landesunmittelbaren Krankenkassen prüfen kann, wenn diese gesetzlich begründete Zahlungen des Bundes erhalten.[33] Unberührt bleibt demnach aber die letztlich aus dem Gebot der Verhältnismäßigkeit folgende Verpflichtung des Bundesrechnungshofes, des Bundesversicherungsamtes und der zuständigen Prüfbehörden der Länder, Überschneidungen ihrer jeweiligen Prüftätigkeit und damit verbundene unnötige Belastungen der Krankenkassen zu vermeiden.[34]

c) Sonstige Regelungen

Weitere Regelungen, die streng nach Bund- und Länderzuständigkeit getrennte Kassenaufsicht vorsehen, sind die §§ 88 Abs. 1, 89 Abs. 1 SGB IV, §§ 11 Abs. 6 SGB V, 71 Abs. 4 und 5, 73b, 82 Abs. 2, 83, 85, 87a, 140a, 252 Abs. 5 und 6 SGB V sowie die §§ 42 Abs. 1 S. 1 Nr. 1 und 2 RSAV. Andere Normen eröffnen dagegen vereinzelt die Möglichkeit einer übergreifenden Aufsicht durch das Bundesversicherungsamt. Dies ist zum einen nach § 28q Abs. 1a SGB IV bei der Prüfung bei den Einzugsstellen für den Einzug der Beiträge des Gesundheitsfonds der Fall. Weiterhin prüft das Bundesversicherungsamt im Rahmen der Sicherung der Datengrundlage für den RSA die entsprechenden Daten aus § 268 Abs. 3 S. 14 i.V.m. S. 1 Nr. 5 auf Auffälligkeiten (§ 273 Abs. 2 S. 1 SGB V) und führt bei Feststellung (§ 273 Abs. 3 S. 1 SGB V) bzw. einem auf Tatsachen gestützten Verdacht (§ 273 Abs. 3 S. 2 SGB V)eine Einzelfallprüfung durch.

3. Zwischenergebnis zum *Status quo*

Es ergibt sich demnach ein klares Bild: Sowohl das Grundgesetz als auch die maßgeblichen Normen des Sozialrechts sehen eine grundsätzliche Trennung der Kassenaufsicht auf Bundes- und Landesebene vor. Nur an wenigen Stellen ergibt sich aus dem Gesetz eine übergreifende Aufsicht durch das

---

33 BT-Drucks. 16/3100, S. 170.
34 BT-Drucks. 16/3100, S. 170 f.

Bundesversicherungsamt. Aufgrund der Verankerung im Grundgesetz erscheint eine Änderung dieser Zuständigkeitsordnung ausschließlich auf einfachgesetzlicher Ebene jedenfalls als fraglich.

IV. Wettbewerbsverzerrungen durch unterschiedliche Kassenaufsichten

1. Unterschiedliche Entscheidungen der Kassenaufsichten in gleich gelagerten Fällen

Das BVA bemüht sich als „zentraler Akteur im Austausch der bundes- und landesmittelbaren Aufsichtsbehörden" mit Hilfe von Rundschreiben, gemeinsamen Arbeitspapieren und fachspezifischen Bund-Länder-Arbeitsgruppen eine einheitliche Auslegung des geltenden Sozialversicherungsrechts herbeizuführen.[35] Zudem verpflichtet § 90 Abs. 4 SGB IV die Aufsichtsbehörden zu einem regelmäßigen Erfahrungsaustausch. Unbeschadet dieser rechtlichen Verpflichtung und allfälligen Bestrebungen zu einer einheitlichen Prüfungspraxis gibt es zur Realisierung dieser Aufgabe keine verpflichtenden Vorschriften.[36] Dies gilt auch für die „Gemeinsamen Wettbewerbsgrundsätze", deren Änderung zudem eines einheitlichen Beschlusses aller Aufsichtsbehörden bedarf. Die Bundesregierung erklärt dann auch in einer Antwort auf eine Kleine Anfrage der Abgeordneten Maria Klein-Schmeinck, Dr. Harald Terpe, Elisabeth Scharfenberg, weiterer Abgeordneter und der Fraktion BÜNDNIS 90/DIE GRÜNEN, es sei ihr „bekannt, dass es zu unterschiedlichen Einzelentscheidungen kommen kann".[37]

Bei diesen unterschiedlichen Entscheidungen handelt es sich u.a. um folgende Fälle, die jeweils zu relevanten Wettbewerbsverzerrungen führen können:[38]

- Das BVA untersagte bundesunmittelbaren Krankenkassen in der Vergangenheit, die Rücklagen für die Altersvorsorge auch in Aktien anzulegen, was die Aufsichtsbehörden der Bundesländer entgegen einer Entscheidung des Bundessozialgerichts vom 18.07.2006 jedoch jahrelang erlaubten. Erst

---

35 Bundesregierung 2016, S. 2.
36 vgl. Monopolkommission, S. 52.
37 Bundesregierung 2016, S. 2.
38 siehe Monopolkommission 2017, S. 52ff.

das 6. SGB V-Änderungsgesetz vom 16.11.2016, das einen Aktienteil von bis zu 10 Prozent für die Anlage des Deckungskapitals gestattet, schuf hier die Rechtsgrundlage für eine verbindliche einheitliche Praxis.
- Bei der Mitgliederwerbung durch die Gewährung von bestimmten Vorteilen, wie z.b. Rabattangeboten, „bestand und besteht in diversen Fallkonstellationen eine unterschiedliche Auffassung" zwischen dem BVA und den Aufsichtsbehörden der Bundesländer.[39]
- Während das BVA die Wahltarife zur Kostenerstattung nach § 12 Abs. 2 SGB V nur auf ganze Leistungsbereiche und nicht auf einzelne Leistungen, wie z.b. Zahnersatz, Zweibettzimmer und Chefarztbehandlung, bezieht, genehmigen die Aufsichtsbehörden einzelner Bundesländer auch Tarife für einzelne Leistungen. Dabei lässt sich die Wirtschaftlichkeit für Wahltarife mit spezifischen Leistungen leichter nachweisen als für solche, die ganze Leistungsbereiche umfassen.
- Beim Wirtschaftlichkeitsnachweis für Wahltarife divergierten in der Vergangenheit die Ansichten von BVA und Aufsichtsbehörden der Länder über die sog. Halteeffekte. Diese bestehen darin, dass die Krankenkassen ihre Versicherten mit speziellen Angeboten an sich binden und somit vom Wechsel in eine andere Krankenkasse abhalten. Bei der Berücksichtigung von Halteeffekten kalkulieren die Krankenkassen in ihrer Kosten-Nutzen-Analyse somit auch positive Deckungsbeiträge für jene Versicherten ein, die diese Wahltarife nicht nutzen.[40] Durch eine Ergänzung des § 53 Abs. 9 SGB V stellte der Gesetzgeber inzwischen klar, dass ab 2014 diese kalkulatorischen Einnahmen bei der Veranschlagung der Wahltarife nicht mehr berücksichtigt werden dürften.
- Bei der Beanstandung von Werbeaussagen von Krankenkassen konstatiert die Bundesregierung „in diversen Fallkonstellationen eine unterschiedliche Auffassung" von BVA und Aufsichtsbehörden der Bundesländer.[41]
- Die landesunmittelbaren Krankenkassen erhalten leichter bzw. eher die Erlaubnis zur Übertragung von wesentlichen Teilen ihres IT-Infrastrukturbetriebes auf externe Dienstleister, da das BVA dem Outsourcen von

---

39 Bundesregierung 2016, S. 3.
40 vgl. Monopolkommission 2017, S. 55.
41 Bundesregierung 2016, S. 4.

zentralen Geschäftsbereichen kritischer gegenübersteht als die Aufsichtsbehörden der Bundesländer.[42]
- Die größte Aufmerksamkeit hinsichtlich der geteilten Kassenaufsicht erregte in jüngster Zeit die Kodierung von ambulanten Diagnosen im Rahmen des Morbi-RSA und deren Überprüfung durch die jeweiligen Aufsichtsbehörden. Im Morbi-RSA baut die Zuweisung von zusätzlichen finanziellen Mitteln für Versicherte mit ausgewählten Krankheiten auf Diagnosen auf. Während dabei stationäre Diagnosen grundsätzlich zum Zuge kommen, gilt für die Diagnosen im vertragsärztlichen Bereich das „M2Q-Kriterium", nachdem bei einem bestimmten Versicherten die Diagnose einer gleichen Krankheit aus zwei unterschiedlichen Quartalen vorliegen muss. Es erscheint daher für die Krankenkassen ökonomisch rational, die Kodierung der ambulanten Diagnosen durch die niedergelassenen Ärzte mit einem Vergütungsanreiz für RSA-relevante Krankheiten zu versehen.[43] Grundsätzlich kann ein intensiveres Kodieren von ambulanten Diagnosen auch dazu beitragen, das Krankheitsgeschehen besser abzubilden, es besteht bei entsprechenden finanziellen Anreizen aber die Gefahr, dass die Krankenkassen die Ärzte schon ex ante zu einer Änderung ihrer Diagnosen veranlassen oder sie sogar zu einer nachträglichen Erhebung bzw. Korrektur animieren.

Für diese problematische Beeinflussung der Kodierungen von niedergelassenen Ärzten durch die Krankenkassen im Rahmen von sog. Betreuungsstruktur – und hausarztzentrierten Verträgen gibt es inzwischen zahlreiche Hinweise, die über reine Verdachtsmomente hinausgehen.[44] Das IGES Institut schätzt die Summe der Vergütungen, die aus diesen Verträgen resultieren, auf der Ebene von Schleswig-Holstein auf 9,9 Mio. Euro und hochgerechnet auf die Bundesebene auf 290,7 Mio. Euro (ebenda, S. 30). Diese Ausgaben für die Intensivierung der ambulanten Diagnosestellung

---

42 vgl. Dienst für Gesellschaftspolitik 2016b, S. 6ff.
43 vgl. IGES Institut 2017, S. 7.
44 vgl. Bundesregierung 2016, S. 4f.; FAZ 2016, S. 15; IGES Institut 2017, S. 12ff; Bereits vor Einführung des Morbi-RSA gab es in der Literatur Hinweise, dass die direkte bzw. spezifische Morbiditätsorientierung bei den Krankenkassen Anreize zur Beeinflussung der Diagnoseerstellung setzt (vgl. *Wille, E., Ulrich, V. und Schneider*, U. 2007, s. 37f.).

besitzen zwar in der Regel keinen Einfluss auf die Qualität der Behandlung und schaden damit nicht den Versicherten bzw. Patienten, unzutreffende Kodierungen von ambulanten Diagnosen können aber zu Wettbewerbsverzerrungen führen, denn die einzelnen Krankenkassen verfügen hier nicht über gleich wirksame Handlungsparameter. Zudem stellen die für diese Kodierungen eingesetzten Mittel unter dem Aspekt der Gesundheitsversorgung weitgehend eine ausgabensteigernde Vergeudung von Ressourcen dar. In Anbetracht dieser offensichtlichen Verwerfungen hat der Gesetzgeber im Zuge des Heil- und Hilfsmittelversorgungsgesetzes (HHVG) vom 04.04.2017 Maßnahmen zur Beeinflussung ambulanter Diagnosen untersagt, es existiert aber immer noch die Möglichkeit, die ambulante Diagnosestellung im Rahmen der hausarztzentrierten Versorgung zu beeinflussen. So besteht bei der Chronikerpauschale hinsichtlich der Diagnosestellung ein Vergütungsanreiz, der nicht auf die entsprechende Kodierung abstellt.[45]

Diese Beispiele zeigen, dass die Aufsichtsbehörden der Bundesländer den landesunmittelbaren Krankenkassen sowohl auf der Einnahmen- als auch auf der Ausgabenseite wettbewerbsrelevante Vorteile bzw. Freiräume gewährten und teilweise immer noch eröffnen, die bei gleichen Fallkonstellationen das BVA den bundesunmittelbaren Krankenkassen verwehrt. Diese unterschiedlichen Aufsichtspraktiken verzerren nicht nur den Wettbewerb zuungunsten der bundesunmittelbaren Krankenkassen, sondern können auch die Entscheidungen von Krankenkassen über Markteintritte, die Ausdehnung ihrer Geschäftstätigkeit auf ein weiteres Bundesland und Fusionsprozesse beeinflussen.[46] Sie beeinträchtigen bzw. hemmen damit auch den strukturellen Wandel innerhalb der Krankenkassen, der bei einer einheitlichen Kassenaufsicht anders, sehr wahrscheinlich zügiger, ablaufen dürfte. Angesichts dieser gespaltenen wettbewerblichen Rahmenordnung und der mit ihr einhergehenden Effekten und Anreizen überrascht es nicht, dass eine Krankenkasse mit dem BVA über die Frage ihrer Bundes- oder Landesunmittelbarkeit in Konflikt geriet.[47]

---

45 vgl. IGES Institut 2017, S. 8.
46 vgl. Monopolkommission 2017, S. 59.
47 vgl. Dienst für Gesellschaftspolitik 2017, S. 12ff.

2. Zwischenergebnis: Reformdiskussion notwendig

Vor dem Hintergrund dieser wettbewerblichen Verwerfungen und Effizienzverluste, die aus der geteilten Kassenaufsicht resultieren, erscheint die Feststellung der Bundesregierung, „die sowohl verfassungsrechtlich als auch gesetzlich vorgesehene Aufteilung der Aufsichtszuständigkeiten über die Krankenkassen hat sich grundsätzlich bewährt"[48] schwer nachvollziehbar. Die Bundesregierung bemühte sich zwar in der Vergangenheit, im Zuge der laufenden Gesetzgebung einigen offensichtlichen wettbewerblichen Verwerfungen entgegen zu steuern, die grundlegenden Motive für die unterschiedlichen Aufsichtspraktiken von BVA und den Behörden der Bundesländer bleiben jedoch nach wie vor bestehen:

- Sofern sich die landesunmittelbaren Krankenkassen mit den Kassenärztlichen Vereinigungen (KVen) oder einer großen Gruppe von Ärzten über bestimmte Verträge einigen, scheuen sich die Landesbehörden vor einem Eingriff bzw. einer Beanstandung selbst dann, wenn diese Abkommen mit dem geltenden Recht in Konflikt stehen können[49].
- In die Zuständigkeit der überwiegenden Mehrzahl der Landesaufsichten fallen noch maximal 3 landesunmittelbare Krankenkassen, was auch aus Effizienzgründen eine Reduktion der personellen Infrastruktur im entsprechenden Prüfungswesen nahelegt (siehe auch unten unter V.).
- Die Bundesländer können an der Wettbewerbsfähigkeit landesunmittelbarer Krankenkassen ein politisches Interesse besitzen und ihnen – vor allem vor Landtagswahlen – dazu verhelfen, Erhöhungen von (Zusatz-)Beiträgen möglichst zu vermeiden.[50]

Im Hinblick auf eine „an gleichen Wettbewerbsbedingungen ausgerichtete bundesgesetzliche Regulierung verwundert es", dass die Wettbewerbsverzerrungen und Effizienzverluste, die mit der geteilten Kassenaufsicht einhergehen, „nicht zu Reformdiskussionen führen".[51]

---

48 Bundesregierung 2016, S. 5.
49 Als die Primär- und Ersatzkassen mit den KVen noch getrennt über die ärztliche Vergütung verhandelten, akzeptierten die Aufsichtsbehörden der Bundesländer bei den Primärkassen mehrfach Verträge, die von den Landesschiedsämtern bei den Ersatzkassen als nicht vereinbar mit den rechtlichen Vorgaben abgelehnt wurden.
50 ähnlich *Wille, E.* 1999, S. 133.
51 *Epsen, I.* 2014, S. 316.

V. Reformoptionen unter Wettbewerbs- und Effizienzaspekten

1. Regelungen zur stärkeren Kooperation: Zur Weiterentwicklung des § 90 Abs. 4 SGB IV

Neben der zuvor dargestellten Umverteilung von Aufsichtszuständigkeiten durch Grundgesetzänderung, kommt auch eine verstärkte Kooperation zwischen den Aufsichtsbehörden auf Bundes- und Länderebene in Betracht. Eine solche ist auch in § 90 Abs. 4 SGB IV vorgesehen. Welche Formen des Austausches dadurch bereits möglich sind und welches Entwicklungspotential die Norm bietet, soll im Folgenden untersucht werden.

a) Vorhandene Ansätze

Durch § 90 Abs. 4 S. 1 SGB IV werden die Aufsichtsbehörden der Sozialversicherungsträger zum regelmäßigen Erfahrungsaustausch verpflichtet.[52] Zwar spricht der Wortlaut „treffen sich" nicht direkt für eine Verpflichtung, jedoch wäre die bloße Festschreibung einer bereits bestehenden Verwaltungspraxis ohne damit einhergehende Verpflichtung nicht notwendig gewesen.[53] Ein Erfahrungsaustausch der Aufsichtsbehörden hatte nämlich bereits vor der gesetzlichen Normierung zweimal jährlich auf der sog. Aufsichtsbehördentagung stattgefunden, wobei der Bereich der gesetzlichen Krankenversicherung einen maßgeblichen Schwerpunkt bildete.[54] Weiterhin findet ein Erfahrungsaustausch durch Veröffentlichung von BVA-Rundschreiben, Erstellung gemeinsamer Arbeitspapiere sowie anlassbezogene Einberufungen von Bund-Länder-Arbeitsgruppen statt. Grundsätzlich ist die Form des Erfahrungsaustauschs nicht vorgeschrieben, er könnte daher auch schriftlich oder fernmündlich, sowie in Form von Besprechungen erfolgen.[55] Der Erfahrungsaustausch der Aufsichtsbehörden hat regelmäßig Leitfäden[56]

---

52 Krauskopf/*Baier*, § 90 SGB IV, Rn. 12; Winkler/*Breitkreutz*, § 90 SGB IV, Rn. 9.
53 Krauskopf/*Baier*, § 90 SGB IV, Rn. 12.
54 Krauskopf/*Baier*, § 90 SGB IV, Rn. 12; Winkler/*Breitkreutz*, § 90 SGB IV, Rn. 9; Kreikebohm/*Schütte-Geffers*, § 90 SGB IV, Rn. 17.
55 Krauskopf/*Baier*, § 90 SGB IV, Rn. 12.
56 z.B. Grundleitfaden für Anzeigen zur Beschaffung bzw. Entwicklung von Datenverarbeitungsanlagen und -systemen sowie -programmen nach § 85 Abs. 1 Sätze 2 bis 6 SGB IV, abrufbar unter: http://www.bundesversicherungsamt.

und Grundsätze[57] zum Ergebnis, die den Sozialversicherungsträgern als Maßstab einer einheitlichen Aufsichtsführung für bestimmte Themenfelder dienen sollen.[58] Zwar nehmen nach S. 2 auch das Bundesministerium für Arbeit und Soziales und das Bundesministerium für Ernährung und Landwirtschaft an diesem Erfahrungsaustausch teil, soweit dieser Angelegenheiten der Sozialversicherung für Landwirtschaft, Forsten und Gartenbau betrifft.

Der durch § 90 Abs. 4 SGB IV normierte Austausch zielt jedoch nicht auf eine gleichgerichtete Anwendung der einschlägigen Regelungen ab. Verpflichtende Vorschriften zu einer einheitlichen Prüf- und Entscheidungspraxis existieren demnach nicht, obwohl der Gegenstand der aufsichtsrechtlichen Prüfungen bundeseinheitliches Recht betrifft. Insbesondere sieht auch § 89 Abs. 1 SGB IV nur ein optionales und kein zwingendes Einschreiten der Aufsicht bei der Identifikation von Rechtsverletzungen vor.

b) Mögliche Erweiterungen

Es existieren also im Wesentlichen zwei mögliche Ansatzpunkte um eine erweiterte Kooperation zwischen den Aufsichtsbehörden herzustellen: Zum einen eine Erweiterung des Erfahrungsaustauschs und zum anderen eine zwingende Ausgestaltung der Aufsichtsrechte und -pflichten.

Erweiterung des Erfahrungsaustauschs

Für die Erweiterung des Erfahrungsaustauschs zwischen den Aufsichtsbehörden kommt neben einer Erhöhung seiner Frequenz insbesondere eine weitergehende Systematisierung desselbigen in Betracht. Die alle 6 Monate stattfindenden Aufsichtsbehördentagungen liefern dazu bereits einen wichtigen Beitrag. Um jedoch die Effizienz der Aufsichtsbehörden

---

de/fileadmin/redaktion/Datenschutz_Datensicherheit/Grundleitfaden_85.pdf (21.4.2017).
57 z.B. Gemeinsame Wettbewerbsgrundsätze der Aufsichtsbehörden der gesetzlichen Krankenversicherung, abrufbar unter: http://www.bundesversicherungsamt.de/fileadmin/redaktion/Krankenversicherung/Gemeinsame_Wettbewerbsgrundsaetze_2016.pdf (21.4.2017).
58 Kreikebohm/*Schütte-Geffers*, § 90 SGB IV, Rn. 19.

durch weitere zeitaufwendige Termine nicht zu behindern, bieten sich ein verstärkter schriftlicher Austausch sowie die Einrichtung einer Datenbank an. Dies könnte im Einzelnen wie folgt ausgestaltet werden:

- Verpflichtende Veröffentlichung der Tagesordnungen und Protokolle der Aufsichtsbehördentagungen sowie der Bund-Länder-AG-Sitzungen
- Systematische Information über aufsichtsrechtliche Maßnahmen nach Aufsichtseingaben („sprechende" Information an Beschwerdeführer)
- Systematische Veröffentlichung wichtiger Aufsichtsentscheidungen im Rahmen einer Datenbank
- Systematische Veröffentlichung genehmigter Selektivverträge (Datenbank)

Wie bereits erwähnt[59] schreibt § 90 Abs. 4 SGB IV keine bestimmte Form für den Erfahrungsaustausch vor, sodass dies grundsätzlich auch schriftlichen Austausch oder die Einrichtung einer Datenbank ermöglicht. Umso mehr gilt dies deshalb, weil diese Mittel des Erfahrungsaustausches nur zusätzlich zu dem weiterhin stattfindenden Aufsichtsbehördentagungen vorgesehen werden. Auf diese Weise wird kein Einfluss auf die Entscheidungsfindung der jeweils anderen Behörden genommen, sondern diesen nur eine erweiterte Grundlage für eine eigene Entscheidung geboten. Einem in dieser Form erweiterten Erfahrungsaustausch begegnen somit auch aus rechtlicher Sicht keine Bedenken.

Zwingende Ausgestaltung der Aufsichtsrechte und -pflichten

Gegenüber dem erweiterten Erfahrungsaustausch stellt die zwingende Ausgestaltung der Aufsichtsrechte und -pflichten ein rechtlich einschneidenderes Mittel dar. Entscheidend ist, dass auch an dieser Stelle nicht die Grenze zu einer unzulässigen Mischverwaltung überschritten werden darf. Die Aufsichtsrechte dürfen nicht so ausgestaltet werden, dass das BVA und die Landesaufsichtsbehörden dadurch wechselseitig Einfluss auf ihre Entscheidungen nehmen können.

---

59 s.o. III.2.a).

Änderung des optionalen Einschreitens in ein obligatorisches Einschreiten der Aufsicht bei der Identifikation von Rechtsverletzungen(§ 89 Abs. 1 SGB IV)

In § 89 Abs. 1 SGB IV ist bislang ein mehrstufiges Verfahren der Aufsichtsbehörde bei der Identifikation von Rechtsverletzungen vorgesehen: Nach S. 1 soll die Aufsichtsbehörde zunächst beratend darauf hinwirken, dass der Versicherungsträger die Rechtsverletzung behebt. Nach Ablauf einer angemessenen Frist kann die Aufsichtsbehörde den Versicherungsträger dann auf der zweiten Stufe dazu verpflichten, die Rechtsverletzung zu beheben (S. 2). Das Einschreiten steht also letztlich im Ermessen der jeweiligen Aufsichtsbehörde.[60] Durch das gestufte Verfahren wird das Ermessen bereits eingeschränkt,[61] jedoch nur im Sinne einer Verzögerung des Einschreitens.

Dass der Gesetzgeber hier den Aufsichtsbehörden einen Ermessensspielraum zugebilligt hat ist jedoch keinesfalls zwingend. Die in Art. 20 Abs. 4 GG kodifizierte Gewaltenteilung weist der gesetzgebenden Gewalt die Aufgabe zu, als demokratisch gewähltes Verfassungsorgan Gesetze zu erlassen. Aus dieser Gestaltungsfunktion des Gesetzgebers lässt sich auch ein gewisser Einschätzungsspielraum auf dessen Seite ableiten.[62] Solange er dabei nicht gegen die Verfassung und die darin zum Ausdruck kommenden Grundsätze verstößt, kann er neue Gesetze erlassen oder vorhandene verändern. Hier besteht dafür mit dem Ziel der Vereinheitlichung der Kassenaufsicht im Interesse der Gleichbehandlung, Effizienzsteigerung und Wettbewerbsneutralität auch ein sachlicher Grund.

Schaffung verpflichtender Vorschriften zu einer einheitlichen Prüf- und Entscheidungspraxis; Einrichtung einer Clearingstelle

Weiterhin käme in Betracht, die Aufsichtsbehörden per Gesetz zu einer einheitlichen Prüf- und Entscheidungspraxis zu verpflichten. Fraglich wäre dann jedoch, wie in Fällen in denen gerade keine einheitliche Prüf- und Entscheidungspraxis besteht, zu entscheiden ist, ob nun der Landes- oder

---

60 Krauskopf/*Baier*, § 89 SGB IV, Rn. 10; Winkler/*Breitkreutz*, 2. Aufl. 2016, § 89 SGB IV, Rn. 4.
61 BSG, Urteil v. 11.122003 – B 10 A 1/02 R, SozR 4–2400 § 89 Nr. 2, Rn. 20; Winkler/*Breitkreutz*, § 89 SGB IV, Rn. 4.
62 *Bickenbach*, Die Einschätzungsprärogative des Gesetzgebers, S. 227.

Bundespraxis als Leitbild zu folgen ist. Diesem Problem könnte mit der Einrichtung einer Clearingstelle mit Entscheidungskompetenz für den Fall divergierender Rechtsauslegungen und Aufsichtsentscheidungen begegnet werden, wobei es weiterhin einer genaueren Regelung des Verfahrens der Clearingstelle bedürfte.

Andererseits wirft ein solches Modell aus zwingend einheitlicher Prüf- und Entscheidungspraxis sowie Letztentscheidungskompetenz einer Clearingstelle andere Probleme auf. Die gemeinsame *rechtliche* Bindung an ein durch die vorgegebene Einheitlichkeit „genormtes" Aufsichtsverfahren weist eine enorme Nähe zu der durch das Bundesverfassungsgericht als unzulässige Mischverwaltung deklarierten Hartz IV-Arbeitsgemeinschaft auf.[63] Zwar würde hier durch die Aufsichtsbehörden keine Arbeitsgemeinschaft gebildet, jedoch kann aufgrund der Vereinheitlichung der Prüf- und Entscheidungspraxis nicht mehr von einer eigenständigen Entscheidung der jeweiligen Behörde die Rede sein. Es handelt sich um eine erzwungen gemeinsame Entscheidung – wenn auch im jeweiligen Zuständigkeitsbereich. An dieser Stelle verschwimmen die Grenzen hin zur unzulässigen Mischverwaltung. Aus diesem Grund ist eine bindend einheitliche Prüf- und Entscheidungspraxis in Verbindung mit der Einrichtung einer Clearingstelle als rechtlich nicht umsetzbar einzuschätzen.

c) Ergebnis: Keine Umgehung grundgesetzlicher Rahmenvorgaben

Auch unterhalb einer Grundgesetzänderung kann das Ziel der verbesserten Effizienz und Wettbewerbsneutralität in der Aufsicht über die gesetzliche Krankenkasse gefördert werden, soweit dabei die grundgesetzlichen Rahmenvorgaben nicht umgangen werden. Werden lediglich die in § 90 Abs. 4 SGB IV bereits enthaltenen Vorgaben zum Erfahrungsaustausch zwischen den Behörden durch die Einrichtung einer Datenbank und den verstärkten schriftlichen Austausch erweitert, ergeben sich insoweit keine Konflikte. Gleiches gilt für die Umwandlung der Ermessensentscheidung über das Einschreiten der Aufsichtsbehörde nach § 89 Abs. 1 SGB IV in eine zwingende Norm. Der einfachgesetzliche Zwang zur Kooperation führt nicht

---

63 s. dazu näher u. VI.3.c)dd).

zur Änderung der Rechtsaufsicht und damit nicht zu einer Verletzung des Art. 87 Abs. 2 GG.

Anders sieht es jedoch im Hinblick auf die Verpflichtung zur einheitlichen Prüf- und Entscheidungspraxis und der Einrichtung einer Clearingstelle für den Fall divergierender Rechtsauslegungen und Aufsichtsentscheidungen aus. Aufgrund der großen Nähe dieses Modells zur unzulässigen Mischverwaltung erscheint eine solche Vereinheitlichung auch aus verfassungsrechtlicher Perspektive als nicht umsetzbar.

2. Zahl der Krankenkassen und Zuständigkeiten der Aufsichten im Wandel

Die geltende getrennte Kassenaufsicht entstammt als historisch gewachsenes Konstrukt aus einer Zeit, in der eine im Vergleich zu heute unterschiedliche Krankenkassenlandschaft existierte. Dies gilt nicht nur für die Zahl der Krankenkassen, sondern auch für die Wettbewerbsbedingungen und die mit ihnen einhergehenden Aufgaben der jeweiligen Aufsichtsbehörden. So verringerte sich die Zahl der Krankenkassen von über 1.200 Anfang der 90er Jahre über gut 250 in 2006 auf nunmehr 112 bzw. 113 unter Einschluss der landwirtschaftlichen Krankenkasse. Die geteilte Kassenaufsicht trug insofern unter Praktikabilitätsaspekten auch dem damaligen Umstand Rechnung, dass bei einer Anzahl der Krankenkassen von über 1.000 eine Bündelung der Rechtsaufsicht für alle Krankenkassen, z.B. beim BVA, nicht oder kaum durchführbar erschien. Gleichzeitig schufen die Erweiterung der Krankenkassenwahl und die Intensivierung des Wettbewerbs mit dem Postulat gleicher Wettbewerbsbedingungen bzw. größtmöglicher Chancengleichheit für alle Krankenkassen sowie die Ausgestaltung des Morbi-RSA neue und teilweise sehr komplexe Aufgaben für die Aufsichtsbehörden.

Mit dieser erheblichen Reduktion der Krankenkassen ging auch eine Verschiebung der Zuständigkeiten der Aufsichten von BVA und Landesbehörden einher. So können Fusionen von Krankenkassen oder eine Erweiterung ihres Geschäftsbereiches um ein Bundesland dazu führen, dass die Zuständigkeit der Aufsichtsbehörde eines Bundeslandes entfällt bzw. auf das BVA übergeht. Als Folge eines solchen Wandels beaufsichtigen inzwischen 4 Bundesländer überhaupt keine Krankenkasse mehr und 4 weitere nur noch eine Krankenkasse.[64] Nur in Baden-Württemberg, Bayern, Hessen und Nordrhein-Westfalen unterstehen mehr als 5 Krankenkassen der Aufsichtsbehörde des jeweiligen Bundeslandes. Die geteilte Kassenaufsicht hat zwar, wie schon oben unter Punkt IV kritisiert, den Fusions- bzw. Strukturwandlungsprozess innerhalb der Krankenkassen eher behindert, aber letztlich nicht entscheidend abgebremst oder gar zum Stillstand gebracht. Es steht daher zu erwarten, dass die Fortsetzung dieses Strukturwandels, vor allem im Zuge von Fusionen, die Zuständigkeiten der Aufsichtsbehörden der Bundesländer über landesunmittelbare Krankenkassen weiter vermindert.

Wenn in die Zuständigkeit eines Bundeslandes nur noch die Beaufsichtigung von ein oder zwei Krankenkassen fällt, stellt sich grundsätzlich die Frage, ob die jeweilige Behörde die ihr damit übertragenen Aufgaben noch effizient wahrzunehmen vermag. Es besteht hier einerseits die Gefahr, dass die Bewältigung der anspruchsvollen Prüfung von „Geschäfts-, Rechnungs- und Betriebsführung" im Sinne des § 274 Abs. 1 SGB V eine aufwändige personelle Infrastruktur erfordert, die sich in Kürze, d.h. bei einer anstehenden Fusion, als nicht mehr notwendig erweisen kann. Bei einer Einschränkung der personellen Kapazitäten droht andererseits eine Reduktion von Umfang und Spezifität bzw. Qualität der Prüfungstätigkeit und damit zwangsläufig ein Abweichen von dem Niveau der entsprechenden Tätigkeit des BVA. Im Gegensatz dazu erlaubt die sich ständig reduzierende Zahl von Krankenkassen inzwischen in organisatorischer Hinsicht eine Bündelung der Tätigkeiten mit dem Ziel einer stringenten und einheitlichen Prüfung.

3. Vor- und Nachteile alternativer Ansätze

Bei den möglichen Reformoptionen, die unter Wettbewerbs- und Effizienzaspekten die geltende geteilte Kassenaufsicht verbessern können, stehen vor allem folgende alternative Ansätze zur Diskussion:

1. die Erhöhung von Transparenz und Stringenz der geteilten Prüfungstätigkeit
2. die Verlagerung der kompletten Finanzaufsicht auf das BVA bei weiterhin geteilter Kassenaufsicht
3. die Durchführung der Kassenaufsicht ausschließlich durch die Behörden der Bundesländer

---

64 vgl. Dienst für Gesellschaftspolitik 2016, S. 7f.

Fairer Wettbewerb in der gesetzlichen Krankenversicherung 61

4. eine zentrale Kassenaufsicht durch das BVA
5. die funktionale Zuordnung der Prüfungstätigkeiten auf das BVA und die Aufsichtsbehörden der Bundesländer sowie
6. eine Zuständigkeit der Aufsichtsbehörden der Bundesländer nur ab 3 landesunmittelbaren Krankenkassen.

Zu (1) Das BVA und die Aufsichtsbehörden der Bundesländer stehen, wie bereits oben unter Punkt IV erwähnt, auf vielfältige Weise in einem regelmäßigen Erfahrungsaustausch. Dieser ließe sich durch verpflichtende systematische Informationen, z.b. über wichtige Entscheidungen der jeweiligen Aufsichtsbehörden sowie genehmigte Selektivverträge, noch intensivieren. Diese Verpflichtungen betreffen aber nur den Informationsaustausch zwischen den Aufsichtsbehörden und vermögen insofern keine einheitliche Prüfungs- und Entscheidungspraxis herbeizuführen oder gar zu garantieren. Ein solcher Informations- und Meinungsaustausch, u.a. mit der Verständigung auf gemeinsame Wettbewerbsgrundsätze, existiert inzwischen seit über 20 Jahren,[65] ohne seitdem die Wettbewerbsverzerrungen, die zwischenzeitlich z.b. im Zuge von Wahltarifen und Morbi-RSA sogar noch zunahmen, wirksam zu verhindern.

Ein weiteres Verbesserungspotential könnte darin liegen, die Verpflichtungen nicht nur auf den Informationsaustausch, sondern auch auf bestimmte Handlungsweisen zu beziehen. So könnte z.b. bei der Identifikation von Rechtsverletzungen der Krankenkassen § 89 Abs. 1 SGB V statt eines möglichen Eingreifens obligatorische Maßnahmen durch die jeweilige Aufsichtsbehörde vorschreiben. Für den Fall divergierender Entscheidungen der Aufsichtsbehörden bei gleich gelagerten Fällen böte sich die Errichtung einer Clearingstelle mit Entscheidungskompetenz an, bei der sowohl Krankenkassen als auch einzelne Aufsichtsbehörden Anträge stellen können. Diese und ähnliche Vorschriften zu obligatorischen Informationen oder verpflichtenden Maßnahmen zielen ceteris paribus auch in die richtige Richtung. Sie belassen aber, selbst wenn die entsprechenden Regelungen zustande kommen, den jeweiligen Aufsichtsbehörden der Bundesländer immer noch hinreichende Spielräume zu einer Prüfungs- und Entscheidungspraxis, die Wettbewerbsverzerrungen erzeugen kann.

---

65 vgl. *Voß*, K.-D. 1996.

Zu (2) Dieser Vorschlag weist alle Prüfungen, d.h. sowohl der Geschäfts-Rechnungs- und Betriebsführung der Krankenkassen als auch der Beiträge und derjenigen im Kontext des Morbi-RSA, in die alleinige Zuständigkeit des BVA. Diese Verlagerung der Finanzaufsicht auf das BVA würde dann auf der gesamten Einnahmenseite der Krankenkassen gleiche Wettbewerbsbedingungen schaffen. Das BVA behielte zudem weiterhin die Aufsicht über das Vertrags- und Leistungsrecht bei den bundesunmittelbaren Krankenkassen. Die Aufsicht über die Verträge und Leistungen der Krankenkassen verbliebe für die landesunmittelbaren Krankenkassen bei den jeweiligen Aufsichtsbehörden der Bundesländer. Diese verfügen dann aber nach wie vor über einen Handlungsspielraum, aus dem in der Vergangenheit zahlreiche Wettbewerbsverzerrungen erwuchsen.

Zu (3) Eine Kassenaufsicht ausschließlich durch die Behörden der Bundesländer würde die heutigen Wettbewerbsverzerrungen zwischen bundes- und landesunmittelbaren Krankenkassen weitgehend beseitigen, denn diese unterliegen dann innerhalb eines Bundeslandes der gleichen Rechtsaufsicht. Gewisse wettbewerbliche Verzerrungen können – wenn auch gegenüber der geltenden geteilten Kassenaufsicht in deutlich geringerem Ausmaß- dann noch auftreten, wenn die jeweiligen Aufsichtsbehörden der Bundesländer bei ihren Prüfungen und Entscheidungen unterschiedlich strenge Maßstäbe anlegen. Übt die Aufsichtsbehörde eines Bundeslandes ihre Prüfungstätigkeit überdurchschnittlich großzügig (streng) aus, so entstehen den heute bundesunmittelbaren Krankenkassen infolge ihrer Mischkalkulation gegenüber den Krankenkassen in diesem Bundesland wettbewerbliche Nachteile (Vorteile). Diese Nach- bzw.- Vorteile der heute bundesunmittelbaren Krankenkassen schlagen dann aber beim Wettbewerb mit landesunmittelbaren Krankenkassen in anderen Bundesländern ceteris paribus ins Gegenteil um.

Gegen diesen Ansatz sprechen weniger Wettbewerbs- als Effizienzaspekte, denn er setzt voraus, dass alle Bundesländer über eine personelle Infrastruktur verfügen, die es ihnen ermöglicht, sowohl die Finanzaufsicht über das Haushalts- und Geschäftswesen als auch die Aufsicht über die Versorgung, d.h. über Verträge und Leistungen der Krankenkassen, auf einem bundeseinheitlich hohen Niveau wahrzunehmen. Zum Aufbau einer solchen Infrastruktur benötigen vor allem jene Bundesländer, in deren Zuständigkeit derzeit keine oder nur ein bis zwei Krankenkassen fallen, neben den dazu erforderlichen Ressourcen auch einen gewissen Zeitbedarf.

Die entsprechenden Abteilungen beim BVA, die diese Aufgaben im geltenden System spezialisiert auf einem bundeseinheitlich hohen Niveau bewerkstelligen, würden dann nicht mehr benötigt.

Zu (4) Jenseits von Verfassungs- und sozialrechtlichen Erwägungen bzw. Postulaten stellt die zentrale Kassenaufsicht durch das BVA in ökonomischer Hinsicht, d.h. unter Wettbewerbs- und Effizienzaspekten, wohl die beste Alternative zur Lösung der bisherigen Probleme dar. Dieser Ansatz vermag eine einheitliche Aufsicht auf hohem Niveau sowohl über das Finanzgebaren als auch über die Verträge und Leistungen der Krankenkassen sicherzustellen und vermeidet damit allfällige Wettbewerbsverzerrungen. Das BVA besitzt auch kaum politische Motive, bei seiner Aufsicht im Hinblick auf Umfang und Stringenz seiner Prüfungen und Entscheidungen zwischen Krankenkassen oder Krankenkassenarten zu differenzieren. Zudem behindert dieser Ansatz den endogenen Strukturwandel in der Krankenkassenlandschaft nicht. Ferner sprechen auch Effizienzaspekte für eine solche zentrale Kassenaufsicht durch eine hierfür spezialisierte Institution. Angesichts zu erwartenden Rückgangs der Zahl der Krankenkassen sollte das BVA die nun zusätzlich anfallenden Prüfungstätigkeiten im Bereich des Vertrags- und Leistungsrechts künftig ohne eine erhebliche Ausdehnung seiner bestehenden personellen Infrastruktur bewältigen können. Von diesem Reformansatz bliebe die Verantwortlichkeit der Bundesländer für die Sicherung einer flächendeckenden Versorgung, d.h. für die Vermeidung und Beseitigung von Versorgungsdefiziten, unberührt.

Zu (5) Für eine funktionale Zuordnung der Prüfungstätigkeit auf das BVA und die Aufsichtsbehörden der Bundesländer gibt es in der Literatur bereits einige Vorschläge.[66] Danach erfolgt vornehmlich aus wettbewerblichen Gründen eine inhaltliche und organisatorische Neuordnung der Aufsicht über die Krankenkassen. Die Aufsicht über das Haushalts- und Geschäftsgebaren einschließlich der Zulässigkeit der Satzung soll für alle Krankenkassen einheitlich auf Bundesebene das BVA vornehmen und damit eine einheitliche Aufsicht über alle im Wettbewerb stehenden Krankenkassen sicherstellen. Den Ländern fällt im Rahmen dieses Ansatzes die Aufsicht über die Zulässigkeit der in dem jeweiligen Bundesland geschlossenen

---

[66] vgl. *Epsen*, I. et al. 2003, S. 47; Gesundheitspolitische Kommission der Heinrich Böll Stiftung e.V. 2013, S. 48.

Versorgungsverträge zu. Sie können dann auch ihre Aufgaben auf der Leistungsseite, z.B. die Vermeidung von Versorgungsdefiziten, wahrnehmen. Dieser Ansatz schafft auf der Einnahmenseite im Rahmen der Finanzaufsicht einheitliche wettbewerbliche Bedingungen für alle konkurrierenden Krankenkassen im Bereich des Versicherungs- und Beitragsrechts sowie des Rechnungswesens. In diesem Kontext erhielte das BVA auch die Aufsicht über den Wettbewerb der Krankenkassen um Versicherte sowie über Aspekte der Digitalisierung zugewiesen. Die Aufsichtsbehörden der Bundesländer übernehmen dagegen die ausgabenseitigen Belange des Vertrags- und Leistungsrechts, insbesondere die Überwachung der Umsetzung von kollektiv- und selektivvertraglichen Regelungen. Für die funktionale Zuordnung dieser Aufgaben an die Aufsichtsbehörden der Bundesländer spricht, dass die Gesundheitsversorgung in starkem Maße einen regionalen Charakter aufweist.

Im Vergleich zur geltenden geteilten Kassenaufsicht besitzt dieser Ansatz in wettbewerblicher Hinsicht beim Vertrags- und Leistungsrecht die gleichen Vorzüge wie eine Kassenaufsicht, die ausschließlich durch die Behörden der Bundesländer erfolgt; siehe (3). Wettbewerbsverzerrungen können in vergleichsweise geringem Umfange entstehen, wenn die Aufsichtsbehörden der Bundesländer hier unterschiedliche Maßstäbe an die Prüfungstätigkeit anlegen. Was die Effizienz der Kassenaufsicht betrifft, so sehe sich die Bundesländer, in deren Zuständigkeit derzeit keine Krankenkasse mehr fällt, gezwungen, eine hinreichende Infrastruktur für die Prüfung der Verträge und Leistungen wieder zu installieren. Dies dürfte sich jedoch eher und mit einem geringeren Aufwand bewerkstelligen lassen als beim entsprechenden Aufbau von Kapazitäten für eine qualifizierte Finanzaussicht.

Zu (6) Effizienz- aber möglicherweise auch Wettbewerbsaspekte könnten nahelegen, im ansonsten unveränderten System den Aufsichtsbehörden der Bundesländer nur ab mindestens 3 landesunmittelbaren Krankenkassen die Zuständigkeit für die Kassenaufsicht zu übertragen bzw. zu belassen. Dies könnte obligatorisch oder fakultativ, d.h. mit Zustimmung und auf Antrag des jeweiligen Bundeslandes, geschehen. Da die Behörden der übrigen Bundesländer aber wie bisher die Kassenaufsicht über die Einnahmen- und Ausgabenseite ausüben, verspricht dieser Ansatz zwar gewisse Effizienzgewinne, aber nur begrenzte Verbesserungen hinsichtlich der Wettbewerbsbedingungen.

VI. Änderbarkeit des *Status quo*

Wie gezeigt wurde, gibt das Grundgesetz hinsichtlich der Aufteilung der Kassenaufsicht einen rechtlichen Rahmen vor, innerhalb dessen kaum Änderungsspielraum besteht. Allerdings handelt es sich bei diesem *Status quo* des Grundgesetzes nicht um ein unveränderliches Faktum. Auch das Grundgesetz als Verfassungstext kann – wenn auch unter strengeren Voraussetzungen als einfache Bundesgesetze – grundsätzlich geändert werden. Diese Änderungsmöglichkeit ist in Art. 79 Abs. 1 S. 1 GG ausdrücklich vorgesehen. Danach kann das Grundgesetz nur durch ein Gesetz geändert werden, das den Wortlaut des Grundgesetzes ausdrücklich ändert oder ergänzt. Allerdings bedarf ein solches Gesetz gem. Art. 79 Abs. 2 GG der Zustimmung von zwei Dritteln der Mitglieder des Bundestages und zwei Dritteln der Stimmen des Bundesrates.

Vorgeschlagen wird eine funktionsorientierte Modifikation der Rechtsaufsicht im Wesentlichen in fünf Bereichen. Dazu gehört die *vollständige Übertragung der Rechtsaufsicht* über alle gesetzlichen Krankenkassen *auf das Bundesversicherungsamt* im Hinblick auf:

- **einnahmeseitige Belange,**
- ebenso wie hinsichtlich der **Genehmigung ihrer Satzungen**
- und für **Fragen der Digitalisierung (IT)** und des **Mitgliederwettbewerbs** zwischen den Krankenkassen

Die *Länderaufsichtsbehörden* sollen im Gegenzug die *umfassende Rechtsaufsicht* für die **ausgabenseitigen Belange des Leistungs- und Vertragsrechts** erhalten. Die Rechtsaufsicht im **Bereich des Datenschutzes** soll sich wiederum danach richten, welche der zuvor genannten Materien berührt wird. Im Folgenden soll nun untersucht werden, welche Möglichkeiten bestehen um diese Vorschläge in rechtlich zulässiger Weise umzusetzen.

1. Krankenkassen umfassend als bundesunmittelbare Körperschaften

Im Hinblick auf die einnahmeseitigen Belage, die Genehmigung von Satzungen und Fragen der Digitalisierung und des Mitgliederwettbewerbs wird eine vollständige Verlagerung der Rechtsaufsicht auf das BVA angestrebt. In Betracht käme insofern, sämtliche Krankenkassen umfassend als bundesunmittelbare Körperschaften auszugestalten. Dass dies sogar ohne Änderung des Grundgesetzes möglich wäre, hat das Bundesverfassungsgericht – wenn auch in einem *obiter dictum* – ausdrücklich anerkannt:

> „Die sich besonders auf diesem Gebiete [gesetzliche Krankenversicherung] ständig wandelnden Verhältnisse erfordern es, dem einfachen Gesetzgeber möglichst viel Freiheit zu belassen, diesen Veränderungen im Interesse der sozialen Sicherung mit neuen Lösungen gerade im Bereich der Organisation Rechnung zu tragen. Es wäre deshalb mit dem Grundgesetz zu vereinbaren, wenn z.b. der Gesetzgeber sämtliche Träger der gesetzlichen Krankenversicherung zusammenfasste und in einem Bundesamt für Krankenversicherung als bundesunmittelbarer Körperschaft organisierte."[67]

Der Gesetzgeber könnte also sogar ein einziges zentrales Bundesamt und damit gleichzeitig eine einzige zentrale Stelle der Rechtsaufsicht über die Krankenkassen schaffen. Die Ausgestaltung als bundesunmittelbare Körperschaft ist mit einer durch den Bund erfolgenden Aufsicht gleichzusetzen.[68] Auch ist die derzeitige territoriale Orientierung der Aufsichtszuständigkeit in Art. 87 Abs. 2 GG dem Grundgesetz nicht zwingend vorgegeben. Das zeigt schon die Entwicklungsgeschichte dieser Norm, denn es waren auch ganz andere Modelle im Gespräch. Denen zu folgen hat das BSG in einer frühen Entscheidung offengelassen:

> „Es kann in diesem Zusammenhang dahinstehen, ob der Grundgesetzgeber überhaupt bei der Neuregelung der Aufsicht über die Sozialversicherungsträger ohne inneren Widerspruch mit der föderativen Gliederung der Bundesrepublik und dem damit verbundenen Vorrang des Landesvollzugs der Bundesgesetze (Art. 83 GG; vgl. dazu BSG 1, 17, 33) die Frage der Bundes- oder Landesaufsicht vom sozialen Gewicht und den Aufgaben der Versicherungsträger hätte abhängig machen können, wie es Rohwer-Kahlmann (vgl. Die Ortskrankenkasse 1955, 145 und 1956, 241) zumindest nach der Natur der Sache für geboten hält."[69]

Der Gesetzgeber hat insofern von seinem Gestaltungsermessen Gebrauch gemacht. Er hätte jedoch ebenso einen anderen Anknüpfungspunkt für die Zuordnung der Aufsichtszuständigkeit wählen können.

---

67 BVerfG, Beschluss v. 9.4.1975 – 2 BvR 879/73, BVerfGE 39, 302, Rn. 73 f.
68 BVerfG, Urteil v. 10.5.1960 – 1 BvR 190/58, BVerfGE 11, 105, Rn. 5.
69 BSG, Urteil v. 16.12.1965 – 3 RK 33/62, BSGE 24, 171, SozR Nr. 3 zu GG Art 87, Rn. 21.

2. ABER: Keine Landesverwaltung über bundesunmittelbare Krankenkassen

Dieser Lösungsvorschlag wäre jedoch mit der angestrebten umfassenden Rechtsaufsicht für die ausgabenseitigen Belange des Leistungs- und Vertragsrechts durch die Länder nicht vereinbar. Sowohl in Bezug auf den *Status quo* der nach Zuständigkeitsbereich geteilten Aufsicht zwischen Bund und Ländern als auch nach dem so gerade vorgestellten *Status de lege ferenda* müsste sonst eine Landesbehörde die (teilweise) Rechtsaufsicht über eine bundesunmittelbare Körperschaft ausüben. Der Wortlaut des Art. 87 Abs. 2 S. 1 GG schließt eine solche Konstruktion jedoch angesichts des Gleichlaufs zwischen Ausgestaltung als bundesunmittelbare Körperschaft und Bundesaufsicht aus. Denn die Staatsaufsicht über bundesunmittelbare Körperschaften des öffentlichen Rechtes kann nur von Bundesbehörden, nicht aber von Landesbehörden, ausgeübt werden.[70]

3. (Partielle) Rechtsaufsicht des Bundes auch für landesunmittelbare Körperschaften:

Umso mehr tritt in das Blickfeld, die geteilte Aufsicht zwischen bundesunmittelbaren und landesunmittelbaren Körperschaften grundsätzlich beizubehalten, jedoch die Rechtsaufsicht partiell in bestimmten Bereichen (z.B. einnahmeseitige Belange, Genehmigungen von Satzungen und Fragen der Digitalisierung (IT) und des Mitgliederwettbewerbs zwischen den Krankenkassen) auf die Bundesaufsicht zu übertragen. Es käme dann zu einer gespaltenen Rechtsaufsicht zwischen zwei Aufsichtsträgern.

a) Grenzen der Rechtsaufsicht für Landeskörperschaften

Eine solche partielle Rechtsaufsicht des Bundes über die Länderverwaltung existiert bereits im Grundgesetz. Der Art. 84 GG beschreibt die Ausgestaltung der Ausführung von Bundesgesetzen durch die Länder als eigene Angelegenheiten, in deren Rahmen den Ländern grundsätzlich gegenüber der Bundesauftragsverwaltung (Art. 85 GG) ein höheres Maß an Freiheit zuteil wird.[71] Sein Abs. 3 regelt demgegenüber die Aufsicht über diese Ausführung.

---

70 BVerfG, Urteil v. 10.5.1960 – 1 BvR 190/58, BVerfGE 11, 105, Rn. 5; *Stern*, Staatsrecht, Bd. II, S. 824.
71 Maunz/Dürig/*Kirchhof*, Art. 84 GG, Rn. 192.

Demnach übt die Bundesregierung die Aufsicht darüber aus, dass die Länder die Bundesgesetze dem geltenden Rechte gemäß ausführen und kann zu diesem Zweck auch Beauftragte zu den obersten Landesbehörden entsenden. Um Beauftragte zu den nachgeordneten Behörden zu entsenden, ist jedoch die Zustimmung der obersten Landesbehörde, bzw. bei Verweigerung die Zustimmung des Bundesrates erforderlich (vgl. Art. 84 Abs. 3 S. 2 a.E.). Auch im Rahmen der Kassenaufsicht führen landesunmittelbare Krankenkassen Bundesgesetze aus. Eine Ausgestaltung der Aufsicht nach dem Vorbild des Art. 84 Abs. 3 GG kommt jedoch aus mehreren Gründen nicht in Betracht.

Zum einen fehlt es der Regelung an der für die Kassenaufsicht notwendigen Praktikabilität, denn zur Aufsicht befugt ist die Bundesregierung, womit nach der Rechtsprechung des Bundesverfassungsgerichts die Bundesregierung als Verfassungs- und Kollegialorgan, also das gesamte Gremium aus Kanzler und Ministern gemeint ist.[72] Die Entsendung eines Beauftragten kann nur an die oberste Landesbehörde erfolgen oder aber mit gewissen Zustimmungshürden an nachgeordnete Landesbehörden. Keine dieser Optionen stellt eine handhabbare Durchführung der Kassenaufsicht dar. Insbesondere wird die angestrebte Aufsicht durch das BVA dadurch nicht erreicht.

Zum anderen wäre eine solche Konstruktion innerhalb der Art. 83 ff. GG systemwidrig. Die Anwendbarkeit der nach Sachgebiet geordneten speziellen Verwaltungskompetenzen der Art. 87 ff GG ist vorrangig zu prüfen, denn sie stellen Ausnahmen von der grundsätzlichen Aufteilung nach Art. 83 ff. GG dar.[73] Bei Art. 87 Abs. 2 GG handelt es sich zwar um eine flexible Norm, die es dem Bundesgesetzgeber ermöglicht, die Verwaltung und Aufsicht von Sozialversicherungsträgern bei Erweiterung der territorialen Zuständigkeit an sich zu ziehen,[74] dennoch ist sie insoweit gegenüber Art. 84 Abs. 3 GG als *lex specialis* zu betrachten.

---

[72] BVerfG, Beschluss v. 2.3.1999 – 2 BvF 1/94, BVerfGE 100, 249, Rn. 43; Maunz/Dürig/*Kirchhof*, Art. 84 GG, Rn. 195; Mangoldt/Klein/Starck/*Trute*, Band III, Art. 79 GG, Rn. 87.
[73] Maunz/Dürig/*Kirchhof*, Art. 84 GG, Rn. 32.
[74] Maunz/Dürig/*Kirchhof*, Art. 84 GG, Rn. 33.

b) Übertragung der Finanzaufsicht auch ohne Grundgesetzänderung?

Das BVA besitzt bereits heute im Bereich des Finanzwesens einige spezielle Prüfkompetenzen, die sich sowohl auf bundes- als auch auf landesunmittelbare Krankenkassen beziehen. Diese vereinzelte Übertragung von Prüfkompetenzen auf das BVA lässt es naheliegend erscheinen, dass dann auch eine weitergehende Übertragung von Befugnissen in der Finanzaufsicht – ohne Grundgesetzänderung – möglich sein kann. So ist das BVA nach § 271 SGB V mit der kassenartenübergreifenden, treuhänderischen Verwaltung des Gesundheitsfonds betraut.[75] Die Mittel werden dabei als Sondervermögen (§ 271 Abs. 1 S. 1 SGB V), folglich als rechtlich unselbständiges Vermögen, das sowohl organisatorisch als auch haushaltsrechtlich von sonstigen Mitteln zu unterscheiden ist, wobei seine Verwaltung auch nur die Erfüllung bestimmter Aufgaben betrifft.[76] Insofern fungiert das BVA lediglich als zentrale Sammelstelle für den Gesundheitsfonds und nimmt die damit verbundenen, eng begrenzten Verwaltungsaufgaben wahr.

Auch an einer anderen Stelle besitzt das BVA übergreifende Prüfkompetenz. Nach § 273 SGB V hat das BVA die Aufgabe, die Datengrundlagen und Datenmeldungen für den Risikostrukturausgleich (RSA) für alle Krankenkassen zu prüfen. Diese Befugnisse zur Sicherung der Datengrundlage sind allerdings von denen der Aufsichtsbehörden des Bundes und der Länder zu unterscheiden.[77] Auch die Gesetzesbegründung weist bereits ausdrücklich darauf hin: „Die Befugnisse der Prüfdienste bleiben unberührt."[78] Während das BVA als Prüfstelle für den RSA agiert, um für dessen Durchführung die einheitlich Datengrundlage zu sichern, überwacht die Kassenaufsicht die Einhaltung von geltendem Recht durch die Krankenkasse.[79]

---

75 Krauskopf/*Rappl*, § 271 SGB V, Rn. 15.
76 Becker/Kingreen/*Göpffarth*, § 271 SGB V, Rn. 9.
77 Hänlein/Kruse/Schuler/*Ellmann*, § 273 SGB V, Rn. 1; Becker/Kingreen/*Göpffarth/Sichert*, § 273 SGB V, Rn. 1; *Sichert/Fischer*, NZS 2015, 694, 698.
78 BT-Drucks. 16/13428, S. 94.
79 vgl. ausführlich zu der Abgrenzung der jeweiligen Aufgabenbereiche: *Sichert/Fischer*, NZS 2015, 694, 698.

Die Zuweisung der Prüfkompetenz in § 273 SGB V hat also keinen Einfluss auf das grundlegende Zuständigkeitsregime, dass die Aufsicht zwischen Bundes- und Landesbehörden aufteilt. Mithin kann daraus auch nicht auf die Möglichkeit einer umfassenden Übertragung der Finanzaufsicht auf das BVA, ohne Grundgesetzänderung, geschlossen werden.

c) Möglichkeit geteilter Rechtsaufsicht durch Grundgesetzänderung

Eine geteilte Rechtsaufsicht in der vorgeschlagenen Form ist folglich nur durch eine Grundgesetzänderung zu erreichen. Unter der formellen Voraussetzung des Erreichens der entsprechenden doppelten Zwei-Drittel-Mehrheit, begegnet diese Möglichkeit auch in materieller Hinsicht keinen Bedenken.

aa) Keine Ewigkeitsgarantie

Wie bereits ausgeführt wurde, ist eine Änderung des Grundgesetzes nicht *per se* ausgeschlossen. Ausgenommen von einer Änderung sind nach Art. 79 Abs. 3 GG nur solche Bestimmungen des Grundgesetzes, welche die Gliederung des Bundes in Länder, die grundsätzliche Mitwirkung der Länder bei der Gesetzgebung oder die in den Artikeln 1 und 20 niedergelegten Grundsätze berühren. Diese Bereiche sind von der sog. „Ewigkeitsgarantie"[80] erfasst und stellen Grundentscheidungen der Verfassung dar, die in materieller Hinsicht als „unberührbar"[81] geschützt werden. Die Formulierung des Gesetzes trägt eine gewisse Gegensätzlichkeit in sich, da einerseits die geschützten Bereiche als „Grundsätze" weit definiert werden und andererseits bereits ein „Berühren" der selbigen verboten ist.[82] Nach der maßgeblichen Ansicht des Bundesverfassungsgerichts in jüngerer Zeit, ist die Vorschrift jedoch als Ausnahmetatbestand restriktiv auszulegen, die den verfassungsändernden Gesetzgeber allerdings auch nicht daran hindert,

---

80 vgl. zu diesem Begriff: BeckOK/*Dietlein*, Art. 79 GG; Rn. 15; Maunz/Dürig/ *Herdegen*, Art. 79 GG, Rn. 60.
81 Mangoldt/Klein/Starck/*Hain*, Band II, Art. 79 GG, Rn. 28.
82 Mangoldt/Klein/Starck/*Hain*, Band II, Art. 79 GG, Rn. 32; Maunz/Dürig/*Herdegen*, Art. 79 GG, Rn. 62.

die positivrechtlichen Ausprägungen dieser Grundsätze aus sachgerechten Gründen zu modifizieren.[83]

Die Ewigkeitsgarantie umfasst dabei:

„nicht nur der in Art. 1 Abs. 1 GG verankerte Grundsatz der Achtung und des Schutzes der Menschenwürde. Auch das in Art. 1 Abs. 2 GG enthaltene Bekenntnis zu unverletzlichen und unveräußerlichen Menschenrechten als Grundlage der menschlichen Gemeinschaft, des Friedens und der Gerechtigkeit erlangt insoweit Bedeutung; in Verbindung mit der in Art. 1 Abs. 3 GG enthaltenen Verweisung auf die nachfolgenden Grundrechte sind deren Verbürgungen insoweit einer Einschränkung grundsätzlich entzogen, als sie zur Aufrechterhaltung einer dem Art. 1 Abs. 1 und 2 GG entsprechenden Ordnung unverzichtbar sind. Ebenso sind grundlegende Elemente des Rechts- und des Sozialstaatsprinzips, die in Art. 20 Abs. 1 und 3 GG zum Ausdruck kommen, zu achten."[84]

Ein mögliches Spannungsfeld bildet folglich die Vereinbarkeit einer partiellen Übertragung der Rechtsaufsicht über landesunmittelbare Krankenkassen auf das BVA mit dem Sozialstaatsprinzip, dem Rechtsstaatsgebot und dem Bundesstaatsprinzip.[85]

bb) Sozialstaatsprinzip

Das Sozialstaatsprinzip ist in Art. 20 Abs. 1 GG durch die Formulierung, dass die Bundesrepublik Deutschland ein „demokratischer und sozialer Bundesstaat" ist, verankert. Gem. Art. 28 Abs. 1 GG muss darüber hinaus auch die verfassungsmäßige Ordnung der Länder den Grundsätzen des „sozialen Rechtsstaates" entsprechen. Diese Entscheidung für den Sozialstaat wird im Grundgesetz nicht näher konkretisiert, sondern stellt einen offenen Gestaltungsauftrag an den Gesetzgeber dar.[86] Sie gibt dem Gesetzgeber auf, für soziale Sicherheit, sozialen Ausgleich und soziale Gerechtigkeit zu sorgen, ohne etwas darüber auszusagen, wie genau diese Ziele zu verwirklichen sind.

---

83 BVerfG, Urteil v. 3.3.2004 – 1 BvR 2378/98, BVerfGE 109, 279, Rn. 114; BVerfG, Urteil v. 14.5.1996 – 2 BvR 1938/93, BVerfGE 94, 49, Rn. 200.
84 BVerfG, Urteil v. 14.5.1996 – 2 BvR 1938/93, BVerfGE 94, 49, Rn. 200.
85 vgl. dazu BT-Drucks. 18/9993, S. 5 f.
86 *Fuchs/Preis*, Sozialversicherungsrecht, S. 46.

„Das Sozialstaatsprinzip begründet die Pflicht des Staates, für eine gerechte Sozialordnung zu sorgen (…). Der Staat hat diese Pflichtaufgabe auf der Grundlage eines weiten Gestaltungsfreiraumes zu erfüllen, weshalb bislang nur in wenigen Fällen konkrete verfassungsrechtliche Handlungspflichten aus dem Prinzip abgeleitet wurden. Der Staat hat lediglich die Mindestvoraussetzungen für ein menschenwürdiges Dasein seiner Bürger zu schaffen (…). Das Sozialstaatsprinzip stellt dem Staat eine Aufgabe, sagt aber nichts darüber, mit welchen Mitteln diese Aufgabe im Einzelnen zu verwirklichen ist."[87]

Dem Gesetzgeber obliegt folglich die Konkretisierung, bei der ihm ein weiter Ermessensspielraum zukommt. Mit der gesetzlichen Krankenversicherung wird zunächst dem Auftrag nachgekommen, für soziale Sicherheit zu sorgen, indem die Bevölkerung durch ein soziales Sicherungssystem gegen die finanziellen Folgen von Krankheit abgesichert wird. Sie kommt darüber hinaus auch dem Auftrag des Sozialstaatsprinzips nach, einen sozialen Ausgleich zu schaffen. Dieser findet seine Ausprägung in zweierlei Hinsicht, einmal im Rahmen der Leistungsgewährung und zum anderen bei der Finanzierung nach dem sog. Solidarprinzip. Ausgangspunkt der Leistungsgewährung bildet ein definierter Leistungskatalog, der entsprechend dem Bedarfsprinzip jedem Versicherten zur Verfügung steht.

Gibt das Grundgesetz also nicht vor, auf welche Weise genau das Sozialstaatsprinzip zu verwirklichen ist, so trifft es auch keine bindende Entscheidung dahingehend, wie die Aufsicht über die sozialen Sicherungssysteme vorzunehmen ist. Allerdings ist doch für die Sicherung des geforderten Mindestmaßes eine effiziente Gestaltung der Sicherungssysteme zu fordern.[88] Dazu gehört sicherlich auch eine effiziente Rechtsaufsicht über die Krankenkassen. Lässt diese sich durch eine veränderte Aufteilung zwischen Bundes- und Landesbehörden besser verwirklichen, so bestehen sachgerechte Gründe, die den Gesetzgeber zu einer Verfassungsänderung berechtigen würden.

---

87 BVerfG, Urteil v. 30.6.2009 – 2 BvE 2/08, BVerfGE 123, 267, Rn. 257; vgl. auch BVerfG, Beschluss v. 8.6.2004 – 2 BvL 5/00, BVerfGE 110, 412, Rn. 96.
88 Mangoldt/Klein/Starck/*Hain*, Band II, Art. 79 GG, Rn. 74.

cc) Rechtsstaatgebot

Das Rechtsstaatsprinzip wird in Art. 20 GG – zumindest dem Wortlaut nach – nicht genannt.[89] Ob das Rechtsstaatsgebot als Ganzes Bestandteil des durch Art. 79 Abs. 3 GG geschützten, unantastbaren Kerns des Grundgesetzes ist, wird in der Literatur auch deshalb vielfach in Zweifel gezogen.[90] Die Rechtsprechung des Bundesverfassungsgerichts verdeutlicht aber, dass jedenfalls bestimmte Elemente des Rechtstaatsgebots von dem Verweis des Art. 79 Abs. 3 GG auf die in Art. 20 GG niedergelegten Grundsätze erfasst werden.[91]

„In Art. 20 GG sind mehrere Grundsätze niedergelegt, nicht jedoch ist dort „niedergelegt" das „Rechtsstaatsprinzip", sondern nur ganz bestimmte Grundsätze des Rechtsstaatsprinzips: in Absatz 2 der Grundsatz der Gewaltenteilung und in Absatz 3 der Grundsatz der Bindung der Gesetzgebung an die verfassungsmäßige Ordnung, der vollziehenden Gewalt und der Rechtsprechung an Gesetz und Recht. Aus dem Rechtsstaatsprinzip lassen sich mehr als die in Art. 79 Abs. 3 GG in Bezug genommenen Rechtsgrundsätze des Art. 20 GG entwickeln und das Bundesverfassungsgericht hat solche Rechtsgrundsätze entwickelt (z.B.: das Verbot rückwirkender belastender Gesetze, das Gebot der Verhältnismäßigkeit, die Lösung des Spannungsverhältnisses von Rechtssicherheit und Gerechtigkeit im Einzelfall, das Prinzip des möglichst lückenlosen Rechtsschutzes). Die mit der Formulierung des Art. 79 Abs. 3 GG verbundene Einschränkung der Bindung des verfassungsändernden Gesetzgebers muß bei der Auslegung umso ernster genommen werden, als es sich um eine Ausnahmevorschrift handelt, die jedenfalls nicht dazu führen darf, dass der Gesetzgeber gehindert wird, durch verfassungsänderndes Gesetz auch elementare Verfassungsgrundsätze systemimmanent zu modifizieren."[92]

---

89 *Dreier*, Band II, Art. 79 GG, Rn. 49; *Sachs*, Art. 79 GG, Rn. 73.
90 vgl. BeckOK/*Dietlein*, Art. 79 GG, Rn. 48; Mangoldt/Klein/Starck/*Hain*, Band II, Art. 79 GG, Rn. 88 ff.; *Sachs*, Art. 79 GG, Rn. 73.
91 BVerfG, Urteil v. 3.3.004 – 1 BvR 2378/98, BVerfGE 109, 279, Rn. 113; BVerfG, Urteil v. 14.5.1996 – 2 BvR 1938/93, BVerfGE 94, 49, Rn. 200; BVerfG, Urteil v. 15.12.1970 – 2 BvF 1/69, BVerfGE 30, 1, Rn. 80.
92 BVerfG, Urteil v. 15.12.1970 – 2 BvF 1/69, BVerfGE 30, 1, Rn. 80.

Zu den geschützten Bestandteilen des Rechtsstaatsgebots zählen auch der Vorrang und der Vorbehalt des Gesetzes.[93] Die Rechtsprechung des Bundesverfassungsgerichts verdeutlicht aber auch, dass nicht jeder Aspekt der Rechtsstaatlichkeit von der Ewigkeitsgarantie des Art. 79 Abs. 3 GG erfasst wird.

Die Bundesregierung sieht in ihrer Antwort auf die kleine Anfrage der Linken aus dem letzten Jahr im Hinblick auf das Rechtsstaatsgebot in der Umverteilung der Kassenaufsicht zwischen Bund und Ländern in der hier diskutierten Form, einen Konflikt mit dem „Gebot der Verwaltungszurechenbarkeit und Verwaltungsklarheit".[94] Insbesondere der Begriff der Verwaltungsklarheit ist nicht unbedingt gebräuchlich,[95] dennoch wird deutlich, dass bei einer Aufteilung der Aufsicht nach Sachgebieten Abgrenzungsschwierigkeiten befürchtet werden. Dadurch könnte unter Umständen tatsächlich ein Konflikt mit den rechtsstaatlichen Grundsätzen „Normenklarheit und Widerspruchsfreiheit"[96] bzw. der „Verantwortungszurechenbarkeit"[97] entstehen, wobei letztere auch eng mit dem Demokratieprinzip verbunden ist. Es muss demnach erkennbar sein, welche Handlungsbefehle aus einer Norm hervorgehen und welchem Staatsorgan entsprechende Entscheidungen als Verantwortlichem zugerechnet werden können, um die Aufdeckung von defizitärem Handeln zu erleichtern.[98] Diesen Erfordernissen kann jedoch durch eine dementsprechende konkrete Ausgestaltung einer neuen Aufsichtszuständigkeit genüge getan werden.

dd) Bundesstaatsgebot: Keine unzulässige Mischverwaltung

Das Bundesstaatsgebot wird in Art. 79 Abs. 3 GG gleich in mehrfacher Hinsicht geschützt: Einerseits ausdrücklich durch die Nennung der Gliederung des Bundes in Länder und die grundsätzliche Mitwirkung der Länder bei

---

93 *Dreier*, Band II, Art. 79 GG, Rn. 52; Maunz/Dürig/*Herdegen*, Art. 79 GG, Rn. 154.
94 BT-Drucks. 18/9993, S. 6.
95 vgl. insoweit: BVerwG, Beschluss v. 4.8.1989 – 7 B 113/89, Rn. 4: „was immer darunter zu verstehen sein mag".
96 BVerfG, Urteil v. 20.12.2007 – 2 BvR 2433/04, BVerfGE 119, 331, Rn. 156; BVerfG, Urteil v. 15.7.2003 – 2 BvF 6/98, BVerfGE 108, 169, Rn. 44.
97 BVerfG, Urteil v 20.12.2007 – 2 BvR 2433/04, BVerfGE 119, 331, Rn. 158.
98 Mangoldt/Klein/Starck/*Hain*, Band II, Art. 79 GG, Rn. 289, 300.

der Gesetzgebung, andererseits durch den Verweis auf Art. 20 GG, der die Staatsform des Bundesstaates vorschreibt.[99] Die grundsätzliche Gliederung der Bundesrepublik in Länder sichert, dass es überhaupt Länder als Untergliederungen des Bundesstaates gibt, die selbst die Qualität von Staaten besitzen.[100] Dazu gehört nach dem Bundesverfassungsgericht auch die Wahrung eines „Kern eigener Aufgaben", dem „Hausgut" der Länder, sowie „die freie Bestimmung über seine Organisation einschließlich der in der Landesverfassung enthaltenen organisatorischen Grundentscheidungen sowie die Garantie der verfassungskräftigen Zuweisung eines angemessenen Anteils am Gesamtsteueraufkommen im Bundesstaat".[101] Einen weiteren Aspekt bildet der Grundsatz effektiver Gewaltenhemmung und Gewaltenbalance, wonach die Länder als Gegengewicht zum Bund agieren und politische Vielfalt sichern können müssen.[102]

Von der Garantie der „grundsätzlichen Mitwirkung der Länder bei der Gesetzgebung" wird die Teilhabe der Länder an der förmlichen Gesetzgebung des Bundes, nicht aber die eigene, umfasst.[103] Dabei eröffnet die bloß „grundsätzliche" Mitwirkung einen gewissen Spielraum. Ähnlich wie beim Sozialstaatsprinzip ist auch hier nur gesichert, *dass* die Länder Mitwirkungsrechte haben müssen, nicht aber *welche* das sind und *wie* diese konkret ausgestaltet sein müssen.[104] Die Mitwirkung der Länder bei der Verwaltung von Bundesgesetzen wird von dieser Garantie jedoch nicht erfasst.[105]

Eine grundsätzliche Mitwirkung der Länder im Bereich der Verwaltung garantiert Art. 79 Abs. 3 GG folglich nicht. Für den Bereich der Kassenaufsicht ist dieser Grundsatz zudem mit dem Urteil des Bundesverfassungsgerichtes

---

99   Maunz/Dürig/*Herdegen*, Art. 79 GG, Rn. 89; vgl. auch *Isensee*, AöR 1990, 248, 250, wonach es sich bei dieser mehrfachen Gewährleistung um einen „Pleonasmus" handelt.
100 BVerfG, Urteil v. 26.7.1972 – 2 BvF 1/71, BVerfGE 34, 9, Rn. 41; *Sachs*, 7. Aufl. 2014, Art. 79 GG, Rn. 42 ff.
101 BVerfG, Urteil v. 26.7.1972 – 2 BvF 1/71, BVerfGE 34, 9, Rn. 41.
102 Maunz/Dürig/*Herdegen*, Art. 79 GG, Rn. 94; *Hesse*, AöR 1973, 1, 14 f.
103 BeckOK/*Dietlein*, Art. 79 GG; Rn. 25; Maunz/Dürig/*Herdegen*, Art. 79 GG, Rn. 98.
104 Mangoldt/Klein/Starck/*Hain*, Band II, Art. 79 GG, Rn. 133; Maunz/Dürig/*Herdegen*, Art. 79 GG, Rn. 99; *Sachs*, Art. 79 GG, Rn. 45.
105 *Dreier*, Band II, Art. 79 GG, Rn. 25; Maunz/Dürig/*Herdegen*, Art. 79 GG, Rn. 98; *Sachs*, Art. 79 GG, Rn. 44.

stimmig, wonach der Gesetzgeber auch sämtliche Träger der gesetzlichen Krankenversicherung zusammengefasst in einem Bundesamt für Krankenversicherung als bundesunmittelbarer Körperschaft organisieren könnte."[106] Insoweit ist auch nicht erkennbar, dass die Aufsicht über die Krankenversicherung eines der oben beschriebenen „Hausgüter" der Länder darstellen soll. Schon nach dem in Art. 87 Abs. 2 GG zum Ausdruck kommenden *Status quo* des Grundgesetzes richtet sich die Aufsichtszuständigkeit nach der Erstreckung des Zuständigkeitsbereiches, von einer „Kernaufgabe" der Länder kann insoweit kaum die Rede sein.

Zudem handelt es bei dem angestrebten Konzept auch nicht um eine Form der unzulässigen Mischverwaltung. In seinem Urteil zur Hartz IV-Arbeitsgemeinschaft[107] hatte das Bundesverfassungsgericht zwar entschieden, dass die mehrfache Aufsicht über die Arbeitsgemeinschaften deren problematische Zwischenstellung als Mischverwaltung einer Bundesbehörde und einer staatsorganisationsrechtlich den Ländern zuzuordnenden kommunalen Behörde widerspiegle,[108] dieser Fall ist jedoch mit der vorliegend diskutierten Konstruktion nicht gleichzusetzen. Im Fall der Hartz IV-Arbeitsgemeinschaft hatte § 44b SGB II angeordnet, dass die Agenturen für Arbeit und die kommunalen Träger zur einheitlichen Wahrnehmung ihrer Aufgaben Arbeitsgemeinschaften bilden sollten, wobei die Arbeitsgemeinschaften kraft Gesetzes die Aufgaben der Agentur für Arbeit als Leistungsträger wahrnehmen sollten, wozu die Übertragung der Aufgaben der kommunalen Träger auf die Arbeitsgemeinschaften vorgesehen war.[109] Ziel der Regelung war der gemeinsame Vollzug der Aufgaben durch und in der Arbeitsgemeinschaft.

Die Bildung einer solchen gemeinsamen Verwaltungseinheit geht mit der Übertragung weiter Teile der Rechtsaufsicht auch über landesunmittelbare Krankenkassen nach dem angestrebten Konzept gerade nicht einher. Das BVA und die entsprechenden Landesbehörden bleiben als solche eigenständig bestehen und nehmen ihre Aufsichtsaufgaben getrennt voneinander wahr. Teilweise entsteht zwar eine Aufsicht von zwei verschiedenen

---

106 BVerfG, Beschluss v. 9.4.1975 – 2 BvR 879/73, BVerfGE 39, 302, Rn. 73 f.
107 BVerfG, Urteil v. 20.12.2007 – 2 BvR 2433/04, BVerfGE 119, 331.
108 BVerfG, Urteil v. 20.12.2007 – 2 BvR 2433/04, BVerfGE 119, 331, Rn. 189.
109 BVerfG, Urteil v. 20.12.2007 – 2 BvR 2433/04, BVerfGE 119, 331, Rn. 162.

Behörden über eine Krankenkasse – die Aufsicht knüpft aber jeweils an verschiedenen Sachgebieten an. Sind die jeweiligen Ausführungsbereiche so voneinander abgetrennt, dass die beiden Behördenebenen keinen Einfluss auf die Entscheidung der jeweils anderen nehmen können, so handelt es sich nicht um Mischverwaltung, sondern um aufgeteilte Verwaltung.[110]

4. Beispiele geteilter Rechtsaufsicht durch verschiedene Behörden

Eine geteilte Rechtsaufsicht durch verschiedene Behörden wäre zudem auch nicht n sich ungewöhnlich. Für die Branche der Wirtschaftsprüfer existieren beispielsweise unterschiedliche Aufsichtssysteme der Prüfinstanzen und eine damit einhergehende geteilte Zuständigkeit der Rechtsaufsicht im Bundesministerium für Wirtschaft und Energie und im Bundesministerium der Finanzen.

Das Bundesministerium für Wirtschaft und Energie hat dabei die Rechtsaufsicht sowohl über die Wirtschaftsprüferkammer (WPK), welche als Selbstverwaltungseinrichtung die Berufsaufsicht über die Wirtschaftsprüfer führt als auch über die Abschlussprüferaufsichtsstelle (APAS)[111] beim Bundesamt für Wirtschaft und Ausfuhrkontrolle (BAFA).[112] Das Bundesministerium der Finanzen wiederum führt die Rechts- und Fachaufsicht über die Bundesanstalt für Finanzdienstleistungsaufsicht (BaFin), welche auf der zweiten Stufe der Bilanzkontrolle gemäß § 37n ff. WpHG die Jahres- und Konzernabschlüsse auf deren Fehlerfreiheit überprüft.[113]

Nach Ansicht der Bundesregierung handelt es sich dabei um eine effektive Kontrolle: Die Zuständigkeit verschiedener Fachbereiche und verschiedener Aufsichtsstellen hinge mit der Erstreckung der Aufsicht auf jeweils unterschiedliche Bereiche zusammen, sodass es sich um eine sachgerechte Aufteilung handele, die nicht zu Reibungsverlusten führe.[114] Die Richtigkeit von Jahresabschlüssen und die Aufsicht über Wirtschaftsprüfer stellen jeweils separate, wenn auch im Zusammenhang stehende Bereiche der Aufsicht dar.

---

110 *Küchenhoff*, Die verfassungsrechtlichen Grenzen der Mischverwaltung, S. 61; vgl. auch Maunz/Dürig/*Kirchhof*, Art. 83 GG, Rn. 87.
111 bis Juni 2016 Abschlussprüferaufsichtskommission (APAK).
112 BT-Drucks. 18/2689, S. 2.
113 BT-Drucks. 18/2689, S. 2.
114 BT-Drucks. 18/2689, S. 2.

Das Beispiel zeigt: Auch wenn es die Regel sein mag, dass die Rechtsaufsicht gewissermaßen „aus einer Hand", also durch eine einzigen Behörde erfolgt, schließt dies eine gespaltene Rechtsaufsicht durch mehrere Behörden nicht aus. Zwar handelt es sich im Fall der Wirtschaftsprüfer nur um eine Aufspaltung der Rechtsaufsicht zwischen verschiedenen Landesbehörden, der Grundgedanke ist jedoch ebenso auf eine Aufspaltung zwischen Bundes- und Landesbehörden übertragbar. Dies gilt umso mehr für den konkreten Fall: Angesichts dessen, dass es sich bei der aktuellen Aufsichtsgestaltung nicht um deren zwingende Form handelt[115] und grundsätzlich auch die Zusammenfassung der Aufsicht in nur einer einzigen bundesunmittelbaren Körperschaft nach der geltenden Fassung des Grundgesetzes möglich wäre, ist auf der anderen Seite auch eine Aufspaltung denkbar.

5. Zwischenfazit zur Änderbarkeit des *Status quo*

Einer Umgestaltung der derzeitigen Kassenaufsicht hin zu einer funktionsorientierten Rechtsaufsicht im Sinne der vollständigen Übertragung auf das Bundesversicherungsamt im Hinblick auf einnahmeseitige Belange, Genehmigungen der Krankenkassensatzungen und für Fragen der Digitalisierung (IT) und des Mitgliederwettbewerbs zwischen den Krankenkassen sowie entsprechender Rechtssaufsicht im Bereich des Datenschutzes stehen folglich keine durchgreifenden Bedenken entgegen. Es wäre sogar möglich die Aufsicht umfassend auf nur eine Bundesbehörde – dann das BVA – zu übertragen. Aus verfassungsrechtlicher Perspektive würde der erforderlichen Grundgesetzänderung insbesondere auch nicht die Ewigkeitsgarantie des Art. 79 Abs. 3 GG entgegenstehen. Dies gilt jedenfalls dann, wenn der Gesetzgeber bei der Formulierung der Neuordnung den Grundsätzen der Normenklarheit und Widerspruchsfreiheit sowie der Verantwortungszurechenbarkeit Genüge tut. Angesichts der bestehenden Möglichkeit im Bereich der Kassenaufsicht klare Sachabgrenzungen vorzunehmen, sind insoweit keine der Materie inhärenten Hürden ersichtlich.

Im Übrigen erscheint eine Beibehaltung der grundsätzlichen Aufteilung der Kassenaufsicht zwischen Bund und Ländern jedoch als zwingend: Die vollständige Übertragung der Rechtsaufsicht für die ausgabenseitigen

---

115 vgl. oben VI.1.

Belange des Leistungs- und Vertragsrechts auch über bundesunmittelbare Krankenkassen auf die Landesbehörden ist nicht mit dem Gleichlauf zwischen Bundesunmittelbarkeit und Bundesaufsicht zu vereinbaren.

VII. Fazit und Empfehlungen

1. Ökonomische Schlussfolgerungen und Konsequenzen

1. Im Sinne einer Kompetenzverteilung zwischen Bund und Ländern besteht in Deutschland bzw. in der GKV eine historisch gewachsene geteilte Zuständigkeit für die Kassenaufsicht. Das BVA beaufsichtigt die bundesunmittelbaren Krankenkassen, während die landesunmittelbaren der Aufsicht der jeweiligen Landesbehörden unterstehen. Vor dem Hintergrund dieser geteilten Aufsicht stellt sich die Frage, ob und inwieweit das BVA und die zuständigen Behörden der Bundesländer bei ihren überwiegend fallbezogenen Prüfungen durchgehend dieselben Maßstäbe anlegen oder die Geschäftstätigkeit der Krankenkassen in gleich gelagerten Fällen unterschiedlich beurteilen und bewerten. Sofern bei dieser geteilten Kassenaufsicht spürbare Unterschiede in der Stringenz der Prüfungen und Bewertungen auftreten, drohen daraus relevante Wettbewerbsverzerrungen zu erwachsen.
2. Wettbewerbsverzerrungen können für die benachteiligten Krankenkassen auf der Einnahmenseite zu Mindereinnahmen und auf der Ausgabenseite zu Nachteilen hinsichtlich ihrer Attraktivität für die Versicherten führen. Mehrere Krankenkassen, insbesondere die Ersatzkassen, kritisieren in diesem Kontext die geltende geteilte Kassenaufsicht und fordern, eine einheitliche Aufsichtspraxis über alle Krankenkassen sicher zu stellen. Mit dieser Intention trat die DAK-Gesundheit an die Gutachter mit dem Prüfungsauftrag heran, auf welchen ökonomisch zu priorisierenden und juristisch zulässigen Wegen Reformoptionen faire Wettbewerbsbedingungen zwischen den Krankenkassen generieren können. Diese Untersuchung erfolgt in getrennten Schritten unter ökonomischen und juristischen Aspekten. Dabei geht es in ökonomischer Hinsicht um die Vermeidung von Wettbewerbsverzerrungen und Effizienzverlusten und der juristische Teil stellt auf die verfassungs- und sozialrechtlichen Rahmenbedingungen ab.

3. Der Wettbewerb bildet aus normativer Sicht auch im Gesundheitswesen keinen Selbstzweck, sondern ein Mittel zur Realisierung höherrangiger Ziele wie vor allem zur Steigerung von Effektivität und Effizienz der Versorgung. Dabei schuf vornehmlich das GSG die rechtlichen Rahmenbedingungen für die Intensivierung eines funktionsfähigen Wettbewerbs, der auch das Solidaritätsprinzip berücksichtigt. Der entsprechende Gesetzentwurf betont in diesem Zusammenhang vor allem die Notwendigkeit einer größtmöglichen „ Chancengleichheit aller konkurrierenden Krankenkassen" bzw. „ gleiche Wettbewerbsbedingungen" und verweist darüber hinaus auch auf die Ziele Qualität, Effektivität und Effizienz.
4. Eine nähere Betrachtung der Prüfungspraxis von BVA und den zuständigen Behörden der Bundesländer zeigt zahlreiche unterschiedliche Entscheidungen der jeweiligen Aufsichten in gleich gelagerten Fällen. Diese betrafen in der Vergangenheit und betreffen teilweise noch heute die Rücklagen für die Altersversorgung, die Mitgliederwerbung, die Wahltarife und den Nachweis ihrer Wirtschaftlichkeit, Webeaussagen, das Outsourcen von Geschäftsbereichen und nicht zuletzt die Aufsicht über die Kodierung ambulanter Diagnosen. Aus diesen offensichtlich unterschiedlichen Prüfungen und Entscheidungen der jeweiligen Aufsichten resultierten relevante Wettbewerbsverzerrungen zuungunsten der bundesunmittelbaren Krankenkassen und das geltende System bietet keine Gewähr dafür, dass diese wettbewerblichen Verwerfungen und die mit ihnen einhergehenden Effizienzverluste künftig nicht mehr auftreten. Vor diesem Hintergrund stellt sich in zielorientierter Hinsicht kaum mehr die Frage nach dem „Ob", sondern nur noch nach dem „Wie" einer Reform der geltenden geteilten Kassenaufsicht.
5. Die momentane Kassenaufsicht entstammt noch einer Zeit, in der im Vergleich zu heute nicht nur eine erblich höhere Anzahl von Krankenkassen, sondern auch abweichende Wettbewerbsbedingungen mit einem für die Aufsichten weniger komplexen Aufgabenspektrum existierten. Die Reduktion der Zahl der Krankenkassen von über 1.200 Anfang der 90er Jahre auf derzeit 113 führte u.a. dazu, dass inzwischen 4 Bundesländer überhaupt keine Krankenkasse mehr und 4 weitere nur noch eine Krankenkasse beaufsichtigen. Bei Fortsetzung dieses Strukturwandels dürfte, vor allem im Zuge von Fusionen, die Zahl der landesunmittelbaren Krankenkassen und damit die Zuständigkeiten der Aufsichtsbehörden

Fairer Wettbewerb in der gesetzlichen Krankenversicherung 81

der Bundesländer weiter abnehmen. Es stellt sich dann das Problem, ob die jeweiligen Landesbehörden die ihnen übertragenen Aufgaben noch effizient wahrnehmen können.

6. Das Gutachten analysiert unter Wettwebers- und Effizienzaspekten die folgenden Reformansätze:

(a) die Erhöhung von Transparenz und Stringenz der geteilten Prüfungstätigkeit im gegebenen System,
(b) die Verlagerung der kompletten Finanzaufsicht auf das BVA bei weiterhin geteilter Kassenaufsicht
(c) die Durchführung der Kassenaufsicht ausschließlich durch die Behörden der Bundesländer
(d) eine zentrale Kassenaufsicht durch das BVA
(e) die funktionale Zuordnung der Prüfungstätigkeiten auf das BVA und die Aufsichtsbehörden der Bundesländer sowie
(f) eine Zuständigkeit der Aufsichtsbehörden der Bundesländer nur ab 3 landesunmittelbaren Krankenkassen.

7. Mit dem Ziel einer einheitlichen Prüfungstätigkeit stehen das BVA und die Aufsichtsbehörden der Bundesländer in einem regelmäßigen Informations- und Meinungsaustausch, der auch gemeinsame Wettbewerbsgrundsätze einschließt. Zudem versuchte die Bundesregierung in der Vergangenheit, im Zuge der laufenden Gesetzgebung einigen offensichtlichen wettbewerblichen Verzerrungen entgegen zu steuern. Weitere Vorschriften zu obligatorischen Informationen und/oder verpflichtenden Maßnahmen zielen auf Basis des Status quo zwar in die richtige Richtung, belassen den jeweilige Aufsichtsbehörden aber immer noch hinreichende Spielräume zu einer unterschiedlichen Prüfungs- und Entscheidungspraxis mit daraus resultierenden Wettbewerbsverzerrungen. Zur Lösung der derzeitigen und sich auch künftig abzeichnenden Wettbewerbs- und Effizienzprobleme reicht eine Erhöhung von Transparenz und Stringenz der geteilten Kassenaufsicht im gegebenen System daher nicht aus.

8. Eine Betrachtung der Vor- und Nachteile der aufgelisteten Reformoptionen zeigte, dass eine zentrale Kassenaufsicht durch das BVA sowie die funktionale Zuordnung der Prüfungstätigkeiten auf das BVA und die Aufsichtsbehörden der Bundesländer gegenüber den alternativen Ansätzen

unter Wettbewerbs- und Effizienzaspekten eindeutige komparative Vorzüge aufweisen. Unabhängig von rechtlichen Postulaten und politischen Erwägungen stellt die zentrale Kassenaufsicht durch das BVA den in ökonomischer Hinsicht besten Ansatz für eine nachhaltige Lösung der Wettbewerbsverzerrungen und Effizienzverluste der geltenden geteilten Kassenaufsicht dar. Bei einem zu erwartenden weiteren Rückgang der Anzahl der Krankenkassen sollte das BVA die dann zusätzlich anfallenden Prüfungstätigkeiten ohne eine erhebliche Ausdehnung seiner bestehenden personellen Infrastruktur bewältigen können.

9. Bei der funktionalen Zuordnung der Prüfungstätigkeiten übernimmt das BVA die Finanzaufsicht, d.h. die Prüfungen im Bereich des Versicherungs- und Beitragsrechts sowie des Rechnungswesens, während die Belange des Vertrags- und Leistungsrechts in die Kompetenz der Aufsichtsbehörden der Bundesländer fallen. Im Vergleich mit einer zentralen Kassenaufsicht durch das BVA schneidet die funktionale Zuordnung der Prüfungstätigkeiten unter Wettbewerbs- und Effizienzaspekten etwas schwächer ab. Sie setzt aber keine negativen Anreize in Richtung einer Behinderung des endogenen Strukturwandels der Krankenkassen. Zudem spricht für die Zuordnung des Vertrags- und Leistungsrechts an die Aufsichtsbehörden der Bundesländer der regionale Charakter der Gesundheitsversorgung. Insgesamt gesehen bietet auch dieser Ansatz gegenüber dem Status quo in ökonomischer Hinsicht relevante Vorzüge.

10. Sofern der Ansatz, die komplette Finanzaufsicht auf das BVA zu verlagern, es beim Vertrags- und Leistungsrecht dagegen bei Status Quo zu belassen, im Vergleich zu den beiden präferierten Reformoptionen geringere rechtliche Probleme aufwirft, steht auch dieser Ansatz in ökonomischer Hinsicht zur Diskussion. Er beseitigt auf der Einnahmenseite der Krankenkassen Ungleichbehandlungen zwischen bundes- und landesunmittelbaren Krankenkassen. Wegen der unterschiedlichen Aufsichten im Vertrags- und Leistungsbereich schneidet er zwar gegenüber den beiden anderen Reformoptionen vor allem in wettbewerblicher Hinsicht schwächer ab, besitzt aber insgesamt gegenüber der geltenden geteilten Kassenaufsicht immer noch spürbare Vorzüge

2. Juristische Schlussfolgerungen und Konsequenzen

1. Aus juristischer Sicht ergibt sich im Hinblick auf den Status quo der Kassenaufsicht nur wenig Spielraum für Modifikationen. Sowohl das Grundgesetz mit seiner lex regia Art. 87 Abs. 2 GG als auch die auf einfachgesetzlicher Ebene maßgeblichen Normen des Sozialrechts sehen eine grundsätzliche Trennung der Kassenaufsicht auf Bundes- und Landesebene vor. Nur an wenigen Stellen ergibt sich bereits heute aus dem Gesetz eine übergreifende Aufsicht durch das Bundesversicherungsamt. Weitergehende Änderungen der Aufteilung der Aufsicht erfordern daher ebenfalls eine Änderung des Grundgesetzes.
2. Allerdings kann auch im Rahmen des Status quo – d.h. unterhalb einer Grundgesetzänderung – das Ziel der verbesserten Effizienz und Wettbewerbsneutralität in der Aufsicht über die gesetzliche Krankenkasse gefördert werden, soweit dabei die grundgesetzlichen Rahmenvorgaben dabei nicht umgangen werden. Bereits heute sieht § 90 Abs. 4 SGB IV einen regelmäßigen Erfahrungsaustausch der Aufsichtsbehörden vor. Dieser findet aktuell in Form von Aufsichtsbehördentagungen und der Erstellung von gemeinsamen Leitfäden und Grundsätzen statt. Darüber hinaus ist aber auch eine Intensivierung des Erfahrungsaustauschs möglich. Werden die in § 90 Abs. 4 GG bereits enthaltenen Vorgaben zum Erfahrungsaustausch zwischen den Behörden durch die Einrichtung einer Datenbank und den verstärkten schriftlichen Austausch erweitert, ergeben sich insoweit keine Konflikte mit dem Status quo der Aufsichtsaufteilung. Auch wäre es rechtlich unproblematisch, die Ermessensentscheidung über das Einschreiten der Aufsichtsbehörde bei der Identifikation von Rechtsverstößen der Krankenkassen nach § 89 Abs. 1 SGB IV in eine zwingende Norm umzuwandeln. Somit hinge die Entscheidung, ob die Aufsichtsbehörde überhaupt einschreitet, nicht länger von ihrer jeweiligen Entscheidung ab. Auf diese Weise könnte die Aufsichtspraxis zumindest hinsichtlich des Beginns aufsichtlichen Einschreitens vereinheitlicht werden. Der einfachgesetzliche Zwang zur Kooperation führt nicht zu einer Änderung der Rechtsaufsicht und damit nicht zu einer Verletzung des Art. 87 Abs. 2 GG.
3. Auf der anderen Seite bestehen jedoch erhebliche Bedenken gegenüber der Zulässigkeit einer verstärkten Zusammenarbeit, die über die bloße Kooperation hinausgeht. Die Verpflichtung zu einer einheitlichen Prüf- und

Entscheidungspraxis sowie die Einrichtung einer Clearingstelle für den Fall divergierender Rechtsauslegungen und Aufsichtsentscheidungen erscheint aufgrund der insofern bestehenden großen Nähe zu einer unzulässigen Mischverwaltung aus verfassungsrechtlicher Perspektive als nicht umsetzbar. An dieser Stelle besteht nämlich die Gefahr, dass die jeweilige Behörde keine eigenständige Entscheidung mehr treffen kann.

4. Im Zuge einer entsprechenden Änderung des Grundgesetzes wären hingegen deutlich weitreichendere Modifikationen hinsichtlich der Aufsichtszuständigkeit möglich. Die Entstehungsgeschichte der Norm zeigt, dass es sich bei der derzeitigen territorialen Orientierung der Aufsichtszuständigkeit in Art. 87 Abs. 2 GG nicht um den zwingenden Anknüpfungspunkt des Grundgesetzes handelt. Hier wäre beinahe jeglicher sachlicher Anknüpfungspunkt möglich gewesen. Der Gesetzgeber könnte also sogar ein einziges zentrales Bundesamt und damit gleichzeitig eine einzige zentrale Stelle der Rechtsaufsicht über die Krankenkassen schaffen, indem er alle Krankenkassen als bundesunmittelbar ausgestaltet. Mit der Ausgestaltung als bundesunmittelbare Körperschaft ginge eine durch den Bund erfolgende Aufsicht einher. So könnte eine vollständige Übertragung der Kassenaufsicht auf das BVA erreicht werden.

5. Diese Möglichkeit schließt es allerdings aus, die Rechtsaufsicht für die ausgabenseitigen Belange des Leistungs- und Vertragsrechts bei den Ländern zu belassen. Die Aufsicht über eine bundesunmittelbare Einrichtung kann nur durch den Bund selbst, nicht durch eine Landesbehörde erfolgen.

6. Auch eine vollständige Übertragung der Finanzaufsicht auf das BVA wäre nicht ohne Grundgesetzänderung zu erreichen. Zwar besitzt das BVA bereits heute im Bereich des Finanzwesens einige spezielle Prüfkompetenzen, die sich sowohl auf bundes- als auch auf landesunmittelbare Krankenkassen beziehen, die entsprechenden Normen haben jedoch keinen Einfluss auf das grundlegende Zuständigkeitsregime, dass die Aufsicht zwischen Bundes- und Landesbehörden aufteilt. Mithin kann daraus auch nicht auf die Möglichkeit einer umfassenden Übertragung der Finanzaufsicht auf das BVA, ohne Grundgesetzänderung, geschlossen werden.

7. Einer veränderten Aufteilung der Aufsichtszuständigkeit durch Grundgesetzänderung stehen auch keine verfassungsrechtlichen Bedenken entgegen. Zwar bedarf eine Grundgesetzänderung in formeller Hinsicht

insbesondere der nicht unwesentlichen Hürde einer doppelten Zweidrittelmehrheit, jeweils in Bundestag und Bundesrat, die materielle Hürde der Ewigkeitsgarantie des Art. 79 Abs. 3 GG müsste eine funktionsorientierte Aufteilung jedoch nicht nehmen. Weder das insofern geschützte Sozialstaatsprinzip, noch das Rechtsstaatsgebot oder das Bundesstaatsgebot würden dadurch berührt. Insbesondere birgt eine funktionsorientierte Aufteilung der Aufsicht nicht die Gefahr einer unzulässigen Mischverwaltung. Es handelt sich eben nicht um eine gemischte, sondern um eine aufgeteilte Verwaltung.

8. Um jedoch den Grundsätzen der „Normenklarheit und Widerspruchsfreiheit" bzw. der „Verantwortungszurechenbarkeit" entstehen Genüge zu tun, muss jedoch erkennbar sein, welche Handlungsbefehle aus einer Norm hervorgehen und welchem Staatsorgan entsprechende Entscheidungen als Verantwortlichem zugerechnet werden können, um die Aufdeckung von defizitärem Handeln zu erleichtern. Diesen Erfordernissen kann jedoch durch eine dementsprechende konkrete Ausgestaltung einer neuen Aufsichtszuständigkeit genüge getan werden.

3. Fazit unter ökonomischen und juristischen Aspekten

Ohne eine Änderung des Grundgesetzes ergibt sich aus juristischer Sicht hinsichtlich der geltenden geteilten Kassenaufsicht nur ein geringer Spielraum für die unter ökonomischen Aspekten angezeigten bzw. zur Diskussion stehenden Reformoptionen. Das Ziel einer Steigerung von Wettbewerbsneutralität und Effizienz ließe sich dann nur durch wenig verbindliche und inhaltlich begrenzte Maßnahmen, wie z.B. eine Intensivierung des Informations- und Erfahrungsaustausches, die Errichtung einer Datenbank oder die Umwandlung des § 89 Abs.1 SGB V in eine zwingende Norm, verwirklichen. Schon gegen die Verpflichtung einer einheitlichen Prüf- und Entscheidungspraxis sowie die Schaffung einer Clearingstelle bestehen erhebliche rechtliche Bedenken. Der ohne eine Grundgesetzänderung mögliche Spielraum für Reformansätze reicht damit bei weitem nicht aus, um die derzeitigen Wettbewerbsverzerrungen und Effizienzverluste, die aus der geteilten Kassenaufsicht resultieren, mit hinreichenden Erfolgsaussichten beseitigen oder zumindest spürbar einschränken zu können.

Eine Änderung des Grundgesetzes würde dagegen in rechtlicher Hinsicht im Prinzip die Realisierung der unter ökonomischen Aspekten zu priorisieren Reformansätze ermöglichen, d.h. sowohl eine zentrale Kassenaufsicht durch das BVA als auch eine funktionale Zuordnung der Prüfungstätigkeiten auf das BVA und die Aussichtsbehörden der Bundesländer oder eine Verlagerung der kompletten Finanzaussicht auf das BVA bei Beibehaltung des Status quo im Vertrags- und Leistungsbereich. Unabhängig von politischen Erwägungen bzw. möglichen Kompromissen zwischen Bund und Ländern bildet die zentrale Kassenaufsicht durch das BVA den in ökonomischer Hinsicht am meisten überzeugenden Ansatz zu Beseitigung der derzeitigen Wettbewerbsverzerrungen und Effizienzverluste der geltenden geteilten Kassenaufsicht.

Als beste ökonomische Alternative bietet sich die funktionale Zuordnung der Prüfungstätigkeiten an, bei der das BVA die Finanzaufsicht übernimmt und das Vertrags- und Leistungsgeschehen in die Kompetenz der Aufsichtsbehörden der Bundesländer fällt. Dieser Ansatz setzt ebenfalls keine Anreize für die Krankenkassen, den endogenen Strukturwandel zu behindern, und schneidet unter Wettbewerbs- und Effizienzaspekten zwar etwas schwächer als eine zentrale Kassenaufsicht durch das BVA, aber besser als alle übrigen diskutierten Reformalternativen ab.

Verglichen mit der geltenden geteilten Kassenaufsicht besitzt auch der Ansatz, die komplette Finanzaufsicht auf das BVA zu verlagern, es beim Vertrags- und Leistungsrecht jedoch beim Status quo zu belassen, spürbare ökonomische Vorzüge. Dieser Ansatz vermag zwar im Vertrags- und Leistungsgeschehen nicht die bestehenden Wettbewerbsverzerrungen zu beseitigen, er schafft aber auf der Einnahmenseite der Krankenkassen einheitliche wettbewerbliche Bedingungen und verspricht damit aus ökonomischer Perspektive ebenfalls eine Verbesserung zum Status quo der geteilten Kassenaufsicht.

Literatur

Becker, Ulrich, Kingreen, Thorsten: SGB V, Gesetzliche Krankenversicherung, Kommentar, 5. Auflage, München 2017.

Bickenbach, Christian: Die Einschätzungsprärogative des Gesetzgebers, Tübingen 2014.

Bundesregierung (2016): Antwort der Bundesregierung auf die Kleine Anfrage der Abgeordneten Maria Klein-Schmeink, Dr. Harald Terpe, Elisabeth Scharfenberg, weiterer Abgeordneter und der Fraktion BÜNDNIS 90/DIE GRÜNEN, BT-Drucksache 18/9993 vom 17.102016.

Cassel, Dieter, Jacobs, Klaus, Vauth Christoph und Zerth, Jürgen, Hrsg. (2014): Solidarische Wettbewerbsordnung. Genese, Umsetzung und Perspektiven einer Konzeption zur wettbewerblichen Gestaltung der Gesetzlichen Krankenversicherung, Heidelberg.

Dienst für Gesellschaftspolitik (2016a): Landesaufsichten: Wenn die Lieblings-AOKen nicht wären, 13. Oktober, S. 6–9.

Dienst für Gesellschaftspolitik (2016b): Südwest-AOKen preschen erfolgreich vor – Landesaufsichten machen es möglich, 1. Dezember, S. 6–8.

Dienst für Gesellschaftspolitik (2017): Aufsichten-Debatte: DAK-Gesundheit und IKK Nord heizen sie wieder an, 6. April, S. 12–14.

Dreier, Horst: Grundgesetz, Kommentar, Band 2, 3. Auflage, Tübingen 2015.

Ebsen, Ingwer (2014): Staat und Selbstverwaltung als Regulierungsakteure, in: Cassel, Dieter, Jacobs, Klaus, Vauth Christoph und Zehrt, Jürgen (Hrsg.): Solidarische Wettbewerbsordnung, Heidelberg, S. 283–337.

Ebsen, Ingwer, Greß, Stefan, Jacobs, Klaus, Szecsenyi, Joachim und Wasem, Jürgen (2003): Vertragswettbewerb in der gesetzlichen Krankenversicherung zur Verbesserung von Qualität und Wirtschaftlichkeit der Gesundheitsversorgung. Gutachten im Auftrag des AOK-Bundesverband s. Endbericht – 06. März 2003.

Epping, Volker, Hillgruber, Christian: Beck'scher Online Kommentar Grundgesetz, 32. Edition, München Stand 1.3.2017.

FAZ (2016): AOKen wegen Manipulationen bestraft, 11. November, S. 15.

Fraktionen der CDU/CSU, SPD und FDP (1992): Entwurf eines Gesetzes zur Sicherung und Strukturverbesserung der gesetzlichen Krankenversicherung (Gesundheits-Strukturgesetz), BT-Drucksache 12/3608 vom 05.11.1992.

Fuchs, Maximilian, Preis, Ulrich: Sozialversicherungsrecht, Köln 2005.

Gesundheitspolitische Kommission der Heinrich Böll Stiftung e.V. (2013): „Wie geht es uns morgen?" Wege zu mehr Effizienz, Qualität und Humanität in einem solidarischen Gesundheitswesen, Berlin.

Hänlein, Andreas: Rechtsquellen im Sozialversicherungsrecht, Berlin 2001.

Hänlein, Andreas, Schuler, Rolf: Sozialgesetzbuch V: SGB V, Gesetzliche Krankenversicherung, Lehr- und Praxiskommentar, 5. Auflage, Baden-Baden 2014.

Hermann, Christopher (1995): Kassenwettbewerb und staatliche Aufsicht. Ein Meinungsartikel zu den gemeinsamen Wettbewerbsgrundsätzen der Aufsichtsbehörden, in: DOK, Politik-Praxis-Recht, Heft 13, S. 431–436.

IGES Institut (2017): Versorgungsverträge und die Vergütung von Diagnosen im ambulanten Sektor. Zusammenhänge mit dem Morbi-RSA, Berlin, April 2017.

Isensee, Josef: Der Föderalismus und der Verfassungsstaat der Gegenwart, AöR 1990, 248–278.

Jacobs, Klaus (1994): Krankenkassen unter Wettbewerbsdruck – Neugewichtung der Handlungsfelder und organisatorische Anpassungserfordernisse, in: Steger, Ulrich (Hrsg.): Lean Administration. Die Krise der öffentlichen Verwaltung als Chance, Frankfurt, New York 1994, S. 169–188.

Klein-Schmeink, Maria, Dr., Terpe, Harald, Scharfenberg, Elisabeth, weitere Abgeordnete und die Fraktion BÜNDNIS 90/DIE GRÜNEN (2016): Kleine Anfrage. Faire Wettbewerbsbedingungen in der gesetzlichen Krankenversicherung, BT-Drucksache 18/9859, vom 22.09.2016.

Krauskopf, Dieter: Soziale Krankenversicherung, Pflegeversicherung, Loseblatt-Kommentar, 94. Ergänzungslieferung, München Januar 2017.

Kreikebohm, Ralf: SGB IV, Sozialgesetzbuch, Gemeinsame Vorschriften für die Sozialversicherung, München, 2. Auflage 2014.

Küchenhoff, Benjamin: Die verfassungsrechtlichen Grenzen der Mischverwaltung, Baden-Baden 2010.

Maunz, Theodor, Dürig, Günter, Grundgesetz, Loseblatt-Kommentar, 78. Ergänzungslieferung, München Stand: 09 / 2016.

Monopolkommission (2017): Stand und Perspektiven des Wettbewerbs im deutschen Krankenversicherungssystem. Sondergutachten 75. Sondergutachten der Monopolkommission gemäß § 44 Abs. 1 Satz 4 GWB, Bonn, im März 2017.

von Mangoldt, Hermann, Klein, Friedrich, Starck, Christian: Kommentar zum Grundgesetz: GG, Band 2, 5. Auflage, München 2005.

von Mangoldt, Hermann, Klein, Friedrich, Starck, Christian: Kommentar zum Grundgesetz: GG, Band 3, 5. Auflage, München 2005.

Sachs, Michael: Grundgesetz: GG, Kommentar, 7. Auflage, München 2014.

Sichert, Markus, Fischer, Lisa: Alles Routine?! Kodieranreize und „strategischer" Umgang mit Leistungsdaten im Fokus der Rechtsaufsicht über Krankenkassen und der RSA-Durchführungsbehörde, NZS 2015, 694–702.

Schwarz, Maximilian (2017): Wettbewerb in der GKV: Gibt es ihn oder gibt es ihn nicht? Erkenntnisse aus den Rechnungsergebnissen nach § 305b SGB V, in: Beiträge zur Gesellschaftspolitik, 2–17, 23. Februar 2017.

Voß, K. Dieter (1996): Mögliche Wettbewerbsfelder der GKV, ihre Besetzung und Weiterentwicklung, in: Sozialer Fortschritt 5/96, S. 117–123.

Wille, Eberhard (1999): Auswirkungen des Wettbewerbs auf die Gesetzliche Krankenversicherung, in: Wille, Eberhard (Hrsg.): Zur Rolle des Wettbewerbs in der gesetzlichen Krankenversicherung. Gesundheitsversorgung zwischen staatlicher Administration, korporativer Koordination und marktwirtschaftlicher Steuerung, Baden-Baden, S. 95–156.

Wille, Eberhard, Ulrich, Volker und Schneider, Udo (2007): Die Weiterentwicklung des Krankenversicherungsmarktes: Wettbewerb und Risikostrukturausgleich, in: Wille, Eberhard, Ulrich, Volker und Schneider, Udo (Hrsg.): Risikostrukturausgleich im internationalen Vergleich. Erfahrungen aus den USA, der Schweiz, den Niederlanden und Deutschland, Baden-Baden, S. 15–67.

Wille, Eberhard, Hamilton Geert Jan, Graf von der Schulenburg, Johann-Matthias und Thüsing, Gregor (2012): Privatrechtliche Organisation der gesetzlichen Krankenkassen. Reformperspektiven für Deutschland, Erfahrungen aus dem Niederfeld, Baden-Baden.

Winkler, Jürgen: Sozialgesetzbuch IV, gemeinsame Vorschriften für die Sozialversicherung; Lehr- und Praxiskommentar, 2. Auflage, Baden-Baden 2016.

Michael Philippi
Die ewige Baustelle Krankenhaus – Erfahrungen aus über 20 Jahren

1. Zurück in die Zukunft

Das Krankenhauswesen in Deutschland ist dem Grunde nach seit den 70er Jahren des letzten Jahrhunderts eine „Baustelle". Der Spiegel titelte bereits 1970 „Ist das Krankenhaus pleite". Aktuelle Veröffentlichungen nutzen andere Begriffe, kommen aber zu ähnlichen Bewertungen, wie z.b. die Welt am Sonntag 2014 „Notfall Krankenhaus" oder der Stern 2014 „Hunderten Krankenhäuser droht wirtschaftliches Aus" (vgl. Der Spiegel 1970, Welt am Sonntag 2014, Stern 2014). Und es ist keineswegs nur eine ökonomische Debatte, welche die deutschen Krankenhäuser nun fast 50 Jahre begleitet, sondern andere Themen, wie Transparenz, Qualität, Personal, Investitionsfähigkeit und vieles andere mehr stehen dauerhaft auf der Agenda.

Bedeutet dies nun, dass dem Krankenhaussektor Veränderungsbereitschaft fehlt, zu sehr auf tradierten Verhaltensweisen beharrt wird, der Gestaltungsdruck und damit auch die Fähigkeit zur Entwicklung – im Vergleich zu anderen Branchen – fehlt? Ja, für alle diese Aspekte wird man Belege finden. Aber genauso lässt sich herausarbeiten, das sich in den vergangenen Jahrzehnten enorme Veränderungen sowohl in der Erwartungshaltung als auch in den realen Anforderungen vollzogen haben, aus der Perspektive der „Bauherren", der Krankenhausträger und Manager, wie auch der „Kunden": Patienten, Krankenkassen, Politik und Gesellschaft. Baustellen können aber nur fertig werden, wenn sich die Beteiligten, jedenfalls die überwiegende Mehrheit, einig sind über das Zielfoto. Eine permanent sich verändernde Planung oder Einschätzung von Chancen und Risiken führt hingegen zu einer ewigen Baustelle, zu einer unendlichen Geschichte. Und genau diese Situation kennzeichnet das Krankenhauswesen – hierzulande, aber auch in vielen anderen Ländern Europas und der Welt.

Der folgende Rückblick dient dazu, Erklärungsmuster für den Zustand einer kontinuierlichen Überarbeitung der Bauplanung zu finden, selbstverständlich aus der subjektiven Sicht des Autors und ohne Anspruch an Vollständigkeit oder Evidenz – ein Erfahrungsbericht eben.

1.1 Mehr und andere Leistungen in kürzerer Zeit?

Um den gesamten Umfang der Veränderungen von Angebot und Inanspruchnahme von Kliniken in den vergangenen zwei Dekaden zu beschreiben, würde es einer tiefen Analyse der verschiedenen medizinischen Disziplinen und des medizinischen Fortschritts bedürfen und der Entwicklung unserer Gesellschaft, weil diese für die Inanspruchnahme von Gesundheitsleistungen ebenfalls maßgeblich ist. Dafür reicht der Raum an dieser Stelle nicht aus.

Nur alleine anhand der Schlüsselfaktoren lässt sich aber darstellen, welchem Veränderungsdruck das Krankenhauswesen in Deutschland ausgesetzt war – und auch in Zukunft sein wird. Und es ist weniger die Zahl der behandelten Patienten, die zwischen 1995 und 2015 von 15,9 auf 19,2 Millionen gewachsen ist, es ist auch nicht so sehr die Reduzierung der Verweildauer von 11,5 Tagen im Durchschnitt 1995 auf 7,3 Tagen 2016 (vgl. Statistisches Bundesamt 2016). Die Entwicklung dieser beiden zentralen Kerndaten der Krankenhäuser ist zwar deutlich, vollzieht sich aber relativ kontinuierlich und ist im Vergleich mit 20 Jahren in anderen Branchen nicht sonderlich bemerkenswert.

Entscheidender sind andere Aspekte. Die nackten Zahlen von Patientenaufkommen und Verweildauer verbergen, dass sich die Inanspruchnahme inhaltlich, regional und in der Relation von elektiven Behandlungen und Notfallbehandlungen deutlich in den vergangenen Jahren verändert hat. Hingewiesen sei nur auf die enormen Zuwächse in der Behandlung von Herz-Kreislauferkrankungen, der Neurochirurgie und Neurologie oder der Pneumologie, der Onkologie, aber auch auf die altersmedizinischen Antworten, auf die medizintechnischen Updates und die informationstechnologische Flankierung.

Das Wachstum an Fähigkeiten und die damit einhergehende Veränderung des Leistungsgeschehens dürfte in keiner anderen Branche ähnlich massiv sein, wenn man sich die Komplexität der Dienstleistung und die vitale Bedeutung für den „Kunden" vor Augen führt. In dieser Einschätzung liegt ein erster Schlüssel für die vermeintliche Erfolglosigkeit der Krankenhäuser bei der Bewältigung ihrer Aufgaben und die nicht enden wollende kritische Auseinandersetzung mit der Branche.

Eine zweite Besonderheit kommt hinzu, vor allem im Vergleich mit anderen dynamischen Branchen, wie Telekommunikation oder Automotive: das Gut „Gesundheit" lässt sich nicht lagern und auch nur bedingt transportieren. Gesundheit wird auf einem regionalen Markt angeboten. Patientenmobilität wird zwar gerne propagiert, mag auch bei spezifischen Indikationen selbstverständlich sein oder werden und ist in anderen Ländern, wie etwa Skandinavien, auch weitaus typischer. Das Einzugsgebiet der überwiegenden Zahl der deutschen Krankenhäuser ist aber ein Spiegelbild der Bevölkerungszahl und -struktur im regionalen Umfeld. Und die deutsche Bevölkerung ist in den Erwartungen an „ihre" Krankenhausversorgung auch hinsichtlich einer sehr zeitnahen Erreichbarkeit sozialisiert.

In der Zukunft mag sich dies mit wachsenden telemedizinischen Möglichkeiten verändern, in einer stark alternden Bevölkerung dürfte der Bedarf an einem in Entfernungskilometern gemessen schnellen Zugang zu Krankenhausleistungen aber weiter hoch sein.

Krankenhäuser sind damit unmittelbar konfrontiert mit den strukturellen Veränderungen der Bevölkerung in ihrer Region. Schaut man sich die Bevölkerungsentwicklung der vergangenen 20 Jahre und auch die Perspektiven für die Zukunft an, kann vereinfacht festgestellt werden. Die Zahl der Menschen in Deutschland stagniert oder geht zurück, aber regional sehr unterschiedlich. Die Ballungsgebiete und Metropolregionen wachsen, die Fläche verliert Bevölkerung.

Was sind augenscheinliche Folgen dieser Entwicklungen: der Wegfall verschiedener öffentlicher Angebote in der Fläche, wie Bibliotheken, Schulen, Kindergärten, der Wegfall von Einkaufsmöglichkeiten, Restaurants und anderen privaten Dienstleistungen.

Abbildung 1: Bevölkerungswachstum nach Kreisen 2012–2035.

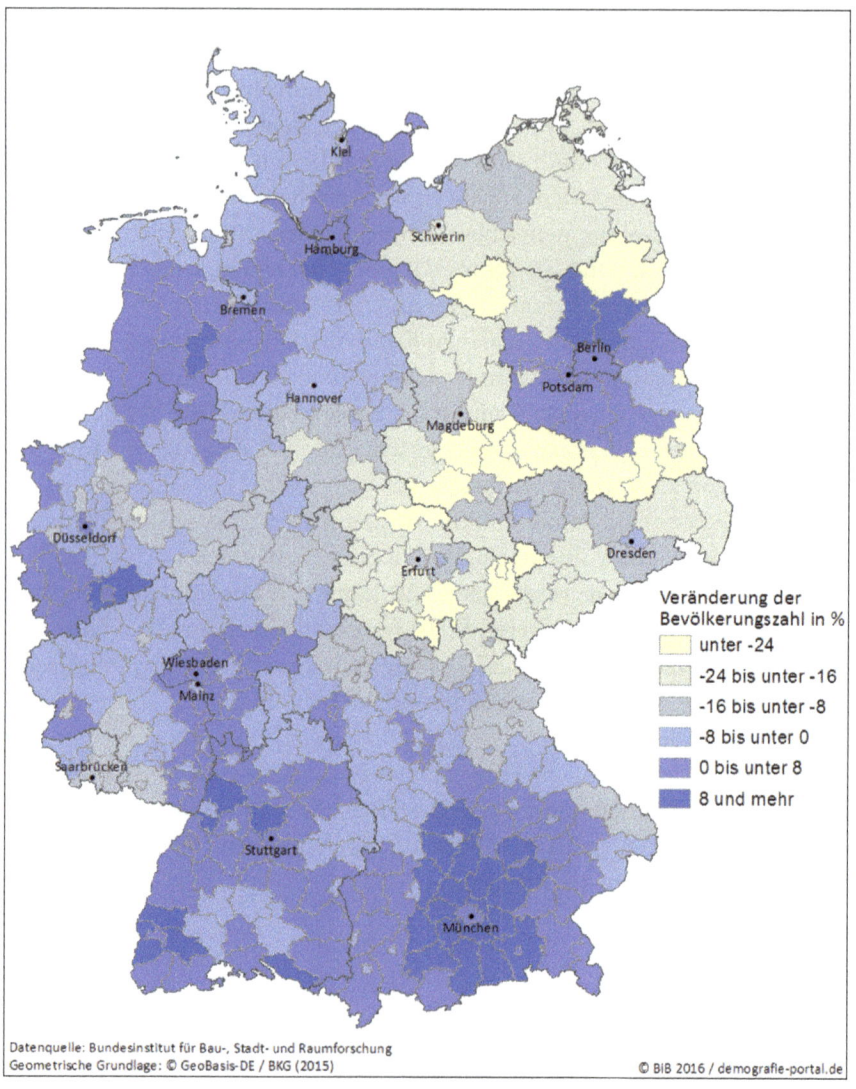

Quelle: Bundesinstitut für Bau-, Stadt- und Raumforschung 2016.

Es ist folgerichtig, dass auch die Konfiguration des Krankenhausangebots den veränderten Nachfrageperspektiven folgen muss: stagnierende oder rückläufige Patientenzahlen mit extremen Vorhalteproblemen in der Fläche, mehr Patienten und verschärfter kostenintensiver Wettbewerb in den Ballungsregionen. Die überwiegende Zahl der Krankenhäuser sieht sich dem einen oder anderem Nachfrageszenario gegenüber – und dies mit im Zeitablauf der uns interessierenden 20 Jahre immer größerer Intensität.

Ein dritter Aspekt als Folge des medizinischen Fortschritts: die Inanspruchnahme stationärer Leistungen ist längst nicht mehr ein elektives, geplantes Geschehen, sondern verlagert sich zunehmend in den „Notfallbereich" (vgl. Klauber et al 2015). Mit der zunehmenden Kompetenz in der Kardiologie, der Schlaganfallmedizin, der Alterung der Bevölkerung, den gesellschaftlichen Entwicklungen hin zu immer mehr alleine lebenden Menschen, den Engpässen im ambulanten Sektor, ist dies nicht überraschend, formuliert aber – um das Bild wieder einmal zu strapazieren –, dass sich die Anforderungen an die Baustelle verändern. Notfallambulanzen, die vor 5 Jahren gebaut wurden, sind heute zu klein. Fachgebiete, die vor 10 Jahren dominierende Beiträge zur Umsatzsituation eines Krankenhauses geleistet haben, wie z.B. die Chirurgie, verlieren an Bedeutung.

Mit dieser Entwicklung hat der Wettbewerb um das „richtige Angebot", die „richtigen" Patienten extrem zugenommen, logischerweise konzentriert auf die Zukunftsfelder der Medizin. Erwartungsgemäß „boomen" Kardiologie, Neurologie, Lungenheilkunde und Geriatrie und Geburtshilfe – und Felder mit Ambulantisierungspotential und rückläufigen operativen Verfahren verlieren. Dies trifft dem Grunde nach alle Krankenhäuser, weil Verdrängungs- und Konzentrationsprozesse, wie weiter unten noch beschrieben wird, sich allenfalls langsam vollziehen. Der Druck auf die Gesamtheit der Kliniken wächst exponentiell.

In jüngster Zeit wird dies noch ergänzt um eine breitflächige Qualitätsoffensive. Das zum 1.1.2016 in Kraft getretene Krankenhausstrukturgesetz hat ein breites Bündel von qualitätsfördernden Maßnahmen auf den Weg gebracht, ein Arbeitsprogramm für Selbstverwaltung und Betroffene von bemerkenswerter Intensität. Ungeachtet der Tatsache, ob dies richtig oder übertrieben ist, zu spät kommt oder in die falsche Richtung führt, auch die Qualitätsoffensive der aktuellen Bundesregierung verändert die Spielregeln für das Krankenhauswesen erheblich. Die Kliniken müssen sich bewegen und zwar als gesamtes Kollektiv. Ob dieser Prozess Strukturen verändert – also Leistungsangebote, Fachabteilungen oder ganze Krankenhäuser mit einer nicht zufriedenstellenden Qualität scheiden aus dem Markt aus –, darf bezweifelt werden. Die Baustelle wird aber komplexer.

Ein erstes Fazit: Es kann angesichts der Veränderungen bei der Dienstleistung „Krankenhaus", den veränderten Präferenzen der Patienten, den regionalen Nachfrageunterschieden, nicht verwundern, dass wir permanent eine Diskussion um die Gestaltung des Angebots führen. Aus den sich ändernden Anforderungen resultieren zwangsläufig Engpässe, zum Teil auch Überversorgung und Disparitäten, objektiv feststellbar oder subjektiv wahrgenommen – für die politisch Verantwortlichen und das Management aber in jedem Fall Anlass zum Handeln. Und Antworten auf diese Disparitäten fallen nicht eindimensional und konsensfähig aus, sondern lösen regelmäßig heftige Kontroversen aus, krankenhausintern, in der Bevölkerung im Einzugsgebiet, der Lokalpolitik und bei Trendähnlichen Entwicklungen in der Politik auf Landes- und Bundesebene. Dies gilt insbesondere dann, wenn Entscheidungen nicht zum Auf- oder Ausbau des Leistungsangebotes führen, also positiv besetzt sind. Und eine solche Situation ist seit den 70er Jahren des letzten Jahrhunderts nicht mehr dominierend.

1.2 Personalintensität des Krankenhauses

Wenn dies alles nicht schon ausreichend Anlass für eine Dauerbaustelle wäre, reden wir – trotz aller technischen Flankierung – bei der „Produktion" des Gutes „Gesundheit" über eine Personaldienstleistung mit einem begrenzten Rationalisierungs- und Substitutionspotential, vor allem bei immer älter werdenden Patienten.

War der Fachkräftemangel und die daraus resultierenden Anforderungen an Personalarbeit lange Zeit für Krankenhäuser kein reales Thema, wenn man von einzelnen Funktion in der Fachpflege (z.B. Intensivmedizin, OP etc.) absieht, hat sich über den Zeitraum der vergangenen 20 Jahre ein anderes Bild herauskristallisiert. Die Prognosen zum Fachkräftemangel scheinen einzutreten:

Abbildung 2: Personalangebot und -nachfrage im Gesundheitswesen.

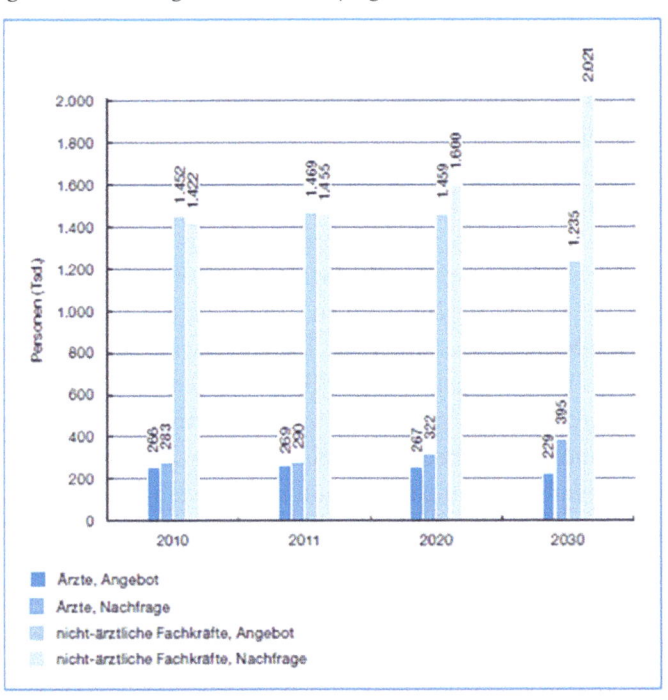

Quelle: Ostwald et al. (2010), S. 35.

Die in Deutschland nahezu flächendeckend spürbaren Phänomene einer sich vergrößernden Schere zwischen Angebot und Nachfrage nach Fachkräften, neuen Erwartungen der Generationen X, Y und Z, des allgemeinen demographischen Bildes, werden im Krankenhauswesen durch verschiedene Einflussfaktoren noch verschärft.

Zum einen gehören dazu die unterschiedlichen Verhaltensmuster der wichtigsten Personalgruppen: der ärztliche Nachwuchs orientiert sich in die Ballungsräume und ist nur schwer von der Attraktivität ländlicher Versorgungsstrukturen zu überzeugen, die Pflege ist immer noch wenig mobil bei der Wahl des Arbeitsortes und fehlt damit genau in diesen Ballungsräumen.

Zum zweiten hat sich in den vergangenen Jahren eine kräftige politische und institutionelle Bewegung herausgebildet, die eine Begrenzung der Gestaltungsfreiheiten des Krankenhausbetriebes in der Personalpolitik für notwendig hält. Wichtigstes Argument ist die Sorge um die Qualität insbesondere der pflegerischen Leistungen. Und dafür gibt es durchaus auch Indizien. Pauschal könnte man sagen, dass die gesamte Prozessreaktion in der Folge der DRG-Einführung auf dem Rücken des Pflegedienstes ausgetragen wurde, wie die Zahlen der Jahre 2000 bis 2015 deutlich zeigen. Der ärztliche Dienst ist auch durch die Arbeitszeitregelungen massiv ausgebaut worden, die Pflege ist durch ein Wellental gegangen und dürfte bei einer massiven Ausweitung der Patientenzahlen im Referenzzeitraum erst dieses oder nächstes Jahr wieder den Stand von 2000 erreicht haben. Dies sind Fakten, die selbst bei dem starken Rückgang der Verweildauer nicht folgenlos geblieben sind und auch von Patienten wahrgenommen werden.

In der Folge ist zunächst für die Pflege ein deutliches Ausweiten der Mindeststandards der Personalvorhaltung zu erwarten, weit hinausgehend über die bekannten Vorgaben für Spezialbereiche (z.B. die Neonatologie). Die aktuelle Debatte konzentriert sich auf Intensivstationen und den Nachtdienst. Aber ohne Zweifel wird es nicht lange dauern, bis auch der Tagdienst in den Fokus rückt, zumal andere Länder (z.B. England) Vorgaben dieser Art lange bereits praktizieren.

Fachkräftemangel auf der einen Seite, verschärfte Anforderungen auf der anderen Seite, kombiniert mit einem pauschalierten Vergütungssystem formuliert ein „Belastungsdreieck", für das es aus heutiger Sicht noch keine flächendeckenden Lösungen gibt. Versorgungsthemen verbunden mit Personalthemen stellen eine ausgesprochen explosive Mixtur dar, die aufgrund der starken Stellung der wichtigen Gewerkschaften Marburger Bund und Ver.di auch in aller (politischen) Öffentlichkeit diskutiert wird.

1.3 Wirtschaftlicher Druck

Es gäbe Autoren und Protagonisten, die als entscheidende Ursache für die zahlreichen Aktivitäten auf der Baustelle „Krankenhaus" das Fehlen ausreichender Finanzmittel mit erster Priorität genannt hätten. Das Geld reiche schlicht nicht aus oder in Lösungen gedacht, mit mehr Mitteln wären die Fragestellungen des Krankenhaus längst Historie. Abgesehen davon, dass die Frage nach der Herkunft der Mittel erlaubt sein muss, wird eine solche einfache Formel auch den realen Gegebenheiten nicht gerecht.

Die Finanzsituation der deutschen Krankenhäuser ist in absoluten Zahlen und in prozentualen Zuwächsen in den vergangenen Jahren von stabilen, kontinuierlichen Zuwachsraten geprägt. GKV- und PKV-Ausgaben für Krankenhausbehandlung lagen Ende 2014 mit insgesamt ca. 75 Mrd. Euro um mehr als 50 % über den Zahlen des Jahres 2000, also ein durchschnittlicher Anstieg über die gesamte Branche von mehr als 3% p.a.! Zurückgegangen sind hingegen die Ausgaben der Länder für die Förderung der Krankenhäuser, und zwar um fast 20 % auf knapp 2,8 Mrd. Euro(vgl. zu den Daten DKG 2016, S. 10–12). Wenn man die durch die dualistische Krankenhausfinanzierung geprägt Sichtweise ersetzt durch eine betriebswirtschaftliche, die operatives und investives Geschehen im Kontext sieht, bleibt ein immer noch beachtlicher Mittelzuwachs, zumal die Mittel aus Trägervermögen hier nicht mit bewertet sind.

Und dennoch reicht es nicht. Der Krankenhaus-Ratingreport 2016 kommt zu dem objektiven Ergebnis, dass jedem 9ten Krankenhaus die Pleite droht (vgl. Augurzky et al 2016). Beachtlicher ist, wie es die Führungskräfte sehen. Das Krankenhaus-Barometer des Deutschen Krankenhausinstituts (vgl. DKI 2016) hat in seiner jährlichen Befragung des Krankenhausmanagements 2016 ermittelt, dass 40 % der deutschen Krankenhäuser ihre wirtschaftliche Situation als unbefriedigend einstufen und die Erwartungen für 2017 nicht besser sind.

Woran liegt dies? Mit veränderten Nachfragepräferenzen kämpfen auch andere Branchen. Was ist dort die Folge: Neue Produkte, Wegfall nicht profitabler Angebote, andere Lieferformen (z.B. Versandhandel), oder mit öffentlichen Mitteln subventionierte Angebote. Im Krankenhauswesen, wenn auch nicht so offensichtlich, sind die Reaktionsmuster vergleichbar: eine Ausdünnung des Angebots, z.B. in der Geburtshilfe in ländlichen Regionen, die Überwindung von Räumen mit geringen Bevölkerungszahlen durch Telemedizin, andere Formen der stationären und ambulanten Arbeitsteilung; höhere Kosten für die Gesamtheit der Verbraucher in Form steigender Krankenkassen(zusatz)beiträge, oder die Subventionierung von Kliniken durch öffentliche Träger.

Was aber – von einer Ausnahme abgesehen – bislang fehlt, ist die flächendeckende strukturelle Konsequenz des wirtschaftlichen Druck, grundlegende Maßnahmenbündel jenseits von Leistungsausweitung und operativer Kostensenkung.

Der vorhandene wirtschaftliche Druck findet offensichtlich noch Kanäle der Kompensation. Was das Krankenhauswesen von anderen Branchen unterscheidet, ist der „Schutzschirm der Daseinsvorsorge". Ein Krankenhaus ist ein unverzichtbarer Teil der Daseinsvorsorge, der zwar wirtschaftlich zu betreiben ist, aber im Ernstfall wie kaum eine andere Einrichtung Sponsoren – finanziell, politisch und in der betroffenen Bevölkerung – findet, die das Damoklesschwert eines Marktaustritts verhindern, aber auch jede Form von Fusion oder Konzentration argwöhnisch betrachten. Insolvenz als Regelungsmechanismus der Wirtschaft fand in der Vergangenheit im Akutsektor z.B. nahezu nicht statt, „freiwillige" Marktaustritte nur sehr vereinzelt.

Ein weiterer Aspekt unterscheidet das Krankenhauswesen von anderen Branchen, die mangelnde Preisreagibilität nach oben und unten für den Verbraucher, sei es als Reaktion auf Kostenänderungen, sei es in der Folge von Nachfrageveränderungen. Man kann zwar auf eine lange Tradition unterschiedlicher Konstrukte der Minder- und Mehrleistungserlöse zurückblicken, weil auch Politik und Gesetzgeber die spezifische Besonderheit der Vorhaltung im Krankenhaus bei niedriger Auslastung und der Skaleneffekte bei höherer Auslastung immer bewusst war. Eine zeitnahe Preisreagibilität auf Nachfrageschwankungen und auslastungsbedingte Kosten der Leistungserstellung konnte jedoch nie erreicht werden.

Im Ergebnis steigt der wahrgenommene wirtschaftliche Druck permanent. Dies gilt für alle Krankenhäuser. Die oben adressierte Ausnahme bilden die privaten Krankenhauskonzerne, die auf die Situation mit Wachstum und gezielten Maßnahmen sehr erfolgreich reagiert haben.

1.4 Die Bauherrn haben sich verändert

Wenn man die letzten 20 Jahre Krankenhauswesen Revue passieren lässt, so drängt sich eine weitere grundlegende Veränderung als Motor permanenter Diskussionen auf, die Veränderungen in der Trägerschaft der Kliniken. Abb. 3 zeigt die bemerkenswerte Entwicklung der Krankenhäuser nach Trägerschaft. Während sich die Zahl der privaten Krankenhäuser nahezu verdoppelt hat, haben die öffentlichen Träger fast 50 % in Standorten gemessen verloren, die freigemeinnützigen Träger immerhin knapp 25 %. Natürlich ist darauf hinzuweisen, dass diese Entwicklung bei der Bettenzahl zwar in der Tendenz genauso aussieht, aber mit weit geringeren Dimensionen.

Abbildung 3: Trägerstrukturen deutscher Krankenhäuser.

Jahr	Blau (unten)	Rot (mitte)	Grün (oben)
1991	943	1.110	358
1992	950	1.062	369
1993	950	1.023	381
1994	949	987	401
1995	944	972	409
1996	929	933	407
1997	919	919	420
1998	920	890	453
1999	930	854	468
2000	912	844	486
2001	903	825	512
2002	877	817	527
2003	856	796	545
2004	831	780	555
2005	818	751	570
2006	803	717	584
2007	790	677	620
2008	781	665	637
2009	769	648	667
2010	755	630	679
2011	746	621	678
2012	719	601	697
2013	706	596	694
2014	696	589	695

Quelle: DKG 2016, S. 6.

Und dennoch handelt es sich um eine grundlegende Veränderung „der Bauherrenstruktur", weil sich hinter dem Ausbau der privaten Krankenhausträgerschaft der Aufbau schlagkräftiger Krankenhauskonzerne verbirgt. Die erkennbare Entwicklung ist untrennbar mit dem Aufschwung von Sana, Helios, Asklepios, Rhön, Schön oder Ameos verknüpft. Große Krankenhausanbieter, die keine oder nur vereinzelte Entsprechung im kommunalen oder freigemeinnützigen Sektor haben.

Es kann dahingestellt bleiben, wie diese beeindruckende Entwicklung begründet ist – der Fall der Mauer mit der Notwendigkeit in den neuen Bundesländern ein Krankenhauswesen aufzubauen, spielt sicher eine wesentliche Rolle –, im Ergebnis hat Deutschland einen privaten Krankenhaussektor wie kaum ein anderes Land auf der Welt. Der wirtschaftliche Erfolg der Konzerne, teilweise die fast logische Folge der realisierten Skaleneffekte, und die starke Investitionstätigkeit, lösen aber weniger Anerkennung für das Erreichte aus, sondern dauerhaft eine Grundsatzdebatte, ob in einem so bedeutsamen Feld der Daseinsvorsorge Renditen, wie sie die Konzerne dauerhaft zeigen, und die Bedienung von Gesellschaftern akzeptabel ist.

Dass dabei regelhaft verkannt wird, dass unser gesamtes Gesundheitswesen – anders als in vielen Nationen auf dieser Welt – auf privaten Engagement basiert (Niedergelassene Ärzte, Apotheker, Rehabilitationskliniken, Industrie usw.) und auch freigemeinnützige Träger jedenfalls kein Teil eines staatlichen Angebots sind, spielt für die Dogmatik und Härte der Auseinandersetzung keine Rolle. Die Tatsache, dass die dominierende Gewerkschaft originär dem öffentlichen Dienst sich verpflichtet fühlt, hält alleine das Diskussionsklima auf einem bestimmten Level.

Ferner hat diese Entwicklung aber auch den Druck auf die anderen Träger verschärft. Die Lernkurve ist unverkennbar und so verwundert es nicht, dass die Anzahl der konkret in ein Privatisierungsverfahren geführten Krankenhäuser aktuell wenig spektakulär ist. Aus heutiger Sicht dürfte die gezeigte Entwicklung der Trägerstrukturen zunächst jedenfalls auf dem erreichten Verhältnis bleiben.

Als Blaupause für notwendige strukturelle Anpassungen kann die Entwicklung im privaten Krankenhaussektor aber ohne Abstriche dienen. Größenvorteile nutzen, voneinander lernen, Spezialisten vorhalten, alles Aspekte, die in der Kleinteiligkeit des deutschen Krankenhauswesens schwer fallen. Große kommunale und große freigemeinnützige Träger messen sich daran, mit zum Teil bemerkenswertem Erfolg, aber das Gestaltungspotential der großen privaten Gruppen würde „Mega-Fusionen" im kommunalen oder konfessionellen Sektor erfordern. Beides ist schwierig.

1.5 Reaktionen von Politik und Gesetzgebung

Ein letzter Gedanke, der die „Unendlichkeit" der Baustelle rechtfertigt. Gesundheitswesen und damit auch Krankenhauswesen ist ein Politikum. Die Irrationalität jedes einzelnen Menschen im Umgang mit seiner Gesundheit eröffnet so enorm viel politische Brisanz, dass selbstverständlich ein permanentes Nachsteuern im politischen und damit gesetzgeberischen Raum unausweichlich ist – sei es, weil die Finanzen der GKV unter Druck geraten, sei es aufgrund von (vermeintlichen) Hygiene- und Qualitätsskandalen, sei es aufgrund der Personalthemen. Gesundheits- und Krankenhausthemen sind öffentliche Themen und damit Spielball der Politik.

Die ewige Baustelle Krankenhaus 103

Wenn man sich die Gesetzgebung der vergangenen Jahre anschaut, so erkennt man den permanenten Willen zur Veränderung, und auch die zunehmende Taktfrequenz grundlegender Gesetze.

Abbildung 4: *Krankenhausgesetze im Zeitablauf.*

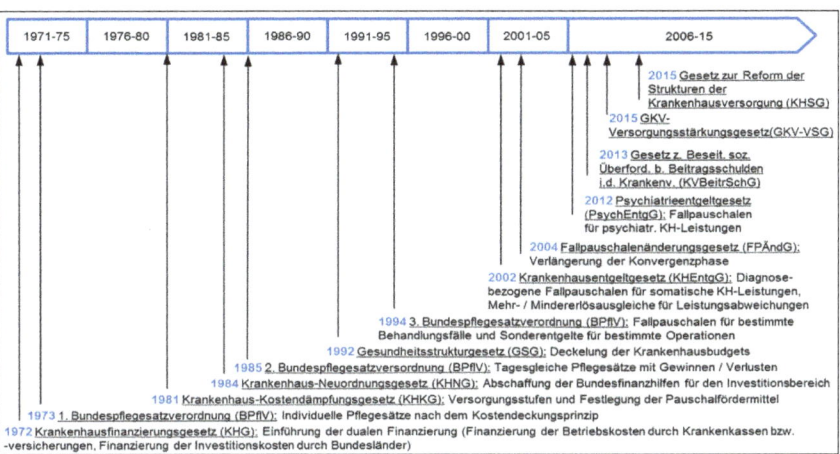

Quelle: eigene Darstellung.

Mit dieser Fülle von Maßnahmen, die ohne Bewertung im Einzelfall als Gesamtes nichts anderes sind als der Ausdruck des politischen Reagierens auf veränderte Anforderungen, auch selbst verschuldete „Baumängel", ist eine weitere Komponente eines dauerhaft sich verändernden Zielbildes auf der Baustelle beschrieben. Auch wenn zahlreiche der mit den Gesetzen verbundenen Detailregelungen wenig oder gar keine nennenswerten Konsequenzen ausgelöst haben, für die Betroffenen stellt die permanente Veränderung des rechtlichen Rahmens, teils aufgrund anderer Mehrheiten, teils aufgrund einer neuen Bewertung, eine Herausforderung dar, die im besonderen Maße dazu beiträgt, dass die Fertigstellung der Baustelle sich immer wieder verzögert. Dies Politik und Gesetzgeber aber vorzuwerfen, ist unpolitisch.

Kann unsere Baustelle also überhaupt fertig werden?

2. Warum wird die Baustelle nie fertig?

Die Antwort mag ernüchtern, aber die Baustelle kann nicht fertig werden. In dem Maße, wie unsere Fertigkeiten in der Medizin zunehmen, eine längere Lebenserwartung selbstverständlich wird, wird der Konflikt mit den inhaltlichen und ökonomischen Möglichkeiten des Krankenhauswesen immer latent vorhanden sein, wenn nicht zunehmen. Das Verschieben von Grenzen des medizinisch Machbaren verschiebt nicht automatisch die Grenzen des real Machbaren. Der medizinische Fortschritt der Vergangenheit hat nur in Ausnahmefällen signifikante Einsparungen mit sich gebracht. Neue zusätzliche zumeist kostenintensive Diagnose- und Therapieverfahren führen zu wachsendem Bedarf und damit steigenden Ausgaben. Und der Bedarf an neuen Methoden und Produkten steigt wegen des demographischen Wandels weiter.

Es verwundert daher nicht, dass sich die Mehrzahl aller industrialisierten Nationen mit ähnlichen Fragestellungen konfrontiert sehen. Wir haben es mit einem nationenübergreifenden Phänomen zu tun, was angesichts der Grundsätzlichkeit des Konflikts auch nicht verwunderlich ist. Der Blick auf Lösungen im Ausland ist dennoch hilfreich, um zu lernen. Nicht verkannt werden darf aber, dass der Sozialisation und Erwartungshaltung einer Bevölkerung hinsichtlich des Angebots und der Organisation von Gesundheitsleistungen ein langer Prozess vorangeht. Während eine werdende Mutter in Norwegen eine Zentralisierung der Geburtshilfe akzeptiert, löst die Schließung kleinster, qualitativ höchst kritischer Geburtshilfen auf Fehmarn oder Sylt in Deutschland ein mittleres politisches Beben aus. Wenn Dänemark in einem staatlichen Gesundheitssystem beschließt, in seinen fünf Bezirken ein Schwerpunktkrankenhaus zu entwickeln und die übrigen Kliniken des Bezirkes im Angebot zu reduzieren, könnte man sich ähnliches in vielen Landkreisen Deutschlands vorstellen, die politische Wirklichkeit ist aber eine andere.

Und dies nicht ohne Grund. Deutschland blickt auf einen nahezu barrierefreien Zugang zu Krankenhausleistungen, fast 100 % Versicherungsabdeckung, regionale Verfügbarkeit auch differenzierter Angebote, keine Wartezeiten und ein im internationalen Vergleich wettbewerbsfähiges Qualitätsniveau. Ob das deutsche System eines der besten Systeme der Welt ist, sei dahingestellt, aber in der Spitzengruppe liegt Deutschland in jedem Fall.

Und das honorieren auch die Patienten. Wenn selbst in Befragungen der Krankenkassen die durchschnittliche Weiterempfehlungsbereitschaft von Krankenhauspatienten bei über 80 % liegt, fehlt es natürlich an dem objektiven Leidensdruck. Und es gibt ausreichend Argumente, notwendige Maßnahmen auf der Baustelle nicht oder nur zögerlich einzuschlagen.

Ein letzter Aspekt: Die Komplexität der Rahmenbedingungen hat in den vergangenen Jahren enorm zugenommen. Dies betrifft die Zuständigkeit für die Krankenhausversorgung, die Finanzierung und Vergütung, die Regelungen an den Schnittstellen zu anderen Versorgungssektoren, die technologischen Grundlagen und vieles andere mehr. Rasche, kraftvolle Fortschritte sehen sich grundsätzlich einem ganzen Geflecht von Rahmenbedingungen gegenüber, die eher verzögern und Initiativen hemmen. Auch diese Situation ist der Situation auf unserer Baustelle nicht zuträglich, aber kaum änderbar.

3. Fazit und Ausblick

Auch im Jahre 2030 wird man in Deutschland von der „Baustelle Krankenhaus" reden. Die Nachfrageveränderungen beginnen erst Wirkung zu zeigen, dies wird sich weiter verstärken. Strukturentwicklung verursacht zunächst höhere Investitionskosten und damit wächst der Druck auf die Investitionsfähigkeit der Kliniken. Der Personalmarkt steht vor einer dramatischen Entwicklung. Qualitätsansprüche werden die Transparenz und die Prozessorientierung der Krankenhäuser weiter fordern und fördern. Es gibt keine Möglichkeit, dass in absehbarer Zeit der wirtschaftliche Druck nachlässt, wenn bereits in einer lang anhaltenden wirtschaftlichen Hochphase in Deutschland mit nahezu Vollbeschäftigung und enormen Steuereinnahmen die Finanzmittel für die Krankenhäuser in Frage gestellt werden. Wie mag dies aussehen, wenn der Arbeitsmarkt und die Lohnnebenkosten wieder unter Druck geraten.

Der Veränderungswille und die Fähigkeiten werden allerdings zunehmen, insbesondere aufgrund der Personalengpässe. Insofern dürfte die Struktur des deutschen Krankenhauswesens vor einer Periode der stärkeren Konzentration, mehr Fusionen im regionalen Umfeld und damit insgesamt einer Professionalisierung und eines Rückgang der Fragmentierung stehen, wahrscheinlich auch gekoppelt mit neuen sektorenübergreifenden Versorgungssituationen. Und deswegen geht es auf der Baustelle auch weiter – oder vorwärts.

Literaturverzeichnis

Augurzky et al.: Krankenhaus-Ratingreport, Heidelberg 2016

Bundesinstitut für Bau-, Stadt- und Raumforschung 2016, www.demografie-portal.de/SharedDocs/Informieren/DE/ZahlenFakten/Bevoelkerungswachstum_Kreise_Prognose.html

Der Spiegel, 34. Jahrgang, Heft 43 vom 7.12.1970

Der Stern (2014): www.stern.de/wirtschaft/news/geldnot-bei-kliniken-hunderten-krankenhaeusern-droht-wirtschaftliches-aus-3165398.html

DKG (2016): Deutsche Krankenhausgesellschaft, Foliensatz Krankenhausstatistik, Stand 2015–14–12, Düsseldorf 2016

DKI (2016): Deutsches Krankenhausinstitut e.V., Krankenhausbarometer, Düsseldorf 2016

Klauber, J./Geraedts, M./Friedrich, J./Wasem, J. (Hrsg.): Krankenhaus-Report 2015; Schwerpunkt Strukturanpassung, Stuttgart 2015

Ostwald, D./Ehrhard, T./Bruntsch, F./Schmidt, H./Friedl. C.: Fachkräftemangel, Stationärer und ambulanter Bereich bis zum Jahr 2030, hrsg. von PricewaterhouseCoopers AG, Berlin 2010

Statistisches Bundesamt (2016): Fachserie 12, Reihe 6.1., Grunddaten der Krankenhäuser, Wiesbaden 2016

Welt am Sonntag (2014): https://www.welt.de/print/wams/article124451573/Notfall-Krankenhaus.html

Wulf-Dietrich Leber

Qualitätsorientierung und Strukturbereinigung – Das KHSG in der Umsetzungsphase[1]

1. Das KHSG-Fristentableau

Das Krankenhausstrukturgesetz (KHSG) ist die wohl bedeutendste Reform im Krankenhaussektor seit Einführung der DRGs vor rund 15 Jahren. Der Gesetzgeber versucht, Fehlentwicklungen des DRG-Systems zu korrigieren, er startet eine Initiative, Qualität stärker zu berücksichtigen, und er macht erste Versuche, durch einen Strukturfonds sowie durch bundeseinheitliche Vorgaben zur Sicherstellung und Notfallversorgung die Krankenhauslandschaft neu zu strukturieren.

Man hätte erwarten können, dass die Bund-Länder-Arbeitsgruppe die zwei grundlegenden Probleme der deutschen Krankenhausversorgung angeht: die Überkapazitäten und die erodierende Investitionsfinanzierung der Länder. Beides ist nicht geschehen. Deutschland hat im internationalen Vergleich zu viele Betten und zu viele Klinikstandorte. Schon der Vergleich mit den Nachbarländern macht dies deutlich. Die Niederlande haben rund 130 Krankenhäuser, das Bundesland Nordrhein-Westfalen hat bei gleicher Fläche und Einwohnerzahl über 400 Klinikstandorte (siehe Abb. 1). Ein Vergleich von Niedersachsen und Dänemark zeigt eine ähnliche Diskrepanz. Einer Studie der Leopoldina zufolge (vgl. Busse, R. et al. 2016) bräuchte Deutschland lediglich 330 statt der rund 2.000 Krankenhäuser, wenn man die Maßstäbe der skandinavischen Länder anlegt.

---

1 Dieser Beitrag berücksichtigt die Entwicklung bis Ende Januar 2017.

Abbildung 1: Zahl der Krankenhäuser in den Niederlanden und NRW.

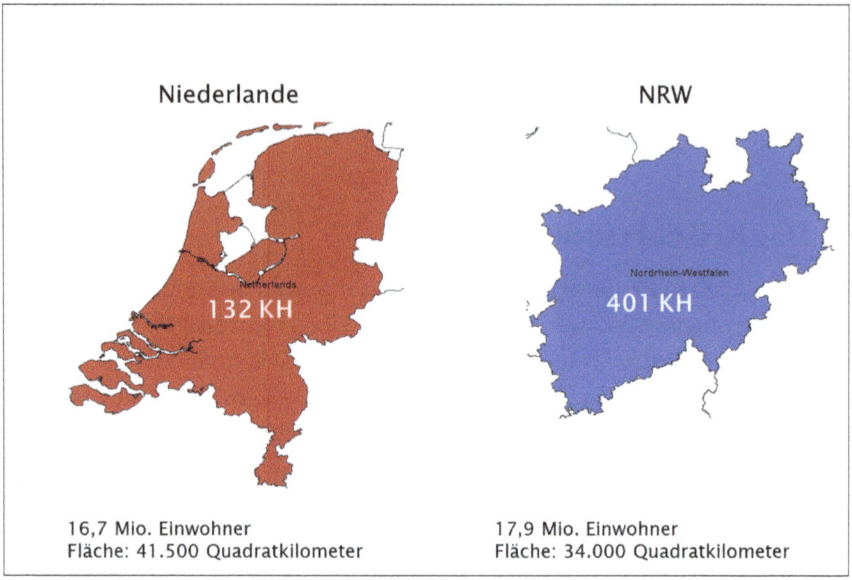

Niederlande	NRW
132 KH	401 KH
16,7 Mio. Einwohner Fläche: 41.500 Quadratkilometer	17,9 Mio. Einwohner Fläche: 34.000 Quadratkilometer

Quelle: GKV-Spitzenverband, eigene Darstellung.

Das zweite Problem, die erodierende Länderfinanzierung, wurde im KHSG überhaupt nicht angegangen. Bei Einführung der dualen Finanzierung im Krankenhausfinanzierungsgesetz von 1974 betrug der Finanzierungsanteil der Länder noch über 20 Prozent. Seit 1991 ist er von über neun Prozent auf unter vier Prozent gesunken. Allgemein wird eine Mindestinvestitionsquote von zehn Prozent als angemessen angesehen. Es ist absehbar, dass es am Ende der nächsten Legislaturperiode keine nennenswerte Investitionsfinanzierung der Länder mehr geben wird (siehe Abb. 2). Ganz ohne Gesetzesänderung geht die duale Finanzierung ihrem Ende entgegen.

Qualitätsorientierung und Strukturbereinigung   109

Abbildung 2: Rückläufige Investitionen der Bundesländer.

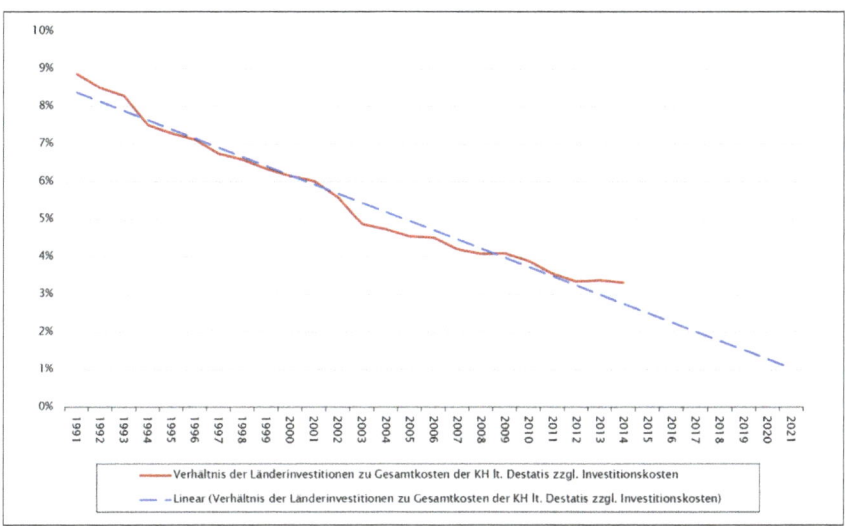

Quelle: GKV-Spitzenverband, eigene Darstellung.

Stattdessen enthält das KHSG umfangreiche Regelungen zur Adjustierung des DRG-Systems und zur Qualitätsorientierung. Dabei gibt es nur vereinzelt direkt wirkende Regelungen. Die Mehrheit der gesetzlichen Vorgaben wird erst durch die Konkretisierung der Selbstverwaltungspartner wirksam (siehe Tab. 1). Da viele der Neuregelungen im Widerspruch zu den Grundsatzpositionen von mindestens einem der beiden Vertragspartner (Deutsche Krankenhausgesellschaft (DKG) und GKV) stehen, sind die Verhandlungen hochgradig konfliktär.

Ein Großteil der Vereinbarungen ist bilateral zwischen DKG und GKV zu treffen, jeweils mit Schiedsstellenentscheidung als Konfliktlösung. Bei dem Themenkreis „Ambulante Krankenhausleistungen" tritt die Kassenärztliche Bundesvereinigung (KBV) als dritter Partner hinzu, was das Geschehen bunter, aber nicht einfacher macht. Schließlich sind wichtige Entscheidungen, insbesondere im Bereich der Qualitätssicherung, vom Gemeinsamen Bundesausschuss (G-BA) zu treffen. Insgesamt handelt es sich um eine Art Stresstest für die gemeinsame Selbstverwaltung.

Tabelle 1: KHSG-Umsetzung – Ausgewählte Themen und Fristen.

Nr.	Thema	§	2015 4.Quartal	2016 1.Quartal	2016 2.Quartal	2016 3.Quartal	2016 4.Quartal	2017	2018	erledigt
1	Repräsentative Kalkulationsstichprobe	§ 17b Abs. 3 S. 6 KHG						31. Dez		✓
2	Sachkostenvergütung	§ 17b Abs. 1 S. 6 KHG			30. Jun					✓
3	Fixkostendegressionsabschlag	§ 9 Abs. 1 Nr. 6 KHEntgG				31. Jul				✓
4	Absenkung von Bewertungsrelationen	§ 17b Abs. 1 S. 5 KHG i. V. m. § 9 Abs. 1 c KHEntgG			31. Mai					✓
5	Hochschulambulanzen (Patientenzugang)	§ 117 SGB V		23. Jan						✓
6	Hochschulambulanzen (Vergütungskonzept)	§ 120 SGB V		23. Jan						✓
7	Qualitätszu- und -abschläge (Leistungsbereiche)	§ 136b Abs. 1 und 9 SGB V						31. Dez		
8	Qualitätszu- und -abschläge (Vergütung)	§ 5 Abs. 3a und § 9 Abs. 1a KHEntgG § 17b Abs. 1a Nr. 3 KHG							30. Jun	
9	Qualitätsverträge (Leistungsbereiche)	§ 136b Abs. 1 und 8 SGB V						31. Dez		
10	Qualitätsverträge (Rahmenvertrag)	§ 110a SGB V							31. Jul	
11	Mindestmengen	§ 136b Abs. 1 S. 1 Nr. 2 und Abs. 2 bis 5 SGB V								
12	Planungsrelevante Qualitätsindikatoren	§ 136c Abs. 1 und 2 SGB V						31. Dez		
13	Zentrumsvereinbarung	§ 2 Abs. 2 S. 4 i. V. m. § 9 Abs. 1a Nr. 2 KHEntgG			31. Mrz					✓
14	Notfallstufenkonzept	§ 136c Abs. 4 SGB V						31. Dez		
15	Notfallstufenvergütung	§ 9 Abs. 1a Nr. 5 KHEntgG						30. Jun		
16	Sicherstellungszuschlag	§ 136c Abs. 3 SGB V						31. Dez		✓

Quelle: GKV-Spitzenverband, eigene Darstellung.

2. DRG-Adjustierung

2.1 Kalkulationsstichprobe

Die Kalkulationsstichprobe für das deutsche DRG-System kann sich international sehen lassen. Rund 250 Krankenhäuser nehmen jährlich freiwillig an der DRG-Kalkulation teil und ermöglichen dem Institut für das Entgeltsystem im Krankenhaus (InEK) eine hoch professionelle Weiterentwicklung der Relativgewichte im Vergütungssystem. Ärgerlich – und seit Jahren kritisiert – ist jedoch die Kalkulationsverweigerung der privaten Krankenhausträger und die Nichtteilnahme einiger Hauptleistungsträger (siehe Abb. 3). Die privaten Krankenhäuser erbringen 19 Prozent des Fallvolumens, stellen aber nur einen Anteil von 4,4 Prozent in der Kalkulation. In einigen Bereichen fehlen jene, die das größte Fallvolumen erbringen, so z.B. bei den Wirbelsäulenoperationen, wo bislang kein einziger der Top-Ten-Leistungserbringer an der Kalkulation teilnimmt. Das KHSG sieht nunmehr eine verpflichtende Teilnahme vor, um diese Verzerrungen zu eliminieren.

Qualitätsorientierung und Strukturbereinigung

Abbildung 3: Repräsentative Kalkulationsstichprobe (nach Trägerschaft).

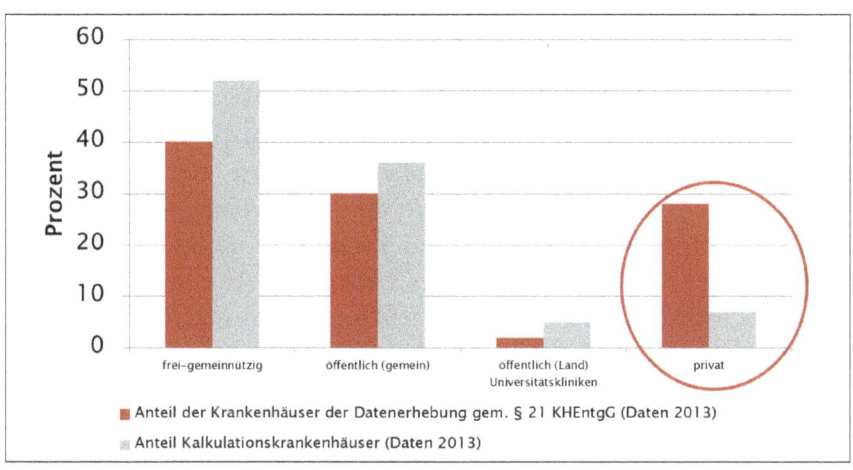

Quelle: GKV-Spitzenverband, eigene Darstellung.

Da die Verpflichtung von Kalkulationsverweigerern ein juristisch angreifbarer Vorgang wäre, hat das InEK ein Konzept erarbeitet, bei dem in einem Losverfahren jene Krankenhäuser gezogen werden, die am meisten zur Verbesserung der Repräsentativität beitragen würden. Dieses Konzept haben DKG und GKV zur Grundlage ihrer Vereinbarung gemacht. Die vorfristige Einigung (das KHSG sagt: 31.12.2016) kam zustande, um den Krankenhäusern einen adäquaten Vorlauf vor dem Jahreswechsel zu ermöglichen. Da valide Daten erst bei mehrjähriger Teilnahme an der Kalkulation zu erwarten sind, ist eine fünfjährige Teilnahme vorgesehen. Entsprechend gestuft sind die Anforderungen: Für das Kalkulationsjahr 2015 sind als Mindestvoraussetzung die sogenannten Strukturinformationen zu liefern (also Basisdaten der Buchhaltung, wie z.B. Summen- und Saldenlisten). Im zweiten Jahr muss ein ernstzunehmender Versuch zur Kalkulation vorliegen und im dritten Jahr gelten die strengen Anforderungen des InEK-Kalkulationsprozesses; nur die verwertbaren Daten zählen. Entsprechend sind die Sanktionen bei Nichtlieferung gestaffelt: Im ersten Jahr 14.000 Euro, im zweiten Jahr 15 Euro je Fall und danach 30, 60 und schließlich 90 Euro für alle nicht verwertbaren bzw. fehlenden Datensätze (Krankenhausfälle). Es bleibt zu hoffen, dass alle gezogenen Krankenhäuser zur Verbesserung der Kalkulation beitragen und nie eine dieser Sanktionen vollstreckt werden muss. Bei den privaten

Klinikketten ist davon auszugehen, dass sie technisch in der Lage sind, gemäß den Vorgaben des Kalkulationshandbuches zu liefern.

2.2 Sachkostenabsenkung

Der Sachkostenabsenkung liegt folgende Theorie zu Grunde: Die Preise für Sachkosten, insbesondere jene für Medizinprodukte (z.b. Herzklappen, Endoprothesen), sinken im Zeitablauf, die für Personalkosten hingegen steigen, so z.b. durch Tarifsteigerungen. Da die InEK-Kalkulation der Relativgewichte jeweils auf den Daten des Vorvorjahres basiert, kommt es zu einer systematischen Überbewertung sachkostenintensiver DRGs und einer Unterbewertung der personalkostenintensiven DRGs.

Hinzu kommt eine Unwucht im Zusammenhang mit Zusatzentgelten: Sachkostenintensive Leistungen werden bisher im DRG-System unterschiedlich vergütet. Wird eine Leistung über ein Zusatzentgelt finanziert, dann entsprechen die dem InEK im Rahmen der Kalkulation übermittelten Kostendaten der Höhe des Zusatzentgeltes in Euro. Wird die gleiche Leistung über DRG-Fallpauschalen finanziert, so werden die Sachkosten aufgrund der Multiplikation der in dem DRG-Katalog ausgewiesenen Bewertungsrelationen mit dem jeweiligen Landesbasisfallwert (LBFW) durchschnittlich 15 Prozent höher vergütet. Aufgrund dieser Hebelwirkung kommt es bei der Vergütung von DRGs zu einer systematischen Übervergütung der Sachkosten. Zur Korrektur hat das InEK ein Konzept entwickelt, das Mittel auf die Personalkostenanteile umschichtet. Den Krankenhäusern werden dadurch keine finanziellen Mittel entzogen.

Bei jeder Veränderung des DRG-Gefüges gibt es Gewinner und Verlierer. Entsprechend schwierig ist es, Mehrheitsbeschlüsse in den Gremien zu bekommen – bei den Kassen, aber vor allem bei den Krankenhäusern. Die Sachkostenabsenkung hatte auf Kassenseite keine klare Frontenbildung, weil die Gewinner-Verlierer-Konstellation aufgrund der in der Regel kompensatorischen Rückwirkungen im Risikostrukturausgleich kaum seriös berechnet werden kann. Bei den Krankenhäusern hingegen gab es heftigen Widerstand, weil bestimmte spezialisierte Kliniken und die Universitäten eher zu den Verlierern einer Sachkostenabsenkung gehören. Die DKG sperrte sich deshalb massiv gegen eine vollständige Umsetzung des InEK-Konzepts und im Ergebnis wurde vereinbart, das Konzept in 2017 zu 50 Prozent umzusetzen. Für das DRG-System 2018 wird das Konzept anteilig in Höhe von 60 Prozent umgesetzt. Ab dem DRG-System 2019 vereinbaren die Vertragspartner den Umfang der weiteren Umsetzung. Ohne Kündigung der Vereinbarung bleibt es bei 60 Prozent.

Der politische Kern der Sachkostenabsenkung ist die Personalkostenaufwertung. Insbesondere die Pflege soll stärker im Vergütungssystem gewichtet werden. Das Ergebnis ist diesbezüglich ernüchternd, weil im Rahmen des InEK-Konzepts der kleinere Sachkostenanteil (20 Prozent) den schwergewichtigen Personalkostenanteil (55 Prozent) nur anteilig anheben kann. Mit der hälftigen Umsetzung des InEK-Konzepts wird am Ende bei einer Sachkostenabsenkung von ca. sechs Prozent der Personalkostenblock um lediglich 1,5 Prozent angehoben (siehe Abb. 4) – nicht wirklich beeindruckend. Man sollte im Zusammenhang mit der Pflegedebatte jedoch ehrlicherweise darauf hinweisen, dass auch ein stärker dimensionierter Pflegekostenblock weder die Vergütung der Pflegenden noch das Ausmaß der Pflege beim Patienten verändert. Veränderte Relativgewichte ändern relativ wenig in puncto Pflegequalität. Der Schlüssel zur Lösung des Pflegeproblems liegt nicht im InEK, sondern im G-BA.

Abbildung 4: DRG-Adjustierung: Von Sach- zu Personalkosten.

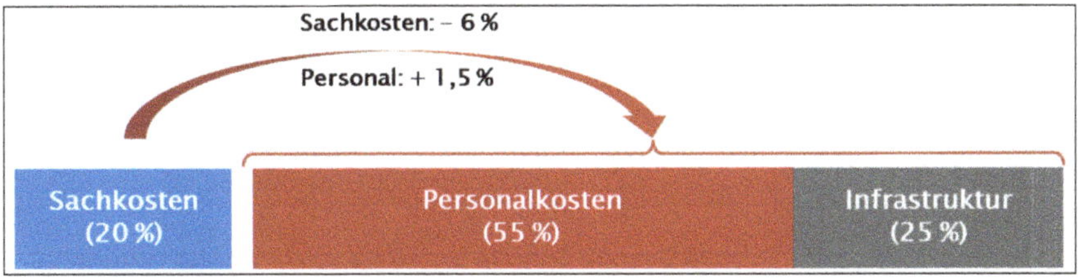

Sachkosten: – 6 %
Personal: + 1,5 %

| Sachkosten (20 %) | Personalkosten (55 %) | Infrastruktur (25 %) |

Quelle: GKV-Spitzenverband, eigene Darstellung.

2.3 Absenkung ausgewählter Bewertungsrelationen

Versucht man für die erstaunliche Vielfalt der KHSG-Maßnahmen ein einfaches Grundprinzip zu formulieren, dann ist es vielleicht dieses: Erwünschte Leistungen (gute Mengen) sollen gefördert werden, medizinisch zweifelhafte Leistungsausweitungen (böse Mengen) sollen durch Abwertung der Vergütung gedrosselt werden. Vorausgegangen war dem KHSG nämlich eine mehrjährige Debatte über die Sinnhaftigkeit der Mengenentwicklung im stationären Sektor. Ein gemeinsam von der Selbstverwaltung beauftragtes

Gutachten der Ökonomen und Sozialmediziner Schreyögg und Busse (vgl. Schreyögg, J., Busse, R. 2014) wurde von Krankenhaus- und Kassenseite zwar recht unterschiedlich interpretiert, im Kern aber überzeugte es den Gesetzgeber mit der These, dass ökonomische Anreize Mengenausweitungen induzieren können. Dem folgend enthält das KHSG eine Reihe von Maßnahmen, um auf der einen Seite wünschenswerte Entwicklungen, wie eine qualitativ hochwertige Leistungserbringung oder die Konzentration des Leistungsgeschehens, zu fördern, während auf der anderen Seite medizinisch zweifelhafte Mengenentwicklungen abgebremst werden sollten (siehe Abb. 5). Das Standardbeispiel für solche medizinisch zweifelhaften Entwicklungen war die Endoprothetik, die sich in über 1.000 Krankenhäusern zu einem allzu lukrativen Geschäftsfeld entwickelt und Deutschland einen versorgungspolitisch zweifelhaften „Weltmeistertitel" beschert hatte.

Abbildung 5: Gute Mengen, böse Mengen.

Maßnahmen zur Förderung von guten Mengen	Maßnahmen zur Reduzierung von bösen Mengen
Qualitätszuschläge	Qualitätsabschläge
Qualitätsverträge	Absenkung von Bewertungsrelationen
Zentrumszuschläge	Sachkostenabsenkung
Katalog nicht-mengenanfälliger Leistungen	Repräsentative Kalkulationsstichprobe
Notfallstufen	Fixkostendegressionsabschlag
Sicherstellungszuschläge	Konsequente Mindestmengen

Quelle: GKV-Spitzenverband, eigene Darstellung.

Zentral bei den diversen KHSG-Einzelmaßnahmen ist die Absenkung von Leistungen mit tatsächlich oder vermeintlich bedenklicher Mengenentwicklung. Man kann über die Sinnhaftigkeit „händischer" Eingriffe ins DRG-System streiten. Letztlich gibt es bei den Selbstverwaltungspartnern eine stabile Mehrheit für eine empirische Ermittlung der Relativgewichte. Die normative Nachjustierung birgt die Gefahr, dass die Entwicklung des DRG-Systems zum gesundheitspolitischen Basar wird. Die Möglichkeit, solche Eingriffe vorzunehmen, gibt es seit Einführung des DRG-Systems vor anderthalb Jahrzehnten. Aber die Selbstverwaltungspartner haben sie aus guten Gründen nicht genutzt. Neu im KHSG ist die zwingende Umsetzung, was dazu führte, dass DKG und GKV letztlich gegen ihre innere Überzeugung gezielte Absenkungen vorgenommen haben. Die Einigung kam unter der Moderation des Schiedsstellenvorsitzenden, Herr Prof. Ricken, zustande.

Als Verhandlungsergebnis wurden sowohl Absenkungen als auch Abstufungen vorgenommen. Die Grundidee bei der Auswahl der DRGs waren auffällige Mengenentwicklungen, bei denen die Vermutung besteht, dass diese Mengenausweitungen zu einem beträchtlichen Teil ökonomisch induziert sind. Da die Krankenhausseite – trotz der klaren Formulierung im Gesetz – ganz grundsätzlich bestreitet, dass es ökonomisch induzierte Leistungen gibt, wurde übrigens rücksichtsvollerweise in der ganzen Vereinbarung auf Formulierungen wie „wirtschaftlich begründete Fallzahlsteigerungen" verzichtet. Absenkungen wurden für DRGs im Bereich der Endoprothetik und der Wirbelsäule vorgenommen (siehe Abb. 6). Überraschend mag sein, dass für konservative(!) Wirbelsäulen-DRGs eine Abstufung vorgenommen wurde. Hintergrund war die völlig ausufernde Mengendynamik, die bereits im hche-Mengengutachten (vgl. Schreyögg, J., Busse, R. 2014) als stark auffällige Leistung mit hohen Steigerungsraten identifiziert wurde und welche sich auch beim besten Willen nicht mit „Deutschland hat Rücken" erklären lässt. Die Abstufungsregelung differenziert in Krankenhäuser ober- und unterhalb des Medians: Das abgesenkte Relativgewicht greift nur bei jener Hälfte von Krankenhäusern, die diesen Eingriff häufig vornehmen. De facto ist diese Abstufung, für die die DKG massiv gekämpft hat, eine Absenkung, die bei Gelegenheitsversorgern keine Anwendung findet, diese also besserstellt. Versorgungspolitisch ist das genau der Weg in die falsche Richtung.

Abbildung 6: Abgesenkte und abgestufte DRGs.

DRG-Fallpauschalen, die abgesenkt werden:

DRG	Bezeichnung (DRG-Katalog 2017)
I10D	Andere Eingriffe an der Wirbelsäule mit kompl. Eingriff an der Wirbelsäule oder best. Diszitis, ohne intervertebralen Cage 1 Segment, ohne best. Spinalkanalstenose, ohne best. Bandscheibenschäden, ohne Verschluss eines Bandscheibendefekts mit Implantat
I10E	Andere mäßig komplexe Eingriffe an der Wirbelsäule

DRG	Bezeichnung (DRG-Katalog 2017)
I10F	Andere mäßig komplexe Eingriffe an der Wirbelsäule, ohne bestimmte Eingriffe an der Wirbelsäule
I10G	Andere wenig komplexe Eingriffe an der Wirbelsäule, mehr als ein Belegungstag
I10H	Andere Eingriffe an der Wirbelsäule ohne wenig komplexe Eingriffe oder ein Belegungstag
I47C	Revision oder Ersatz des Hüftgelenkes ohne komplizierende Diagnose, ohne Arthrodese, ohne äußerst schwere CC, Alter > 15 Jahre, ohne komplizierenden Eingriff, ohne komplexe Diagnose an Becken/Oberschenkel oder ohne bestimmten endoprothetischen Eingriff

DRG-Fallpauschalen, die abgestuft werden:

DRG	Bezeichnung (DRG-Katalog 2017)
I68D	Nicht operativ behandelte Erkrankungen und Verletzungen im Wirbelsäulenbereich, mehr als ein Belegungstag, oder andere Femurfraktur, außer bei Diszitis oder infektiöser Spondylopathie, ohne Kreuzbeinfraktur
I68E	Nicht operativ behandelte Erkrankungen und Verletzungen im Wirbelsäulenbereich, ein Belegungstag

Quelle: GKV-Spitzenverband, eigene Darstellung.

2.4 Fixkostendegressionsabschlag

Apropos falsche Richtung: Die größte ordnungspolitische Verfehlung des KHSG ist die Verlagerung der Mengendegression von der Landes- auf die Hausebene. Die Berücksichtigung sinkender Fallkosten bei Mengenausweitung erfolgt nicht mehr als Mehrleistungsabschlag beim Landesbasisfallwert, sondern als Fixkostendegressionsabschlag. Dadurch wird das Grundprinzip einer leistungsorientierten Vergütung „Gleicher Preis für gleiche Leistung" über Bord geworfen. Es wird künftig hausspezifische Preise geben und jene, die Patientenzulauf aufgrund besserer Leistung haben, werden schlechtergestellt. Dies ist das Ergebnis der unsäglichen DKG-Kampagne gegen die „Kollektivhaftung", die offensichtlich in der naiven Erwartung geführt wurde, dass es künftig keine mengenbegrenzenden Regularien geben würde.

Nun also der Fixkostendegressionsabschlag (FDA) auf Hausebene. Der Kranz an klärungsbedürftigen Fragen ist groß, aber weder DKG noch GKV-Spitzenverband bekamen das Mandat, weitergehende bundeseinheitliche Regelungen zu vereinbaren. So blieben denn auf Bundesebene nur zwei Dinge zu regeln: Erstens die Definition eines Einzugsgebietes und zweitens eine Liste von DRGs mit hälftiger FDA-Anwendung. Das Einzugsgebiet ist für den „Verlagerungsfall" von Bedeutung, also für jene Mengenkonstellation, wo ein Krankenhaus beispielsweise eine Abteilung schließt und das Nachbarkrankenhaus die Fälle übernimmt. In diesem Fall ist die Mengenausweitung „gesundheitspolitisch akzeptabel", so dass nur der hälftige FDA-Satz zur Anwendung kommt. Im FDA-Vertrag auf Bundesebene ist nun festgelegt, dass das Einzugsgebiet eines Krankenhauses das Gebiet ist, aus dem über 70 Prozent der Patienten dieses Krankenhauses kommen.

Die Verhandlung eines Kataloges für nicht-mengenanfällige Leistungen, für die ebenfalls nur der hälftige FDA anzusetzen ist, war für die Selbstverwaltungspartner ein weiterer Stresstest, da die Krankenkassen eigentlich der Meinung sind, dass das komplette Leistungsgeschehen auch von ökonomischen Anreizen bestimmt ist (also keine Liste), während die Krankenhausseite die Ansicht vertritt, dass Krankenhäuser lediglich aus medizinischer Notwendigkeit heraus agieren, die Liste also 100 Prozent des DRG-Spektrums abdecken müsste. Erste Sondierungsgespräche ergaben, dass die Notfallkennzeichnung kein brauchbares Abgrenzungskriterium ist. Am Ende einigte man sich in einem komplizierten Prozess auf einen Katalog von 88 der insgesamt 1.255 Fallpauschalen des DRG-Systems 2017, der sich aus unterschiedlichen Leistungsbereichen zusammensetzt und insbesondere Leistungen mit starkem Notfallanteil (z.B. Schlaganfälle und Herzinfarkte) abdeckt. Damit ist es im Rahmen eines schwierigen Verhandlungsprozesses gelungen, sich auf einen begrenzten Katalog zu verständigen, der ca. zehn Prozent des DRG-Leistungsvolumens umfasst.

Betrachtet man den gesamten dargestellten DRG-Adjustierungsbereich, dann muss man durchaus von funktionierender Selbstverwaltung reden. Alle Vereinbarungen konnten nach einem kräftezehrenden Verhandlungsverlauf rechtzeitig abgeschlossen werden, so dass das DRG-System 2017 ohne jede Verzögerung in Kraft treten konnte.

3. Qualitätsorientierung

3.1 Qualitätsorientierte Zu- und Abschläge

Die Qualitätsorientierung ist ein Eckpfeiler des KHSG – hoch bedeutsam in der politischen Vermarktung und zugleich hoch umstritten. Qualitätsorientierte Zu- und Abschläge, Qualitätsverträge und die konsequente Umsetzung von Mindestmengenregelungen sind die wesentlichen Instrumente. Von der DKG sind sie erbittert bekämpft worden, weil qualitätsorientierte Vergütung das Image beschädigt, überall würde nur Gutes getan. Aber auch im Kassenlager gibt es kritische Stimmen, weil Kassenmanager ihren Versicherten ungern erklären, dass sich die Finanzlage durch Abschläge für schlechte Behandlung verbessert hat. Diskutiert werden deshalb Modelle, bei denen Abschläge auf der einen Seite als Zuschläge zur Förderung exzellenter Qualität auf der anderen Seite genutzt werden (siehe Abb. 7).

Abbildung 7: Qualitätsorientierte Zu- und Abschläge.

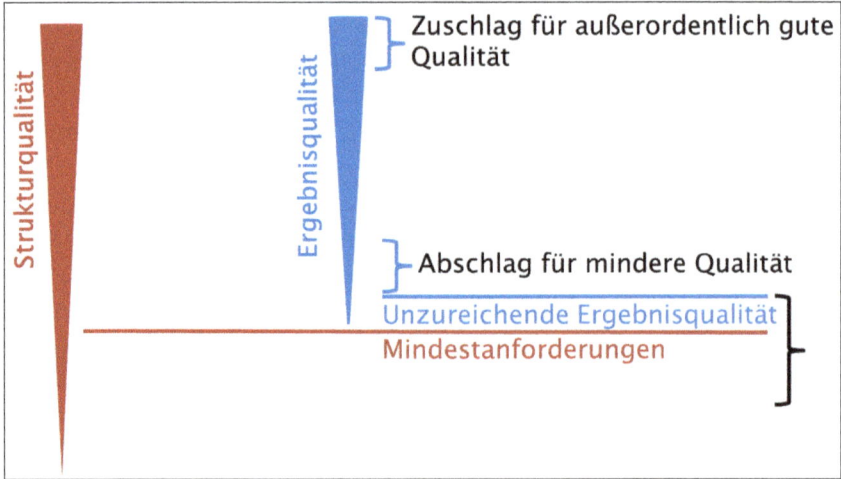

Quelle: GKV-Spitzenverband, eigene Darstellung.

In der praktischen Umsetzung ist Qualitätsorientierung eine Frage der Qualitätsindikatoren. Hier kommt dem neuen Qualitätsinstitut (IQTIG) eine zentrale Rolle zu. So untersucht das IQTIG derzeit im Auftrag des G-BA, ob sich die über 300 Indikatoren der externen stationären Qualitätssicherung

(ESQS) für Abschlags- und Zuschlagssysteme eignen. Tun sie es nicht, dann dürfte viel Zeit ins Land gehen, weil die Entwicklung und Implementierung neuer Indikatoren nicht unter fünf Jahren zu bewerkstelligen ist. Vorsichtshalber scheint der Gesetzgeber die Fristen für die Umsetzung im G-BA auf den 31.12.2017 gelegt zu haben – ein Datum, das wie zufällig nach der nächsten Bundestagswahl liegt. Für die Umsetzung in Vertragsform ist dann ein weiteres halbes Jahr für die Verhandlungen zwischen DKG und GKV vorgesehen.

Im G-BA ist für Zu- und Abschläge zwischenzeitlich ein Auftrag an das IQTIG erfolgt. Es zeichnet sich ab, dass die bestehenden Indikatoren erstens nur einen Teil des Leistungsspektrums abdecken und dass sie zweitens tendenziell besser für Abschläge als für Zuschläge geeignet sind. Die Indikatoren definieren oft eine Art Mindeststandard und sind oft nicht geeignet, um eine Exzellenz-Hitliste zu generieren. Hier wird noch einige konzeptionelle Arbeit zu leisten sein, bis ein schlüssiges Konzept die Indikatorenwelt mit der DRG-Welt verbindet (siehe Abb. 8).

Abbildung 8: DRG-QS-Kreuztabelle.

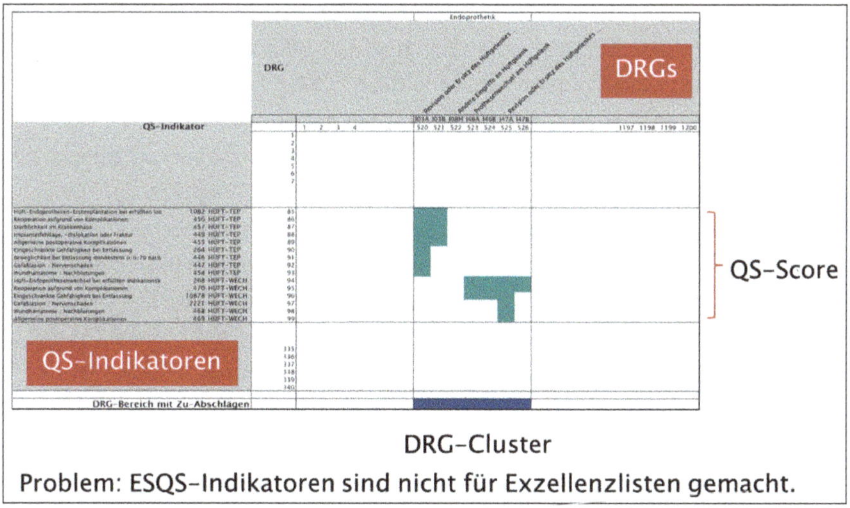

Problem: ESQS-Indikatoren sind nicht für Exzellenzlisten gemacht.

Quelle: GKV-Spitzenverband, eigene Darstellung.

3.2 Qualitätsverträge

Etwas einfacher gestaltet sich die Umsetzung bei den Qualitätsverträgen. Hier sind vom G-BA im Wesentlichen vier Leistungsbereiche zu definieren, in denen selektive Verträge über besonders gute Qualität künftig abgeschlossen werden können. Eine Grundsatzentscheidung könnte schon im Frühsommer 2017 fallen. Dem IQTIG kommt hier lediglich die Aufgabe zu, ein sauberes Evaluationskonzept zu entwerfen, was wiederum einfacher ist, wenn die Leistungsbereiche einmal festgelegt sind.

3.3 Mindestmengen

Mindestmengen sind bis dato ein Musterbeispiel für die weitgehend konsequenzenlose Qualitätssicherung in Deutschland: In Dutzenden Krankenhäusern wird die erforderliche Mindestmenge nicht erreicht (z.b. bei Knieendoprothesen) und trotzdem wird munter weiter operiert. Keine Landesaufsicht ist eingeschritten, den Kassen ist es nicht gelungen, die Zahlung für die eigentlich „gesetzeswidrigen" Leistungen zu verweigern. Das KHSG versucht nun, den Patientenschutz in den Mittelpunkt zu stellen, und verlangt, dass vorab geklärt wird, ob ein Krankenhaus Aussicht hat, die Mindestmenge im nächsten Jahr zu erreichen. Dies ist wahrscheinlich die einzige Qualitätssicherungsmaßnahme des KHSG, die kurzfristig Wirkung entfaltet.

Ein Argument, trotz Unterschreitung der Mindestmenge zu operieren, wäre eine ansonsten inakzeptable Erreichbarkeit. Ein Vergleich der Erreichbarkeiten für das Land Hessen zeigt jedoch, dass sich keinerlei veränderte Erreichbarkeit ergibt, wenn die 22 Krankenhäuser unterhalb der Mindestmenge ihre Operationstätigkeit einstellen würden (siehe Abb. 9: dunkelgrün zeigt Erreichbarkeiten unter 10 Minuten; nirgends steigt die Erreichbarkeit des nächsten Krankenhauses für eine Knie-TEP auf über eine halbe Stunde).

*Abbildung 9: Mindestmenge Knie-TEP in Hessen
22 von 92 Krankenhäuser unter Mindestmenge.*

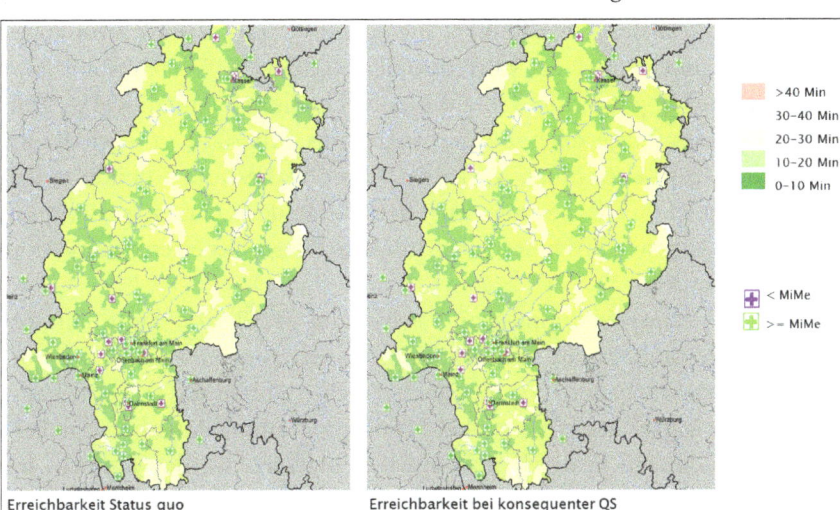

Quelle: GKV-Spitzenverband, eigene Darstellung.

Des Weiteren ist der G-BA aufgefordert, seine Verfahrensordnung zu überarbeiten, um friktionsloser weitere Mindestmengen implementieren zu können. Die hohe Hürde, dass für Mindestmengen ein „besonderer Volume-Outcome-Zusammenhang" nachzuweisen ist, besteht künftig nicht mehr – eine positive Nachricht für den Patientenschutz. Im Frühsommer 2017 dürfte nach der Überarbeitung der G-BA-Verfahrensordnung der Weg frei sein, um durch weitere Mindestmengenregelungen die Gefahr schwerer Komplikationen zu verringern. Das ist zugleich ein Versuch, die Krankenhauslandschaft zu konsolidieren.

3.4 Pflege-Expertenkommission

Die Pflegesituation in Deutschland wird inzwischen allseits als problematisch eingestuft. Die Bund-Länder-Arbeitsgruppe verständigte sich deshalb auf ein Maßnahmenpaket, das dem Vorgehen unter der Gesundheitsministerin Ulla Schmidt ähnelt: Zunächst wird durch ein Pflegestellen-Förderprogramm der Aufbau neuer Stellen subventioniert. Dann schließt sich eine zweite Phase an, bei der die Finanzmittel so verteilt werden sollen, dass Krankenhäuser mit pflegeintensiven Leistungen besser vergütet werden. Unter Ulla Schmidt geschah dies durch Einführung eines Pflegekomplexkodes (PKMS). Die Nachteile eines Pflegestellen-Förderprogramms wurden alsbald deutlich: Es profitierten diejenigen Kliniken, die zunächst stark Pflegekräfte abgebaut hatten und nun wieder subventioniert aufbauten. Wer konstant gute Pflege leistete, ging leer aus. Trotz dieser Nachteile erfolgte im KHSG eine Neuauflage des Pflegestellen-Förderprogramms. Ab 2019 ist – wiederum in Analogie zum eingeübten Vorgehen – eine verbesserte Abbildung der Pflegeleistungen im DRG-System bzw. in begleitenden Qualitätssicherungsrichtlinien vorgesehen. Diese sollen in einer Pflege-Expertenkommission erarbeitet werden.

Die Pflege-Expertenkommission hat bis zum 31.12.2017 zu prüfen, ob Pflegebedarfe sachgerecht im Vergütungssystem abgebildet sind. Es sind Vorschläge zu erarbeiten, wie eine sachgerechte Abbildung erfolgen kann und wie die Mittel des Pflegestellen-Förderprogramms dauerhaft für Personalaufwendungen in der Krankenpflege eingesetzt werden können. Im Rahmen der Kommissionsarbeit wurden Ergebnisse eines Gutachtens vorgestellt, in dem der fachabteilungsbezogene Zusammenhang zwischen Pflegepersonalausstattung und pflegesensitiven Parametern untersucht wurde. Es zeichnet sich ab, dass auch Personalanhaltszahlen für pflegesensitive Bereiche definiert werden sollen. Eine bessere Abbildung des Pflegebedarfs wird außerdem durch die Berücksichtigung der Pflegegrade der Pflegeversicherung im DRG-System erreicht.

Insbesondere die Vorgabe von Pflegeanhaltszahlen ist ordnungspolitisch höchst umstritten. Sie basiert auf der Wahrnehmung, dass die Zahl der Pflegekräfte in den Krankenhäusern trotz zunehmender Alterung der Bevölkerung zurückgegangen ist. De facto ist aber auch die Zahl der Belegungstage im Krankenhaus gesunken: Das Durchschnittsalter der Bevölkerung ist im Zeitraum von 1991 bis 2012 um über zehn Prozent gestiegen, die Zahl der belegten Krankenhausbetten jedoch um rund 30 Prozent gesunken! Man ist versucht, die These aufzustellen: Je älter die Bevölkerung wird, desto weniger liegt sie im Krankenhaus (siehe Abb. 10).

Qualitätsorientierung und Strukturbereinigung 123

Abbildung 10: Belegungstage und durchschnittliches Alter (1991 bis 2012).

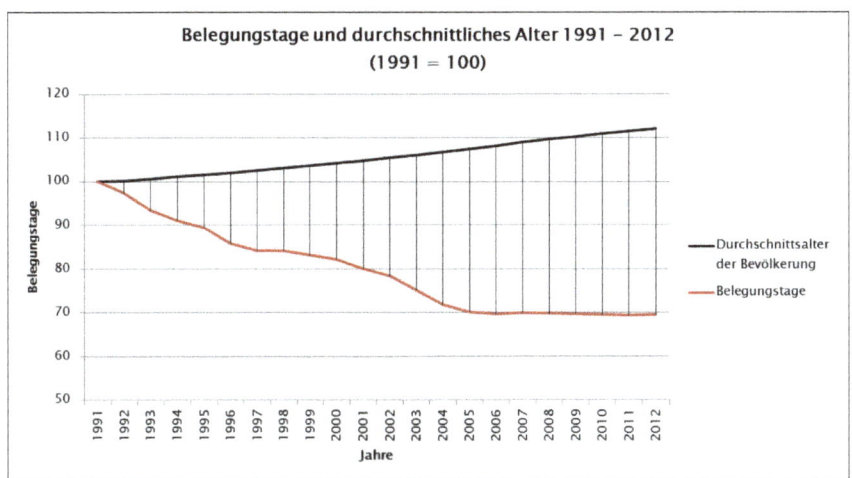

Quelle: GKV-Spitzenverband, eigene Darstellung.

Tatsächlich wird die alternde Bevölkerung an anderer Stelle gepflegt: in stationären Pflegeeinrichtungen. Während die Anzahl der belegten Krankenhausbetten sinkt, zeigt die Zahl der belegten Pflegeheimbetten einen kontinuierlichen Aufwärtstrend (siehe Abb. 11). Es stellt sich deshalb die Frage, ob die Förderung von Pflegekräften im Krankenhaus die gesundheitspolitische adäquate Antwort auf eine alternde Bevölkerung ist. Gleichwohl ist unbestreitbar, dass es pflegekritische Bereiche im Krankenhaus gibt. Hierfür sind qualitätssichernde Richtlinien sinnvoll.

Abbildung 11: Belegte Krankenhausbetten vs. belegte Pflegeheimplätze.

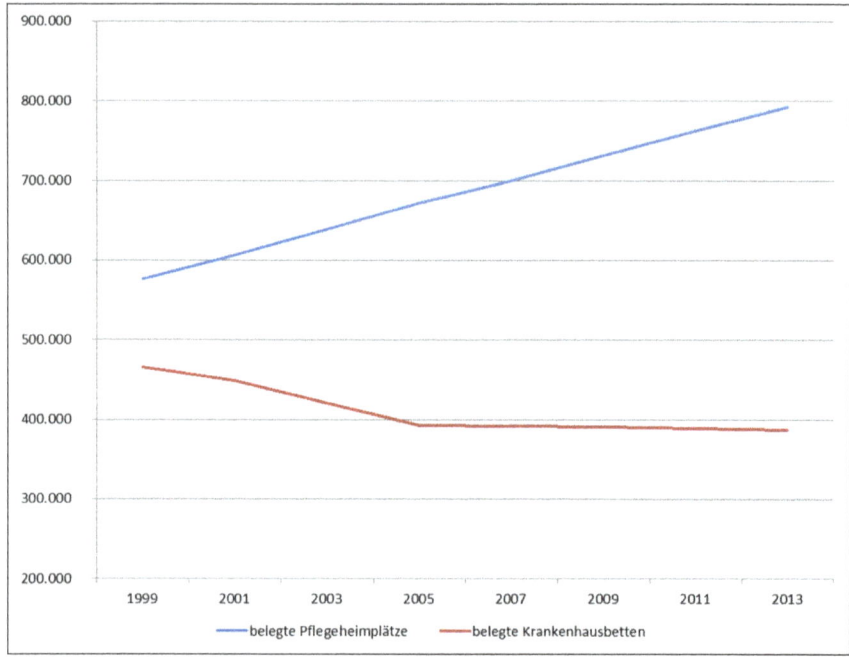

Quelle: Destatis, GKV-Spitzenverband, eigene Darstellung.

3.5 Mehrkosten aufgrund von G-BA-Richtlinien

Zu den qualitätssichernden Maßnahmen des KHSG gehört auch die Finanzierung von Mehrkosten, die durch Qualitätssicherungs-Richtlinien des G-BA entstehen. Die Spitzenverbandspartner sollen deshalb eine Vereinbarung zu den Mehrkosten von Richtlinien des G-BA beschließen. Im Rahmen der Vereinbarung soll es Vorgaben insbesondere zur Dauer der befristet auf Krankenhausebene zu vereinbarenden Zuschläge geben. Zudem sollen in der Vereinbarung weitere Konkretisierungen, z.B. Regelungen zur Ermittlung der Mehrkosten oder zum Nachweis der korrekten Mittelverwendung, erfolgen. Es gibt keine gesetzliche Frist für diese Vereinbarung. Kommt keine Vereinbarung zustande, entscheidet die Schiedsstelle auf Bundesebene.

Nach stark mäanderndem Verhandlungsverlauf zeichnen sich inzwischen Struktur und Inhalt der Vereinbarung ab. GKV und DKG haben sich für die aktuell relevante Richtlinie für Früh- und Neugeborene (QFR-RL) auf ein Mehrkostenvolumen bei vollständiger Umsetzung in Höhe der in der Gesetzesbegründung genannten 90 Mio. Euro verständigt. Die erzielte Einigung sieht darüber hinaus die folgenden Eckpunkte vor:

1. Ein Krankenhaus ist nur dann zuschlagsberechtigt, wenn der Anteil der richtlinienkonform besetzten Schichten über den bereits in den DRG finanzierten Anteil („DRG-Grenze") liegt. Die „DRG-Grenze" wird für die QFR-RL auf 60 Prozent festgesetzt.
2. Der Zuschlag zur Finanzierung der Mehrkosten der QFR-RL setzt sich zusammen aus einem variablen und einem fixen Anteil. Der variable Anteil dient der Finanzierung der richtlinienkonformen Betreuung der Frühgeborenen, der fixe Anteil („Grundpauschale") dient zur Finanzierung der übrigen Mehrkosten der Richtlinie.
3. Die Zuschläge für die Jahre 2015 und 2016 werden pauschaliert. Dieser Zeitraum wird durch einen Pauschalbetrag (40 Mio. Euro) abgegolten. Die Abrechnung erfolgt im Jahr 2017. Anspruchsberechtigt sind diejenigen Kliniken, die im Jahr 2017 die „DRG-Grenze" überschreiten.

Es ist absehbar, dass künftig für alle qualitätssichernden Vorgaben des G-BA eine Vereinbarung zu den zugehörigen Mehrkosten geeint werden muss.

4. Neustrukturierung der Krankenhauslandschaft

4.1 Strukturfonds

Neben DRG-Adjustierung und Qualitätsorientierung wird im KHSG erstmals (und zaghaft) das Problem von Überkapazitäten in der deutschen Krankenhauslandschaft angegangen. Drei KHSG-Maßnahmen adressieren dieses Problem:

1. Der Strukturfonds
2. Die Definition von Sicherstellungszuschlägen
3. Die Definition von Notfallstufen

Der Strukturfonds ist eine im Grundsatz sinnvolle Maßnahme, um Krankenhausträgern den Marktaustritt in Überversorgungssituationen zu erleichtern. Im Verhandlungsgeschehen der Bund-Länder-Arbeitsgruppe ist daraus ein zweifelhafter Griff der Länder in den Gesundheitsfonds geworden, der die Geschichte des erodierenden Länderengagements in

Sachen Investitionsfinanzierung um ein weiteres Kapitel ergänzt. Nicht die Krankenhausträger, sondern die Länder haben ein Antragsrecht und so ist zu befürchten, dass die 500 Mio. Euro aus der Reserve des Gesundheitsfonds vor allem zur Substitution unterlassener Investitionsfinanzierung dienen. Ob diese Befürchtung berechtigt ist, wird sich zeigen, wenn nach Abschluss der Antragsfrist Mitte 2017 eine erste Bilanz der bewilligten Anträge gezogen werden kann. Maßstab für die Beurteilung sollte sein, ob die erheblichen Finanzmittel aus Beitragsmitteln zur Konsolidierung von Krankenhausstandorten verwendet wurden. Zweifel sind mehr als angebracht.

4.2 Sicherstellungszuschläge

Die Festlegung von Kriterien für Sicherstellungszuschläge durch den G-BA ist eine kleine Revolution. War die Frage, ob ein Krankenhaus für die Versorgung völlig unabdingbar war, bislang eine Frage, die man eindeutig der Landesplanung zugeschrieben hat, so erfolgt jetzt eine Regulierung, die man unter die Formel fassen kann „Marktregulierung statt Landesplanung". Der G-BA bestimmt künftig als Regulierungsbehörde, ob ein Sicherstellungszuschlag gezahlt werden soll, ob sich also ein Krankenhaus in einer geografischen Lage befindet, in der wegen geringem Fallaufkommen zur Sicherstellung der Versorgung im Defizitfall zusätzliche Finanzmittel fließen sollten. Die diesbezüglichen Diskussionen im G-BA waren naturgemäß konfliktär (jedes Krankenhaus meint, ihm würde zur Sicherstellung ein Zuschlag zustehen), aber im G-BA ist es gelungen, eine klare Formel für Sicherstellungszuschläge zu vereinbaren: Wenn im Falle der Schließung eines Krankenhauses mehr als 5.000 Versicherte über eine halbe Stunde Pkw-Fahrzeit zum danach nächstliegenden Krankenhaus benötigen würden, dann ist in Regionen mit geringer Besiedlung ein Zuschlag im Defizitfall möglich. Diese Regelung wird ergänzt um Sonderregelungen für Inseln und extrem dünn besiedelte Regionen. Der jüngst ins Netz gestellte Simulator (gkv-kliniksimulator.de) erlaubt eine Einschätzung der Situation vor Ort (siehe Abb. 12).

Qualitätsorientierung und Strukturbereinigung   127

Abbildung 12: Der GKV-Kliniksimulator.

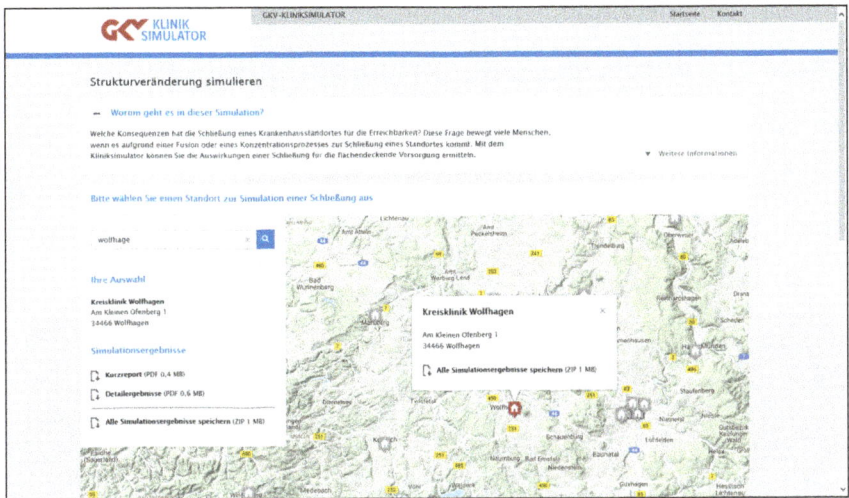

Quelle: GKV-Spitzenverband, eigene Darstellung.

4.3 Notfallstufen

Nicht minder konfliktbeladen ist die Definition von Notfallstufen. Die bisherige Regelung, der zufolge Krankenhäuser, die nicht an der Notfallversorgung teilnehmen, mit einem um 50 Euro abgesenkten Basisfallwert vergütet werden, soll durch eine differenziertere Regelung ersetzt werden, damit der höhere Vorhaltungsaufwand bei Kliniken mit umfassender Notfallbereitschaft adäquat berücksichtigt wird. Laut KHSG sollte der G-BA bis Jahresende 2016 eine entsprechende Richtlinie über ein gestuftes System von Notfallstrukturen verabschieden. Im Anschluss müssen die Vertragsparteien auf Bundesebene die Höhe und die nähere Ausgestaltung der Zu- und Abschläge vereinbaren.

Eine erste, vorläufige Folgeabschätzung einer solchen Neustrukturierung zeigte rund 77 Standorte mit umfassender und 219 mit erweiterter Notfallversorgung. 774 Standorte sind der Basisstufe zuzuordnen. Politisch brisant ist die Tatsache, dass nach den Maßgaben der Richtlinie 655 Standorte nicht an der Notfallversorgung teilnehmen (siehe Abb. 13). Dies sind Standorte die schon jetzt nicht an der Notfallversorgung teilnehmen (Stichwort: Venenklinik Dr. Müller) oder aber an der Notfallversorgung nicht teilnehmen sollten, weil entweder die chirurgische oder aber die internistische Kompetenz fehlt.

Abbildung 13: Folgeabschätzung des GKV-Modells – Besetzung der Notfallstufen.

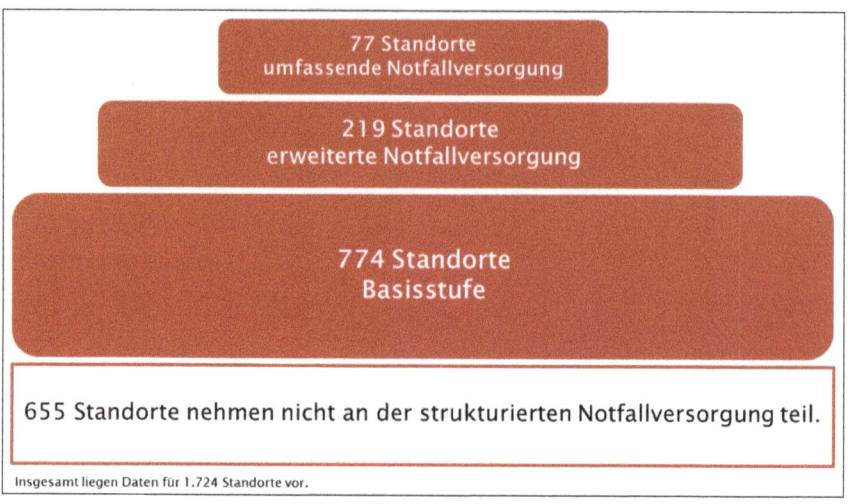

Quelle: GKV-Spitzenverband, eigene Darstellung.

Da die Politik vor den Wahlen offensichtlich einer Debatte über eine vermeintliche „Ausdünnung" der Notfallversorgung aus dem Wege gehen wollte, wurde kurz nach Bekanntwerden der Folgeabschätzung im Gesetz zur Weiterentwicklung der Versorgung und der Vergütung für psychiatrische und psychosomatische Leistungen (PsychVVG) die Frist für die Richtlinie um ein Jahr verschoben. Es zeichnet sich ab, dass in der nächsten Legislaturperiode eine umfassendere Neuordnung der Notfallversorgung angegangen wird.

4.4 Hochschulambulanzen

Die Bund-Länder-Arbeitsgruppe zur Krankenhausreform hatte sich früh mit diesem Thema beschäftigt und die entscheidenden Regelungen bereits im GKV-Versorgungsstärkungsgesetz (GKV-VSG) rund ein halbes Jahr vor der KHSG-Verabschiedung verankert. Das dürfte nicht zuletzt damit zusammenhängen, dass die Länder eine schnelle Finanzhilfe für „ihre"

Universitäten suchten. Schließlich läuft das Defizit einer Universität quasi direkt in den Landeshaushalt.

Mit der aktuellen Krankenhausreform endet die „Lebenslüge" der Hochschulambulanzen, die Behauptung nämlich, dass die Hochschulambulanzen ausschließlich der Forschung und Lehre dienen. Untersuchungen hatten gezeigt, dass in den Ambulanzen zu einem großen, wenn nicht sogar überwiegenden Teil Gesundheitsversorgung stattfindet. Die KHSG-Regelungen sehen vor, dass die Selbstverwaltungspartner auf Bundesebene (DKG, KBV und GKV) den Kreis von Patienten definieren, die wegen Art, Schwere oder Komplexität ihrer Erkrankung einer Versorgung durch eine Hochschulambulanz bedürfen. Ergänzend sollen zweiseitig zwischen DKG und GKV Grundsätze zur Vergütungsstruktur und zur Leistungsdokumentation vereinbart werden.

Nachdem der GKV-Spitzenverband im August 2016 das Scheitern der dreiseitigen Verhandlungen erklärt hatte, erfolgte im Schiedsamt die Festsetzung einer Evaluationsphase von drei Jahren, mit der ein empirisches Fundament für die künftige Festlegung der Patientengruppen geschaffen werden soll. Während dieser Phase wird zunächst eine abstrakte Beschreibung der Patientengruppen herangezogen und nach diesem Zeitraum erneut geprüft. Von der gesetzlich vorgesehenen Überweisungsverpflichtung gibt es bei Folgebehandlungen innerhalb der nächsten drei Folgequartale Ausnahmen. Diagnosestellung und leitende Therapieentscheidungen sind von einem Facharzt mit abgeschlossener Weiterbildung zu treffen (Facharztstatus).

Laut KHSG vereinbaren DKG und GKV zudem (zweiseitig) bundeseinheitliche Grundsätze zur Vergütungsstruktur und zur Leistungsdokumentation. Die Berücksichtigung des Strukturvertrages findet in den Verhandlungen vor Ort statt. Der Beschluss der Schiedsstelle vom 09.12.2016 sieht vor, dass Hochschulambulanzen künftig verstärkte Dokumentationspflichten haben. So werden Behandlungsfälle der Forschung und Lehre sowie den Patientengruppen nach Art, Schwere oder Komplexität zugeordnet. Darüber hinaus sind in Zukunft die Standorte der Hochschulambulanzen fachabteilungsbezogen zu identifizieren und es gibt erstmalig Vorgaben für die Kodierung einer sogenannten Ambulanzdiagnose und von mitbehandelten Diagnosen. Die Arztnummer des Hochschulambulanz-Arztes darf jedoch in der Abrechnung nicht verlangt werden.

Die Verwendung einer Arztnummer hat sich inzwischen zu einem Grundsatzproblem entwickelt. Durch die neuen Regelungen zum Entlassmanagement, die im Rahmen dieses Artikels nicht weiter ausgeführt werden, haben die Krankenhäuser in größerem Umfang die Möglichkeit zur Verordnung insbesondere von Arzneimitteln und Arbeitsunfähigkeit. Sie nehmen quasi an der vertragsärztlichen Versorgung teil. Anders als im vertragsärztlichen Bereich haben Krankenhausärzte bislang aber keine Arztnummer, so dass es zu anonymen Verschreibungen kommen würde. In einer Schiedsstellenentscheidung vom 12.10.2016 wurde deshalb – gegen die Stimmen der DKG – die Verwendung einer Arztnummer festgesetzt. Gegen diese Entscheidung hat die DKG geklagt, wobei derzeit unklar ist, ob diese Klage aufschiebende Wirkung hat. Nicht unwahrscheinlich ist eine gesetzliche Regelung, die mittelfristig die Verwendung einer von einer neutralen Institution vergebenen Nummer vorschreibt, also keine von den Kassenärztlichen Vereinigungen generierte Nummer.

4.5 Von der Landesplanung zur Marktregulierung

Die Adjustierung des DRG-Systems und die Berücksichtigung von Qualitätsaspekten können als eher konservative Weiterentwicklung der Krankenhausvergütung gelten. Fast revolutionär sind jedoch die Passagen im KHSG zur Regelungskompetenz des G-BA zum Sicherstellungszuschlag und zur Definition von Notfallstufen. Hier zeichnet sich ein Paradigmenwechsel ab, der auf die Formel verkürzt werden kann: Von der Landesplanung zur Marktregulierung. Die bislang landesplanerische Entscheidung über die Notwendigkeit eines Krankenhauses wird durch ein bundesweit gültiges Regelwerk ersetzt. Gemäß dem tradierten, weitestgehend paternalistisch konzipierten Krankenhausrecht baute ein weiser, gütiger Landesvater überall dort, wo er die Notwendigkeit sah, ein Krankenhaus. Er achtete auf Trägervielfalt und er achtete auf die Qualität. Inzwischen wandelt sich die Welt. Schon ein Blick auf die rückläufige Länderförderung zeigt, dass es mit der Güte der Landesväter nicht mehr allzu weit her ist. Die Trägervielfalt wird nicht mehr landesplanerisch garantiert, sondern vom Bundeskartellamt, und die Qualität schließlich wird durch G-BA-Verfahren gesichert. Dieser G-BA bekommt nun die Aufgabe, rationale Kriterien für die Sicherstellung der stationären Versorgung zu formulieren. Die eigentlichen Akteure sind die Krankenhausträger. Der G-BA formuliert die Rahmenbedingungen, innerhalb derer die Marktteilnehmer agieren können. Dem Einwand, es handele sich bei Krankenhausleistungen um Leistungen der Daseinsvorsorge, die man nicht dem Markt überlassen könne, sei mit einem Verweis auf andere Lebensbereiche begegnet: Das tägliche Brot gehört mindestens genauso wie die medizinischen Leistungen zur Daseinsvorsorge, gleichwohl gibt es keinen nationalen Bäckereiplan.

Auch in anderen Bereichen vollzog sich in den vergangenen Jahrzehnten ein Wandel weg von staatlicher Planung hin zu regulierten Märkten. Er firmierte unter dem irreführenden Begriff „Deregulierung". De facto handelte es sich um eine komplizierte Regulierung. Die zentrale Behörde hierfür ist die Bundesnetzagentur, die für Elektrizität und Gas, Telekommunikation, Post und Eisenbahn zuständig ist (www.bundesnetzagentur.de). In all diesen Bereichen sind Marktzugang und Marktaustritt geregelt. Zum Teil werden Preissetzungen überwacht. Die hoch komplexen Ausschreibungsvorgänge geben einen Eindruck vom Ausmaß der Regularien, die allesamt das Ziel haben, den Verbraucher vom Wettbewerb profitieren zu lassen.

Der G-BA ist eine Regulierungsbehörde in gemeinsamer Selbstverwaltung. Er regelt bereits jetzt via Bedarfsplanungs-Richtlinie die Zulassungsmöglichkeiten für niederlassungswillige Ärzte. Im Arzneimittelmarkt trifft er weitgehende Entscheidungen zum Zusatznutzen neuer Arzneimittel (die Details regelt das Arzneimittelmarkt-Neuordnungsgesetz, kurz AMNOG) sowie zur Preisbildung im Bestandsmarkt durch Bildung von Festbetragsgruppen.

Im stationären Bereich wird durch das KHSG letztlich nur nachvollzogen, was in anderen Bereichen längst gelebte Praxis ist. Damit dies nicht mit der Landeskompetenz in Konflikt gerät, wird den Ländern in allen diesbezüglichen Paragrafen eine Ausstiegsoption angeboten. Auf diese Weise war es rechtstechnisch möglich, das KHSG-Gesetzgebungsverfahren formal als zustimmungsfrei zu formulieren. Die Definition von Sicherstellungszuschlägen ist wahrscheinlich der Einstieg in eine umfassendere Marktregulierung in den nächsten Jahren. Es fehlen neben den Bestandschutzregeln (Sicherstellungszuschläge) und den Marktaustrittshilfen (Strukturfonds) vor allem Regeln zum Marktzugang und zur Kapazitätsbegrenzung. Wenn sich hierfür ein überzeugendes Regelungswerk herausgebildet hat, dann dürfte es auch keine Schwierigkeit sein, den Übergang landesplanerischer Kompetenz auf bundesweite Regulierungsbehörden verfassungsrechtlich nachzujustieren.

4.6 Zentrumszuschläge

Seit Einführung des DRG-Systems erfolgt die Finanzierung von besonderen Zentrumsleistungen durch Zuschläge, weil diese besonderen Aufgaben nicht in allen Krankenhäusern und ganz überwiegend „für andere" erbracht werden. Der Streit darüber, welche Leistungen das sind, hat zu zahlreichen Rechtsstreitigkeiten auf der Ortsebene geführt – mit sehr heterogenem Ergebnis. Brustzentren gibt es massenhaft in NRW, aber sonst nirgends. Geriatrische Zentren gibt es quasi nur in Baden-Württemberg, aber nirgends sonst in der Republik. Bayern wiederum hat Schlaganfallzentren. Im KHSG ist eine bundesweite Standardisierung vorgesehen. Die Vertragsparteien auf Bundesebene sind aufgefordert, bis zum 31.03.2016 das Nähere zu den Zuschlägen für besondere Aufgaben zu vereinbaren.

Nach mehr als sechsmonatiger Verhandlung bestanden weiterhin große inhaltliche Differenzen in der Ausgestaltung der Zentrumsvereinbarung, so dass der GKV-Spitzenverband schließlich die Bundesschiedsstelle angerufen hat. Am 08.12.2016 hat die Verhandlung über die Zentrumsvereinbarung vor der Bundesschiedsstelle stattgefunden. Die Vereinbarung wurde durch die Schiedsstelle gegen die Stimmen der GKV und der PKV festgesetzt. Der GKV-Spitzenverband hatte in seinem Antrag die Auffassung vertreten, dass in der Vereinbarung die unbestimmten Rechtsbegriffe des Gesetzgebers (z.B. „krankenhausübergreifend", „überörtlich") zu konkretisieren und folglich Kriterien als Voraussetzung für die Übernahme von besonderen Aufgaben zu definieren sind, um den Streit vor Ort zu reduzieren. Dies ist nicht geschehen. Die Konzentration von Zentrumsaufgaben in großen und geeigneten Krankenhäusern obliegt nun der Entscheidung der jeweiligen Länder, was eine Perpetuierung der Landesspezifika erwarten lässt. Da insbesondere die Doppelfinanzierung von Zentrumsleistungen durch die Schiedsstellenentscheidung nicht ausgeschlossen wird, hat der GKV-Spitzenverband inzwischen Klage gegen die Schiedsstellenfestsetzung eingereicht. Die Frage, wie eine gesundheitspolitisch sinnvolle Konzentration medizinischer Leistungen erreicht werden kann, bleibt daher bis auf Weiteres offen.

5. Fazit

Fazit? Für ein Fazit zur KHSG-Umsetzung ist es noch zu früh. Bis heute ist lediglich die Hälfte der Umsetzungsaktivitäten abgeschlossen. Manche der Entscheidungen (Entlassmanagement, Zentren) sind zudem beklagt worden.

Der Gesetzgeber hat insgesamt mehr als zwei Jahre für die KHSG-Umsetzung vorgesehen. Ein erster Rückblick zeigt, dass alle DRG-systemrelevanten Vereinbarungen fristgerecht und letztlich ohne strittige Schiedsstellenentscheidungen zwischen DKG und GKV geeint werden konnten:

- Repräsentative Kalkulationsstichprobe
- Sachkostenabsenkung
- Absenkung ausgewählter Bewertungsrelationen
- Fixkostendegressionsabschlag

Die ordnungspolitischen Regelungen im Grenzbereich von ambulanter und stationärer Versorgung hingegen (Hochschulambulanzen, Entlassmanagement) konnten nur mit Fristüberschreitung und strittigen Entscheidungen geregelt werden. Schwerpunkt des laufenden Jahres sind die Qualitätsthemen, die fast allesamt zunächst im G-BA zu entscheiden sind:

- Qualitätsorientierte Zu- und Abschläge
- Qualitätsverträge
- Mindestmengen

Ein erstes Urteil zum Strukturfonds wird möglich sein, wenn eine Bestandsaufnahme nach der Antragsfrist (31.07.2017) erfolgt ist. Es steht zu befürchten, dass vorrangig eine Substitution unterlassener Investitionen der Länder finanziert wird und nur wenige Maßnahmen zur Marktbereinigung unterstützt werden.

Man muss wesentliche Ansätze des KHSG, insbesondere die Qualitätsorientierung, als langfristigen Prozess sehen. Probleme, wie z.B. die erodierende Investitionsfinanzierung und die Neuordnung der Krankenhauslandschaft, werden zentrale Themen der nächsten Legislaturperioden bleiben.

Literatur

Busse, R., Ganten, D., Huster, S., Reinhardt, E. R., Suttorp, N., Wiesing, U. (2016): Zum Verhältnis von Medizin und Ökonomie im deutschen Gesundheitssystem – 8 Thesen zur Weiterentwicklung zum Wohle der Patienten und der Gesellschaft, Oktober 2016, Halle (Saale), http://www.leopoldina.org/uploads/tx_leopublication/Leo_Diskussion_Medizin_und_Oekonomie_2016.pdf, abgerufen am 01.03.2017.

Schreyögg, J., Busse, R. (2014): Forschungsauftrag zur Mengenentwicklung nach § 17b Abs. 9 KHG – Endbericht, Juli 2014, Hamburg/Berlin, https://www.gkv-spitzenverband.de/media/dokumente/krankenversicherung_1/krankenhaeuser/budgetverhandlungen/mengensteuerung/Gutachten_zur_Mengenentwicklung.pdf, abgerufen am 01.03.2017.

Michael Hennrich
AMVSG: Gesetzgebung auf der Zielgeraden

Im Jahr 2010 wurde mit dem Arzneimittelmarktneuordnungsgesetz (AMNOG) die Medikamentenversorgung und Erstattung neuer Wirkstoffe im Rahmen der GKV grundsätzlich neugeordnet. Ausgehend von der frühen Nutzenbewertung müssen sich pharmazeutische Unternehmer mit ihren Produkten einer neuen Form der Wirtschaftlichkeitsprüfung unterziehen. Resultierend aus dem Pharma-Dialog der Bundesregierung beschäftigen wir uns nun mit einer Novellierung des AMNOG und werden die Gesetzgebung dazu vermutlich noch im ersten Quartal 2017 abgeschlossen haben.

Mit dem Kabinettsentwurf des AMVSG wollen wir weiterhin einen verlässlichen Rahmen für die Industrie, bei dem wir aber weiterhin die Ausgabenentwicklung für neue Wirkstoffe im Blick haben. Nach dem Pharma-Dialog waren von allen Seiten die Erwartungen hoch. Klar ist aber, dass sich auch alle am Gesundheitssystem Beteiligten bewegen müssen – ein rein industrie- oder kassenfreundliches Gesetz wird es nicht geben. Wir wollen ausgleichend wirken.

Welche Punkte betreffen die Industrie besonders? Vorweggenommen sind das Preismoratorium sowie die Herstellerabschläge zu nennen. Es ist verständlich, dass sich die Industrie etwas anderes gewünscht hätte. Wir haben mit dem AMVSG aber einen Interessenausgleich gesucht, der das System der Erstattung insgesamt voranbringen soll. Grundlage dafür sind die bisherigen Erfahrungen mit dem AMNOG-Prozess. Kassen, Selbstverwaltung und selbstverständlich auch die Industrie sind hier wichtige Ansprechpartner. Inzwischen haben sich viele Prozesse gefunden und anfängliche Skepsis gegenüber dem AMNOG hat sich nicht bestätigt. Dennoch sind einige Weiterentwicklungen notwendig:

Fünf Felder sind dabei von besonderer Bedeutung:
1.) die Beratung, 2.) die Bewertung durch das Institut für Qualität und Wirtschaftlichkeit im Gesundheitswesen (IQWiG) sowie den Gemeinsamen Bundesausschuss (G-BA) 3.) die Preisbildung, 4.) der Umgang mit einem gefundenen Preis, insbesondere mit dem Blick auf die Themen Vertraulichkeit

und Umsatzschwellen und 5.) die Sicherstellung, dass Nutzen und Innovation tatsächlich auch in der Versorgung ankommen.

Nachdem lange unklar war, wie Beratungsgespräche zu laufen haben und vor allem die Industrie skeptisch war, habe ich den Eindruck, dass dies nun funktioniert. Eine ähnliche Diskussion erleben wir übrigens derzeit auch beim Arztinformationssystem (AIS) – auch hier bin ich mir sicher, dass die Bedenkenträger bald erkennen werden, dass dies ein sinnvolles Instrumentarium ist, um eine qualitativ hochwertige Versorgung mit Arzneimitteln zu gewährleisten. Grundlage für eine Optimierung der Beratungsgespräche war das gemeinsame Papier vom G-BA, dem Bundesinstitut für Arzneimittel und Medizinprodukte (BfArM) sowie dem Paul-Ehrlich-Institut (PEI). Weiteren politischen Regelungsbedarf sehe ich hier deshalb aktuell nicht. Offen ist noch die Beteiligung des IQWiG. Eine rechtsverbindliche Beteiligung ist hier aufgrund der bestehenden Regelungen sowie dem Verhältnis zwischen IQWiG und G-BA ausgeschlossen. Eine Regelung, wonach das IQWiG auf Antrag der pharmazeutischen Unternehmen zu den Beratungsgesprächen herangezogen werden kann, werden wir diskutieren, allerdings immer vor dem Hintergrund das Institutionengefüge zu erhalten.

Bei eigentlichen Bewertungsverfahren haben wir zu Recht erst einmal die tatsächlichen Entwicklungen in der Praxis abgewartet. Vor allem in den Bereichen der chronischen Erkrankungen, z.B. Diabetes, Epilepsie und Parkinson, haben wir hier teils heftige und kontroverse Diskussionen erlebt, die sogar zu Marktrücknahmen geführt haben nachdem einigen Medikamenten wegen fehelender Evidenz in der Studie zur frühen Nutzenbewertung kein Zusatznutzen bescheinigt werden konnte. Dagegen standen gute Erfahrungen im Versorgungsalltag, die aber keiner Evidenz zugänglich waren. Wir mussten uns fragen lassen, wie damit umzugehen ist und ob in irgendeiner Weise Evidenz aus der Versorgung gewonnen werden kann. Eine befriedigende Antwort gab es leider nicht. Letztlich werden wir die Problematik doch im AMVSG auf der Preisebene lösen müssen.

Wir werden uns aber künftig intensiv damit beschäftigen, wie wir mit Evidenz und neuen Erkenntnissen im ersten Jahr umgehen. Wird dann ein neues Bewertungsverfahren durchgeführt oder braucht es Veränderungen bzw. Öffnungsklauseln? So schlägt der G-BA-Vorsitzende Professor Hecken vor, dass man versucht, das Verfahren insgesamt zu straffen, hält jedoch an der Jahresfrist fest.

AMVSG: Gesetzgebung auf der Zielgeraden 137

Eine weitere im Gesetzgebungsverfahren zu klärende Frage ist, wie mit Wirkstoffen verfahren werden soll, für die es keine Dossiers gibt. Ich vertrete hier eine klare und einfache Lösung: Keine Dossiers bedeuten auch keine Erstattung.

Eines der am heftigsten diskutierten Themen, das den pharmazeutischen Unternehmen große Sorgen bereitet, ist der Bestandsmarktaufruf. Mir ist bewusst, dass ein Papier von Union und SPD hierzu im Vorfeld der Gesetzesentwürfe nicht unwesentlich dazu beigetragen hat, weil es hier Anzeichen für einen erweiterten Bestandsmarktaufruf gegeben hat. Im politischen Betrieb ist es aber doch regelmäßig so, dass die gemeinsamen Papiere von Koalitionspartnern, insbesondere in einer Großen Koalition, immer Kompromisse enthalten. Im AMVSG wird sich aber die Unionslinie durchsetzen, da bin ich mir sicher: Wir wollen keinen erweiterten Bestandsmarktaufruf. Worum es uns geht ist die Bewertung bekannter Wirkstoffe in neuen Anwendungsgebieten, wenn es dafür neuen Unterlagenschutz gibt.

Bei der Frage der Preise geht es zunehmend um das Verhältnis zentraler zu dezentraler Preisverhandlungen. Können vorgelagert Möglichkeiten eröffnet werden, Rabattverträge nach § 130a Abs. 8 SGB V abzuschließen? In welchem Verhältnis steht dies zu den sogenannten Mehrwertverträgen, die im AMNOG ausdrücklich geregelt werden? Meines Erachtens gibt es hier zwar die Möglichkeiten, größere Flexibilität im System schaffen. Die relevante Größe wird dabei aber immer die zentrale Preisverhandlung bleiben.

Schwerpunkte im AMVSG werden vor allem folgende sein:

a.) Verordnungsausschluss: Bei den PCSK9-Hemmern wird bereits praktiziert, dass der Wirkstoff nur noch für solche, extrem kleine Populationen in der Verordnung gelassen wird, für welche dieser einen Nutzen besitzt, der jedoch nicht dazu geführt hat, dass der Wirkstoff insgesamt einen Zusatznutzen attestiert bekommt. Maßgeblich wäre somit die günstigste Vergleichstherapie. Mit dem Verordnungsausschluss erreichen wir aber, dass das pharmazeutische Unternehmen für die kleine Gruppe mit Zusatznutzen einen höheren Preis erzielen kann. Die Frage ist auch hier, wie das Verfahren geregelt werden soll. Ist ein alleiniges Antragsrecht des Herstellers sinnvoll? Oder muss es im Einvernehmen zwischen den Beteiligten stattfinden? Für mich ist zwingend, dass diese Form des Verordnungsausschlusses nicht gegen den Willen des pharmazeutischen Herstellers erfolgen darf.

b.) Preismengenvereinbarung: Hier erfolgt nun eine Klarstellung im Gesetzestext. Darüber hinaus schlägt die Ärzteschaft vor, die bisherige „Kann"-Formulierung zu einer verbindlichen Regel zu verschärfen. Die Begeisterung für diesen Vorschlag ist unsererseits jedoch sehr schwach ausgeprägt.

c.) Reaktion auf chronische Erkrankungen: Bisher darf der Erstattungsbetrag nicht zu höheren Jahrestherapiekosten führen als die wirtschaftlichste Lösung. Auf Grund der Schwierigkeit, bei chronischen Erkrankungen einen Zusatznutzen in einem frühen Verfahrensstadium zu beweisen, bekommen auch forschungsintensive und damit an sich teurere Medikamente selten einen Zusatznutzen bescheinigt. Abhilfe könnte hier schon geschaffen werden, wenn wir die gesetzliche strikte Regelung beim Preis etwas aufweichen.

d.) Beim europäischen Referenzpreis waren wir überrascht, dass plötzlich die Bezugnahme zu den europäischen Preisen gestrichen wurde. Die Unsicherheit im Umgang mit dieser Regel war unter allen Beteiligten relativ groß. Wichtig ist in diesem Thema festzustellen, dass auch die Schiedsstelle diesen Anker für die Preisfindung benötigt. Insofern denke ich, dass sich diese Bezugnahme auch im Gesetz wiederfinden wird.

Neben dem AIS wurden die Vertraulichkeit des Erstattungsbetrages und die Umsatzschwelle am heftigsten diskutiert. Die Vertraulichkeit in einer Verordnung zu regeln, fand ich einen guten Kompromissvorschlag. Offen gesagt glaube ich nicht, dass eine harte Regelung, die vollständig in einem Parlamentsgesetz umgesetzt wird, eine Debatte im Bundestag „überleben" würde. Auch wenn es zu dieser Lösung noch offene Fragen gibt, bildet die Rechtsverordnung, sofern diese noch weiter präzisiert werden kann, vielleicht eine Kompromissgrundlage für die Vertraulichkeit bzw. nicht-öffentliche Listung. Ich sage hier ganz bewusst „vielleicht", da ich mir nicht sicher bin, ob wir gemeinsam mit unserem Koalitionspartner noch in dieser Legislaturperiode zu einer Lösung kommen oder ob es verschoben werden muss.

Einen rückwirkenden Erstattungsbetrag zum Zeitpunkt des GBA-Beschlusses, vor allem bei Produkten ohne Zusatznutzen, wäre meines Erachtens eine sinnvolle Lösung im Sinne der Innovationsförderung, die wir durch das AMNOG anstreben. Warum sollte für Produkte ohne Zusatznutzen noch länger die freie Preisbildung gelten? Wenn sogar bei Produkten

AMVSG: Gesetzgebung auf der Zielgeraden

mit Zusatznutzen teilweise Rückwirkung vereinbart wird, haben wir das Ergebnis, dass Produkte mit Zusatznutzen potenziell schlechter gestellt werden, als Produkte ohne Zusatznutzen. Bisher ist im Gesetz die Umsatzschwelle, ab welcher der Erstattungsbetrag gelten soll, von 250 Mio. EUR festgehalten. Ich kann mir nicht vorstellen, dass dies von allen Beteiligten so akzeptiert wird.

Zentrale Frage und Herausforderung ist aber, wie sichergestellt werden kann, dass innovative Produkte tatsächlich in der Breite des Versorgungsalltags ankommen. Dabei sollten wir nicht nur über Wirtschaftlichkeit und Kosten sprechen. Der individuelle Nutzen – das heißt die individuelle Qualität beim Patienten – steht für mich an oberster Stelle. Das kann nicht in einer Ampel „Rot / Gelb / Grün" abgebildet werden. Zwar haben wir als Gesetzgeber einen Teil dazu beigetragen als wir im GKV-VSG die Verantwortlichkeit der Wirtschaftlichkeitsprüfung an die regionalen Vertragspartner übertragen haben. Sinn und Zweck dieser Regelung erschließen sich mir immer noch nicht vollständig. Mit dem AMNOG haben durch die Regelung Beratung vor Regress einen wichtigen Beitrag gegen die Regressangst der Ärzte gesetzt und ich gehe nach wir vor davon aus, dass wir das entsprechend weiterentwickeln. Wichtig ist meines Erachtens, dass wir nicht nur über Wirtschaftlichkeit bei der Arzneimittelversorgung sprechen, sondern auch über Qualität.

Aus Sicht der Patienten sehe ich in einer regionalen Lösung für die Versorgungsfrage keine sinnvolle Lösung, insbesondere wenn diese dann noch mit Quoten unterlegt werden. Wie hier sichergestellt werden soll, wie das Produkt mit Zusatznutzen bei denen ankommt die es brauchen, ist nicht klar. Die Fokussierung bei der Versorgungsfrage auf die Wirtschaftlichkeit führt zu einer sehr heterogenen Versorgungslandschaft. Hier ist die Frage, ob wir das nicht optimaler gestalten können. Diese Frage stellt sich insbesondere auch in Bezug auf die Ergebnisse des DAK-Reports, der dargestellt hat, wie neue Wirkstoffe im Versorgungsalltag ankommen. Die Studie kam hier zum Ergebnis, dass es fast keine Rolle spielt, ob es ein Produkt mit oder ohne Zusatznutzen ist. Das kann nicht Sinn und Zweck des AMNOG sein. Wenn man nun künftig die Qualität in den Vordergrund stellen will, so ist der Aufbau eines Arztinformationssystems der richtige Ansatz.

Abschließend möchte ich aus der Sicht eines Mitglieds im Gesundheitsausschuss noch einen Blick darauf werfen, was uns zukünftig beschäftigen wird.

Die dringend zu klärende Frage ist, ob es ein zentral gesteuertes und zentral implementiertes AIS geben soll oder können wir Pluralität und Dezentralität erhalten. Bevor sich kartellrechtliche Zweifel gemehrt haben, war ich ein Anhänger von Zentralität. Vielleicht schafft die rechtliche Notwendigkeit der Dezentralität auch Wettbewerb, z.B. bei der Darstellungsoberfläche? Darüber hinaus müssen wir Zuständigkeitsfragen klären. Zum gesetzlichen Auftrag des G-BA gehört es, seine Beschlüsse in maschinenlesbarer Form aufzubereiten. Muss alles weitere auch gesetzlich geregelt werden? Spielen Akteure, wie z.B. das DIMDI hier eine Rolle? Können bisherige Ansätze der Selbstverwaltung weiterentwickelt werden? Klar ist, dass für die Praxis die Informationen 1:1 nicht immer tauglich und sachdienlich sind. Eine gewisse Einordnung in den Versorgungskontext ist zwingend erforderlich. Wer diese Weiterentwicklung der G-BA-Beschlüsse vornimmt und im Prozess beteiligt wird, gehört auch zu den offenen Punkten.

Die allgemeine Anforderung an das AIS ist, dass die Therapieentscheidung auf möglichst qualitativ hochwertiger Grundlage getroffen werden kann.

Für mich hat das AIS drei Ebenen. Zunächst geht es um die Darstellung der G-BA-Beschlüsse mit den eben aufgezeigten Folgefragen (1. Ebene). Zumindest darüber herrscht Einigkeit und hier wird uns auch das AMVSG weiterbringen. Vernünftigerweise sollte auch die Arzneimittelrechtlinie mit ihren Anlagen eine Rolle spielen. Der Umgang mit den Genotypen in einem solchen System wird uns ebenso beschäftigen. Die spannende Frage ist, welche Kriterien für eine Therapieentscheidung tatsächlich Teil eines AIS werden. Die Fachinformation als Form der externen Evidenz ist hier unerlässlich, genauso wie die Integration von Leitlinien. Außerdem könnte ein AIS Auskünfte über die Wirtschaftlichkeit geben (2. Stufe). Sollte es zu einer Vertraulichkeit kommen, kann es hier zu Konflikten kommen, die von Anfang an möglichst aufgelöst müssen. Es kann davon ausgegangen werden, dass wir ferner auch „gestaffelte" Preise abhängig vom Grad des Zusatznutzens diskutieren. Heute noch Zukunftsmusik, aber für mich ein großes Ziel ist es, über ein AIS Informationen über die Versorgungssituation zu erhalten, sozusagen Grundlagen zu schaffen für „nachgelagerten Evidenzstudien" oder „Postzulassungsstudien" (3. Ebene).

Im Diskurs zwischen Politik, Selbstverwaltung, Versorgungserbringern und Wissenschaft müssen wir klären, ob sich alle drei Ebenen in einem System unterbringen lassen. Selbstverständlich dürfen wir dabei nicht den ersten Schritt vor dem zweiten machen. Klar ist, dass die Regelungen der §§ 73 und 35a SGB V sowohl nach aktueller, wie auch nach dem AMVSG, dazu noch nicht ausreichen.

Mit dem AMVSG haben wir einige der angesprochenen Punkte bereits auf den Weg gebracht. Mit den dadurch erzielten Verbesserungen können wir sicherlich nach Inkrafttreten vom AMNOG 2.0 sprechen. Wir werden dann bewiesen haben, dass AMNOG und Gesetzgeber lernend sind. Ich bin mir sicher, dass wird in der Zukunft auch so bleiben.

Josef Hecken
AMNOG – eine Zwischenbilanz

1. Einleitung

Der Gemeinsame Bundesausschuss (G-BA) hat die Aufgabe, Richtlinien zur Sicherung einer ausreichenden, zweckmäßigen und wirtschaftlichen Versorgung der Versicherten mit Arzneimitteln zu erstellen. Apothekenpflichtige Arzneimittel sind in Deutschland grundsätzlich unmittelbar nach der Zulassung für alle Patientinnen und Patienten in der Gesetzlichen Krankenversicherung (GKV) verfügbar. Soweit von vorneherein keine gesetzlichen Gründe für einen Ausschluss vorliegen, können zugelassene Arzneimittel von Ärztinnen und Ärzten zu Lasten der Gesetzlichen Krankenkassen verordnet werden. Erst nach Eintritt eines Arzneimittels mit neuem Wirkstoff in den Markt greifen in der Bundesrepublik Deutschland verschiedene Regulierungsinstrumente, die mit Blick auf die Erstattung von Leistungen innerhalb der GKV auch eine Überprüfung des Nutzens, der Notwendigkeit und der Wirtschaftlichkeit von Arzneimitteln vorsehen. Diese Aufgabe hat der Gesetzgeber dem G-BA übertragen.

So kann der G-BA die Verordnungsfähigkeit eines zugelassenen Arzneimittels in der vertragsärztlichen Versorgung durch die GKV unter bestimmten Voraussetzungen einschränken oder ausschließen. Insbesondere dann, wenn ein Arzneimittel unzweckmäßig ist. Für die Realisierung einer hochwertigen wirtschaftlichen Arzneimittelversorgung der gesetzlich Versicherten stehen dem G-BA verschiedene Instrumente zur Verfügung. Dazu gehören:

- die Bildung von Festbetragsgruppen
- die Erstellung von Therapiehinweisen zur wirtschaftlichen Verordnungsweise
- Verordnungseinschränkungen und -ausschlüsse auf der Basis von Nutzenbewertungen
- die Konkretisierung eines Ausschlusses von Arzneimitteln mit dem Schwerpunkt „Erhöhung der Lebensqualität" (sog. Lifestyle-Arzneimittel)
- Hinweise zur Austauschbarkeit von Darreichungsformen
- die Beauftragung von Expertengruppen zur Bewertung eines off-label-use

- die Frühe Nutzenbewertung nach § 35a SGB V – diese erfolgt unmittelbar nach Markteintritt
- die Durchführung einer Kosten-Nutzen-Bewertung; sie kann auf Verlangen des Pharmazeutischen Unternehmers (pU) oder des GKV-Spitzenverbandes (GKV-SV) nach abgeschlossener Nutzenbewertung nach § 35a SGB V im Rahmen der Verhandlungen über den Erstattungsbetrag nach einem abgeschlossenen Schiedsverfahren beauftragt werden.

Zu den Aufgaben des G-BA gehören auch:

- die Aufnahme von nicht-verschreibungspflichtigen Arzneimitteln, die als Therapiestandard zur Behandlung schwerwiegender Erkrankungen gelten, in der Anlage I der Arzneimittel-Richtlinie (OTC-Übersicht),
- die Aufnahme von Medizinprodukten in einer Zusammenstellung der in medizinisch notwendigen Fällen ausnahmsweise verordnungsfähigen Medizinprodukte in der Anlage V der Arzneimittel-Richtlinie (AM-RL).

2. Die Wirkungen und Effekte des AMNOG

2.1 Die Frühe Nutzenbewertung kein Widerspruch zur Zulassung

Mit den Regelungen des Arzneimittelmarktneuordnungsgesetzes (AMNOG) ab dem Jahr 2011 wurde die wohl am meisten beachtete Aufgabe des G-BA im Arzneimittelbereich etabliert, nämlich die Frühe Nutzenbewertung von Arzneimitteln. Es stellt sich die Frage: Hat der G-BA hier eine Regelung umzusetzen, die außerhalb anderer Regelungen im Rahmen der Arzneimittelverordnungen innerhalb der Europäischen Union oder gar weltweit steht? Ein Blick in die Regularien anderer Länder zeigt, dass die meisten von ihnen ähnliche vergleichbare oder sogar noch ausgefeiltere Systeme für die Etablierung eines Nutzenbewertungsregimes vorsehen.

So gibt es in den USA versicherungsbasierte Verhandlungen und Vertragsbedingungen im Rahmen des Versicherungsmarktes mit einer Tendenz zu einer immer feingliedrigeren Beurteilung der Wirksamkeit neuer Arzneimittel. In Deutschland genauso wie in Frankreich, Italien, Spanien und Japan wird eine Bewertung auf Grundlage einer therapeutischen Analyse durchgeführt; man spricht hier von komparatorbasierten Bewertungen oder Referenzkategorien. In anderen Ländern wie Australien, Kanada, Korea, Schweden oder dem Vereinigten Königreich gibt es für die Preisbildung sogar eine gesundheitsökonomische Bewertung. Als Instrument wird hier u.a. die Kosteneffektivität oder die Kosten-Nutzen-Analyse angewendet. Im Ergebnis muss man feststellen, dass das deutsche AMNOG in dem Arsenal kein Sonderweg ist, sondern Nutzenbewertung patentgeschützter Arzneimittel im internationalen Vergleich weder einen Tabubruch noch – wie häufig zu lesen – einen Widerspruch zur arzneimittelrechtlichen Zulassung darstellt.

Häufiger Kritikpunkt im Rahmen der Frühen Nutzenbewertung ist eine vermeintlich mangelnde Zusammenarbeit mit den Zulassungsbehörden, die die pharmazeutischen Unternehmen vor große Herausforderungen stellen würde, da die Anforderungen der Zulassungsbehörden nicht hinreichend koordiniert wären mit den Anforderungen des G-BA. Hierzu ist anzumerken, dass es eine Vereinbarung über eine strukturierte Zusammenarbeit zwischen dem G-BA, dem PEI und dem BfArM gibt. Grundlage dieser Zusammenarbeit ist, dass Zulassungen und Frühe Nutzenbewertung in unterschiedlichen Rechtskreisen angesiedelt sind und auch unterschiedliche Zwecke und Prüfprogramme verfolgen.

Unbeschadet der unterschiedlichen Aufgabenstellungen gibt es in der täglichen Praxis allerdings eine Reihe von Berührungspunkten. Dabei ist festzustellen, dass viele für die Frühe Nutzenbewertung wichtige Parameter idealiter ohne größeren oder gar unvertretbaren Aufwand im Rahmen von Zulassungsstudien erhebbar sind. Insoweit ist ein enger Dialog zwischen den Bundesoberbehörden und dem G-BA nicht nur geboten, sondern auch zielführend, um sowohl im Zulassungsverfahren wie auch im Frühen Nutzenbewertungsverfahren die Evidenzlage für den jeweiligen Zweck und die Möglichkeiten zur Gewinnung dieser Evidenz zu verbessern. Der zwischen dem G-BA und den Bundesoberbehörden etablierte Dialog kann und soll nicht zu einer Harmonisierung der Studienanforderungen führen, die aus den unterschiedlichen Aufgabenstellungen resultieren und daher unterschiedlich sein müssen. Allerdings ist es sinnvoll, Fragestellungen möglichst frühzeitig zu bündeln und im Rahmen der Durchführung von Zulassungsstudien gute Evidenz, sowohl für die Beurteilung der arzneimittelrechtlichen Fragestellung der Zulassung, wie auch für die Beurteilung der sozialversicherungsrechtlichen Fragestellungen im Rahmen der Frühen Nutzenbewertung zu generieren. Damit wird die Möglichkeit geschaffen, Evidenzlücken in Bezug auf die Zusatznutzenbewertung von vornherein zu schließen. Die frühzeitige Festlegung von für die Zulassung und die Frühe Nutzenbewertung wichtigen Parametern und Endpunkten ist auch im Interesse der pharmazeutischen Unternehmen, um klinische Studien der Phase 3 zu neuen Wirkstoffen frühzeitig für strategische Anforderungen sowohl von Zulassung als auch der Frühen Nutzenbewertung auszurichten.

Zu diesem Zweck wurden wechselseitige Beteiligungen von Experten der jeweiligen Institutionen bei Zulassungsgesprächen im Vorfeld der Planung des konkreten Designs von klinischen Studien – insbesondere Zulassungsstudien der Phase 3, aber auch Post-Authorization Studien – etabliert, um zu gewährleisten, dass möglichst alle zulassungs- und nutzenrelevante Gesichtspunkte in die Planung und Durchführung der Studien einfließen können, sofern der Antragsteller dies wünscht.

Denn die Zulassung selbst beurteilt die Sicherheit, Wirksamkeit und Qualität eines Arzneimittels. Davon losgelöst bewertet das AMNOG den Mehrwert gegenüber anderen Therapieoptionen. In Deutschland gibt es keine rein gesundheitsökonomische Bewertung, sondern eine komparatorbasierten Bewertung ohne Kostenobergrenze.

2.2 Das AMNOG gefährdet die Arzneimittelversorgung nicht

Viel Beachtung finden die Bewertungen des G-BA immer dann, wenn auf Grundlage der nachgelagerten Preisverhandlungen zwischen dem pharmazeutischen Unternehmen und GKV-SV ein Arzneimittel vom Markt geht. Schlagartig werden dann Rufe laut, die von einer „Gefährdung der Arzneimittelversorgung durch die Wirkung des AMNOG" sprechen. Hierzu ist anzumerken, dass das AMNOG keineswegs eine Gefährdung der Arzneimittelversorgung auf Basis seiner Bewertungen hervorruft. Vielmehr sind die bislang zu beobachtenden Marktaustritte Ausdruck von rein ökonomischem Kalkül und unternehmerischen Entscheidungen, die darauf beruhen, dass der Preis, der sich aus den Preisverhandlungen ergibt, den unternehmerischen Erwartungen insoweit nicht entspricht, als ein Vertrieb in Deutschland auf Grundlage eben dieser unternehmerischen Zwänge nicht erfolgt.

Unabhängig davon muss man feststellen, dass bei über 210 bislang durchgeführten Nutzungsbewertungsverfahren lediglich 25 Marktaustritte zu verzeichnen waren. All diese Marktaustritte fanden in Bereichen statt, in denen Therapiealternativen in ausreichender Zahl vorhanden sind, sodass eine Versorgung der Patientinnen und Patienten mit wirksamen Arzneimitteln nicht gefährdet ist.

2.3 Bisherige Ergebnisse des AMNOG

Nach den bisherigen Ergebnissen wurde bei ca. 57 % der Bewertungen ein positiver Zusatznutzen festgestellt. Ein Bewertungsergebnis, welches oberhalb des Durchschnitts international vergleichbarer Systeme und Bewertungen liegt. Die Bewertungskategorien zeigen, dass in zwei Fällen ein erheblicher Zusatznutzen, in 47 Fällen ein beträchtlicher, in 38 Fällen ein geringer und in 87 Fällen kein Zusatznutzen ausgesprochen wurde. Anders sieht die Bilanz aus, wenn man rein onkologische Wirkstoffe betrachtet, die eine Nutzenbewertung nach § 35a SGB V durchlaufen haben. Unter den onkologischen Wirkstoffen waren 23 % mit nicht quantifizierbarem Zusatznutzen versehen, 37 % mit einem beträchtlichen, 1 % mit einem erheblichen, 17 % mit einem geringen und 23 % ohne Zusatznutzen. Vor dem Hintergrund, dass die onkologischen Wirkstoffe etwa 34 % aller Bewertungen in der Frühen Nutzenbewertung ausmachen, muss man feststellen, dass die Rate mit positiven Nutzenbewertungen im Bereich der Onkologika deutlich oberhalb des Durchschnitts aller Frühen Nutzenbewertungen liegt.

Abbildung 1: Höchste Zusatznutzenkategorie je Verfahren nach § 35a SGB V.

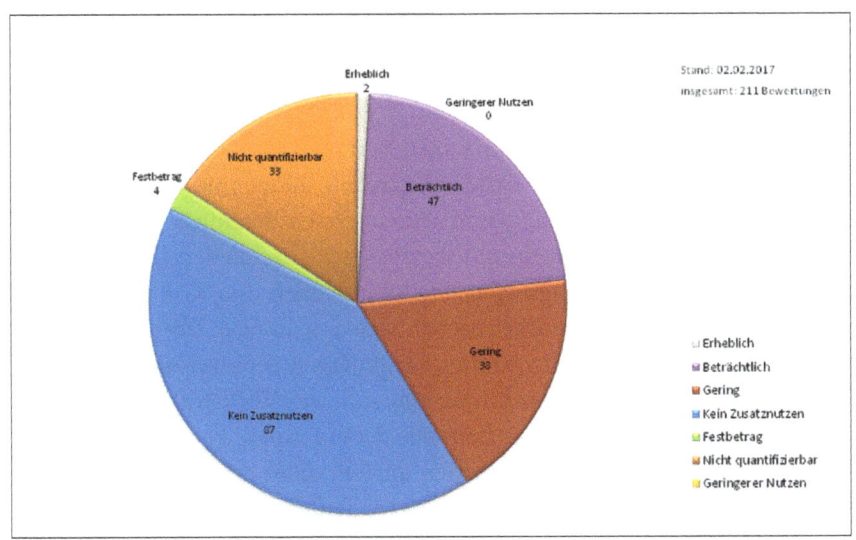

Auffällig ist in diesem Kontext die Tatsache, dass auch nach mehreren Jahren Früher Nutzenbewertung innerhalb des G-BA immer noch ein nicht zu verachtender Anteil der Frühen Nutzenbewertung im onkologischen Bereich ohne Daten zur Lebensqualität oder ohne verwertbare Daten zur Lebensqualität erfolgen muss. Hier besteht deutlicher Nachholbedarf, denn gerade bei den immer potenteren und wirksameren Arzneimitteln in diesem Bereich geht häufig die höhere Wirksamkeit auch mit einem höheren Nebenwirkungspotenzial einher, sodass die Etablierung von Daten zur Lebensqualität einen immer größeren, wenn nicht gar unverzichtbaren Stellenwert im Rahmen der Gesamtbewertungen darstellt. Daten zur Lebensqualität und Verbesserung der Lebensqualität sind in diesem Kontext ein wichtiges Moment, auch für den Erfolg oder Misserfolg i. S. e. positiven oder sehr positiven Bewertung im Rahmen der Frühen Nutzenbewertung. Wirkstoffe, die im Rahmen der Frühen Nutzenbewertung positive Daten zur Lebensqualität vorlegen – z.B. Afatinib – können diesen positiven Nutzenbeleg auch in der Gesamtbewertung des Zusatznutzens wiederfinden. Afatinib erreichte einen beträchtlichen Zusatznutzen.

3. Die Substitutionsausschlussliste als neue Aufgabe des G-BA

Mit Wirkung vom 01.04.2014 wurde dem G-BA über das 14. Gesetz zur Änderung des SGB V die Aufgabe übertragen, zum 30.09.2014 Arzneimittel zu bestimmen, deren Ersetzung durch wirkstoffgleiche Arzneimittel ausgeschlossen ist. Dabei sollen vor allen Dingen Arzneimittel mit geringer therapeutischer Breite berücksichtigt werden. Für die Auswahl kann der G-BA Kriterien festlegen. In seiner Verfahrensordnung (VerfO) wird das Nähere zu Auswahl und Kriterien geregelt. Binnen nur fünf Monaten konnte der G-BA die Beratungen in seinem ersten Beschluss für Wirkstoffe im Rahmen der Substitutionsausschlussliste abschließen. Dies erfolgte unter Einbeziehung umfangreicher Stellungnahmen und Kommentare der Apothekerschaft und pharmazeutischer Sachverständiger. Ebenfalls hat der G-BA in dieser Zeit die Entscheidungsgrundlagen definiert und festgelegt, was die Basis für weitere Beschlüsse sein soll, um Wirkstoffe für die Substitutionsausschlussliste vorzusehen. Die dabei erfolgte Festlegung, welche Arzneimittel nicht ausgewählt werden dürfen, dient der Verbesserung der Therapiesicherheit für die Patientinnen und Patienten.

4. Ausgabentrends und klinische Entwicklung in der Onkologie

Im Rahmen der jüngsten Entwicklungen von neuen Arzneimitteln innerhalb der Onkologie sind einige Ausgabentrends zu beobachten. So findet sich der Trend einer Personalisierung oder Stratifizierung, was bedeutet, dass neue Wirkstoffe in kleineren Subgruppen der Erkrankung wirksam werden – mit dem Ergebnis, dass das Preisniveau in diesen Subgruppen stetig ansteigt. Auch ist der Trend zu einer Chronifizierung zu beobachten was bedeutet, dass eine Erkrankung durch Dauertherapie behandelt und kontrolliert wird. Außerdem gibt es den Trend zu sog. Kombinationstherapien, wobei unterschiedliche Therapieprinzipien nach individueller Tumorsensitivität kombiniert werden. All diese Trends führen tendenziell zu einer Ausgabensteigerung bei onkologischen Arzneimitteln, da die meisten Therapieoptionen sog. second and third line Therapien darstellen, die in vielen Fällen bis zu einer Vervierfachung der Gesamttherapiekosten führen. Derartige Entwicklungen können für die Finanzierungsfähigkeit von Arzneimitteln durchaus problematisch werden und es wird der Ruf laut, Lösungsansätze festzustellen. Im Rahmen der erstgenannten Personalisierung und der Stratifizierung stellt man wie eingangs ausgeführt fest, dass die Wirkstoffe mit immer kleineren Subgruppen wirksam werden. Dadurch ergibt sich das Problem einer fehlenden oder nicht ausreichenden Evidenz.

Mögliche Lösungsansätze, um dem Problem der nicht ausreichenden Evidenz zu begegnen, wären die Etablierung valider prospektiver klinischer Register oder die Erfassung wichtiger Endpunkte, insbesondere auch Lebensqualität und Symptomatik in der palliativen Phase. Daneben bietet sich die Erhöhung der Mitverantwortung (organisatorisch und finanziell) der pharmazeutischen Unternehmen für die Evidenzgenerierung in der Post-Marketing-Phase an.

Dem Problemfeld der Kombinationstherapien könnte man möglicherweise dadurch beggnen, dass geeignete Rabattierungsmodelle für Kombinationstherapien etabliert werden, um dadurch sprunghafte Preiserhöhungen zu dämpfen. Dem Problemfeld der Chronifizierung und Dauertherapie könnte man begegnen durch die Anpassung des Erstattungsniveaus an die chronische Behandlungssituation.

All dies sind Herausforderungen der Zukunft, denen mit wachsender Steigerung der Arzneimittelpreise eine immer höhere Aufmerksamkeit geschenkt werden muss, um einem Auseinanderdriften zwischen therapeutischen Kosten und fiskalischen Möglichkeiten insoweit entgegenzuwirken, als eine tragfähige Balance erhalten bleibt.

5. Fazit

Der G-BA hat bislang eine Vielzahl Früher Nutzenbewertungen durchgeführt, von denen die Mehrzahl mit einem positiven Zusatznutzen erfolgt ist. Über alle Frühen Nutzenbewertungen ist der Anteil der positiven Nutzenbewertungen – also Nutzenbewertungen mit einem anerkannten Zusatznutzen – oberhalb des internationalen Durchschnitts. Dieses positive Ergebnis stellte sich allerdings überdurchschnittlich häufig im Bereich der onkologischen Wirkstoffe ein, deren Anteil an der Gesamtzahl der Wirkstoffe im Rahmen der Frühen Nutzenbewertung deutlich unterdurchschnittlich ist. Deshalb ist in der Zukunft ein besonderes Augenmerk auf die Preisentwicklung der onkologischen Wirkstoffe zu richten, um das Gesamtkostenniveau der onkologischen Therapie nicht aus dem Blick zu verlieren.

Johann-Magnus v. Stackelberg und Anja Tebinka-Olbrich

Zukunftssicherung der Versorgung mit innovativen Arzneimitteln

1. Einleitung

1.1 Erstattungsbeträge in sechs Jahren Arzneimittelmarktneuordnungsgesetz (AMNOG)

Nach nunmehr sechs Jahren AMNOG bestehen für 131 neue patentgeschützte Arzneimittel1 gültige Erstattungsbeträge (siehe Abb. 1). Diese Arzneimittel sind in etwa gleich verteilt auf Produkte mit Zusatznutzen in der gesamten Zulassung, mit Zusatznutzen in manchen Teilindikationen, sowie Arzneimittel komplett ohne Zusatznutzen. Bei den Arzneimitteln mit vollem Zusatznutzen machen die Orphan Drugs mit ihrer gesetzlichen Zusatznutzenfiktion allerdings mit fast 70% (entsprechend 30 zu 44) den Großteil aus. Insgesamt wurde für die Erstattungsbeträge mehrheitlich eine Einigung auf dem Verhandlungswege erzielt. Nur rund 15% (entsprechend 19 zu 131) der aktuell gültigen Erstattungsbeträge setzte die gemeinsame Schiedsstelle fest.

Seit Beginn des AMNOG haben sich die Hersteller aus individuellen wirtschaftlichen Erwägungen heraus in 14 Fällen dazu entschieden, ihr Arzneimittel nach Veröffentlichung des Beschlusses des Gemeinsamen Bundesausschusses (G-BA) und ohne Aufnahme der Erstattungsbetragsverhandlungen, aus dem deutschen Markt zurückzuziehen (sog. „opt-out"). Hierbei handelt es sich durchweg um Produkte, denen der G-BA keinen Zusatznutzen zugesprochen hatte und zu denen Behandlungsalternativen auf dem deutschen Markt vorhanden sind.

In weiteren 12 Fällen haben die Hersteller Produkte nach Festsetzung des Erstattungsbetrages durch die Schiedsstelle und in drei Fällen trotz einvernehmlicher Einigung in Deutschland aus dem Vertrieb genommen. Auch hier handelt es sich in der Mehrzahl um Arzneimittel ohne Zusatznutzen. Drei Arzneimittel wurden jüngst „Außer Vertrieb" gemeldet, denen vom G-BA ein Zusatznutzen bescheinigt wurde. Bei zweien ist die Konkurrenzsituation im Anwendungsgebiet verantwortlich (gemeint sind: Boceprevir und Telaprevir in der Indikation Hepatitis C, in der seit 2014 neuere Alternativen auf dem deutschen Markt sind).

Durch die vorhandenen Erstattungsbeträge wurden im Jahr 2015 Einsparungen von ca. 925 Mio. EURO erzielt. Im Jahr 2016 werden ca. 1,4 Mrd. EURO erwartet.

Abbildung 1: Anzahl gültiger Erstattungsbeträge und laufender Verfahren (Stand 31.12.2016).

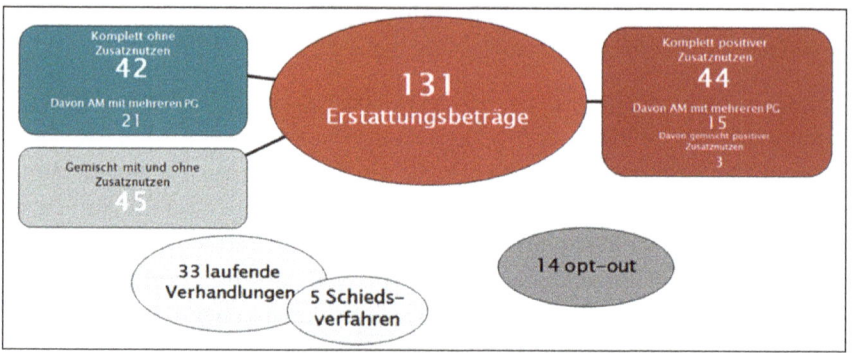

Quelle: GKV-Spitzenverband; Eigene Darstellung.

1.2 Die langfristige Ausgabenentwicklung bei der GKV im Arzneimittelmarkt

Abbildung 2 veranschaulicht die Ausgabenentwicklung für die gesetzlichen Krankenkassen im gesamten Arzneimittelmarkt im Zeitraum 2011 bis 2015. Festzustellen ist ein kontinuierlicher Anstieg der Gesamtausgaben, der allenfalls durch die Anhebung des Herstellerabschlags (bis 2013: von 6 auf 16% und im Anschluss: auf 7%) sowie das Preismoratorium (Preisstand vom August 2009) von 2011 bis 2012 etwas abflachte. Ab dem Jahr 2013 ist trotz weiterer Anwendung dieser Maßnahmen und Etablierung der Erstattungsbeträge wieder ein deutlicher Anstieg der Ausgaben feststellbar. Ursächlich für das Ausgabenwachstum 2014 gegenüber 2013 um etwa plus 3 Mrd. EURO (knapp plus 10%) waren einerseits die Absenkung des Herstellerabschlags mit plus 1 Mrd. EURO und andererseits die größere Verbreitung neuer hochpreisiger Arzneimittel mit plus 2 Mrd. EURO (Eigene Auswertungen der Daten nach § 84 Abs. 5 SGB V).

Zukunftssicherung der Versorgung mit innovativen Arzneimitteln 153

Im Jahr 2016 setzt sich dieser Trend weiter fort. Nach Angaben der Amtlichen Statistik KV 45 beträgt der Zuwachs der Arzneimittelausgaben im ersten Halbjahr 2016 etwa 3,9% gegenüber dem ersten Halbjahr 2015. Bei einer Fortsetzung dieser Entwicklung ist mit Gesamtausgaben von über 36 Mrd. EURO im Jahr 2016 zu rechnen. Wesentlicher Treiber der Ausgabenentwicklung sind wiederum die nicht-generikafähigen Arzneimittel, die zwar nur für 9,5% der verordneten Tagesdosen (defined daily dose, DDD) verantwortlich sind, aber gleichzeitig über die Hälfte der Ausgaben verursachen. Vor dem Hintergrund dieses ungebremsten Ausgabenanstiegs der GKV für Arzneimittel wird eine Weiterentwicklung bestehender Regelungen notwendig.

Abbildung 2: Ausgaben für Arzneimittel (Apotheken, Versandhandel und Sonstige).

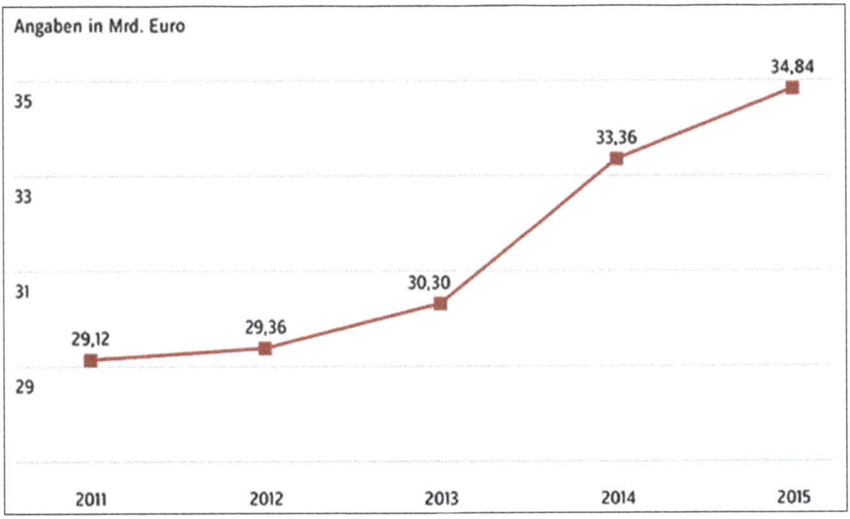

Jahr	Ausgaben (Mrd. Euro)
2011	29,12
2012	29,36
2013	30,30
2014	33,36
2015	34,84

Quelle: GKV-Spitzenverband; Amtliche Statistik KJ 1.

2. Das GKV-Arzneimittelmarktversorgungsstärkungsgesetz (AMVSG)

2.1 Das aktuelle Gesetzgebungsverfahren

Im April 2016 endete der zwischen der Bundesregierung und der pharmazeutischen Industrie im Koalitionsvertrag verankerte und bereits im September 2014 begonnene Pharmadialog. Hieran schloss sich das

Gesetzgebungsverfahren zum GKV-Arzneimittelversorgungsstärkungsgesetz (AMVSG). Das Inkrafttreten des Gesetzes wird zum April 2017 erwartet (siehe auch Abb. 3).

Abbildung 3: Vom Pharmadialog zum AMVSG.

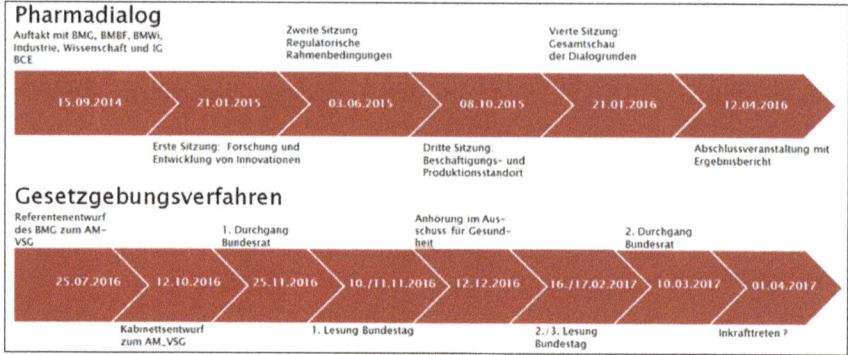

Quelle: GKV-Spitzenverband; Eigene Darstellung.

2.2 Die Nutzenbewertung von Arzneimitteln aus dem Bestandsmarkt und die Verlängerung des Preismoratoriums

Nachdem im Zuge des 14. SGB V-Änderungsgesetz die geplante Bewertung von Bestandsmarktarzneimitteln zum 01.04.2014 eingestellt wurde, räumt der aktuelle Gesetzesentwurf zum AMVSG zukünftig zumindest wieder theoretisch die Möglichkeit ein, bei Bestandsmarktarzneimitteln nach Indikationserweiterung eine Nutzenbewertung durchzuführen. Die Beschränkung auf Arzneimittel mit neuer Zulassung und neuem Unterlagenschutz ist jedoch äußerst restriktiv. Damit wird die Möglichkeit der Nutzenbewertung auf extrem seltene Fallkonstellationen reduziert, so dass eine Nutzenbewertung im Bestandsmarkt trotz Erlaubnis im Gesetz dennoch praktisch irrelevant ist.

Selbst Alemtuzumab – ein u.a. durch kommerzielle Interessen eines Pharmaunternehmens bekannt gewordener Wirkstoff – wäre von dieser Neuregelung nicht erfasst, da unter den bestehenden EU-Regularien neuer Unterlagenschutz bei Arzneimitteln mit bekannten Wirkstoffen, sogar bei sehr stark abweichenden Therapiegebieten, regelhaft nicht erteilt wird (Artikel 6 Unterabsatz 2 der Richtlinie 2001/83/EG Arzneimittel). Alemtuzumab wurde zunächst 2001 unter dem Namen MabCampath® zur Behandlung der chronischen lymphatischen Leukämie zugelassen. Der

Hersteller hat MabCampath® im Jahr 2012 vom Markt genommen um den Wirkstoff Alemtuzumab im darauffolgenden Jahr unter anderem Namen (Lemtrada®) im neuen Anwendungsgebiet Multiple Sklerose erneut zur Zulassung zu bringen. Im Rahmen dieses Zulassungsverfahrens wurde bestätigt, dass es sich beim in Lemtrada® enthaltenen Wirkstoff Alemtuzumab nicht um einen neuen Wirkstoff handelt. Somit wurde Lemtrada® als Teil der erstmaligen Zulassung unter dem Namen MabCampath® angesehen. Ein neuer Unterlagenschutz wurde nicht erteilt, eine Nutzenbewertung durch den G-BA konnte nicht durchgeführt werden. Durch die vorgeschlagene Neuregelung würden auch in Zukunft Arzneimittel in ähnlich gelagerten Fällen nicht der Nutzenbewertung zugeführt werden können.

Im Sinne einer qualitätsgesicherten und wirtschaftlichen Versorgung sollten alle neuen Anwendungsgebiete im Bestandsmarkt, insbesondere auch Änderungen der Patientenpopulation bzw. Therapielinien oder neue Kombinationsmöglichkeiten, regelhaft eine Zusatznutzenbewertung nach sich ziehen. Ohne diese Regelung liegt nicht nur eine Ungleichbehandlung zwischen Neu- und Bestandsmarkt vor, zudem können Bestandsmarktarzneimittel weiterhin die Arzneimittelausgaben der GKV direkt sowie indirekt (durch Multiplikatoreffekte in Erstattungsbetragsverhandlungen als vergleichbare Arzneimittel oder zweckmäßige Vergleichstherapien) steigern.

Die Neuregelung, das geltende Preismoratorium über das Jahr 2017 hinaus bis zum Ende des Jahres 2022 zu verlängern, wird auch daher nachdrücklich begrüßt. Ziel ist es, mit dieser Maßnahme die drastischen Steigerungen der Arzneimittelausgaben abzubremsen und die finanzielle Stabilität der gesetzlichen Krankenversicherung zu gewährleisten. Da die Ausgabenentwicklung wesentlich zum Anstieg des Zusatzbeitrages führt, würde eine Verlängerung des Preismoratoriums die Versicherten in einem spürbaren Ausmaß entlasten. Auf der anderen Seite ist die finanzielle Ausstattung der pharmazeutischen Unternehmer derzeit überdurchschnittlich gut. Das zeigen beispielsweise die Bescheide des Bundesamtes für Wirtschaft und Ausfuhrkontrolle (BAFA); zurzeit gibt es keinen pharmazeutischen Unternehmer, der von den Herstellerabschlägen befreit wurde.

Ein Auslaufen des Preismoratoriums würde hingegen im Jahr gemäß der Kostenschätzung des Referentenentwurfes zu Mehrausgaben der gesetzlichen Krankenversicherung in einer hierfür relevanten Größenordnung von 1,5 bis 2 Mrd. EURO führen und hätte aufgrund von Nachholeffekten im

Jahr 2018 erneut einen sprunghaften Anstieg der Arzneimittelausgaben zur Folge.

2.3 Die Rückwirkung der Erstattungsbeträge

Für neue patentgeschützte Arzneimittel, deren GKV-Ausgaben einen Betrag von 250 Mio. EURO übersteigen, soll der Erstattungsbetrag zukünftig auch rückwirkend innerhalb des ersten Vertriebsjahrs gelten. Diese überfällige Regelung entspricht internationalen Gepflogenheiten und ist vom Prinzip her folgerichtig, denn spätestens ab Veröffentlichung der Nutzenbewertung durch den G-BA steht fest, ob das frei gewählte Preisniveau der Industrie überhaupt angemessen sein kann. Bisherige Erfahrungen zeigen, dass bei Arzneimitteln ohne Zusatznutzen der frei gewählte Listenpreis i.d.R. über dem Erstattungsbetrag liegt. Somit liegt ohne Rückwirkung in den allermeisten Fällen eine regelrechte Verschwendung von Versichertengeldern vor.

Mit der konkreten Ausgestaltung der Neuregelung ist jedoch nicht mehr als ein Placebo-Effekt zu erwarten. Betrachtet man die neuen Arzneimittel in Tabelle 1 ist schnell zu erkennen, dass die geplante Umsatzschwelle viel zu hoch ausfällt. Sie hätte seit Beginn des AMNOG nur für drei Arzneimittel Wirkung entfaltet und damit nur eine Spitze abgefangen. Selbst bei einer Umsatzschwelle von 100 Mio. EURO wären seit 2011 lediglich acht Arzneimittel von einer solchen Regelung betroffen gewesen.

Tabelle 1: Umsatz aller neuen Arzneimittel von mehr als 100 Mio. EURO im ersten Jahr seit Beginn AMNOG.

Arzneimittel	Wirkstoff	Bruttoumsatz im 1. Jahr AVP
Harvoni	Ledipasvir/Sofosbuvir	770.734.988 €
Sovaldi	Sofosbuvir	489.848.644 €
Tecfidera	Dimethylfumerat (MS)	325.420.420 €
Viekirax	Ombitasvir/ Paritaprevir/ Ritonavir	177.070.905 €
Incivo	Telaprevir	140.453.243 €
Daklinza	Daclatasvir	127.344.653 €
Opdivo	Nivolumab	124.460.135 €
Zytiga	Abirateronacetat (Prostatakrebs)	110.154.651 €

Quelle: Daten nach § 84 SGB V; Eigene Berechnungen (Stand Nov. 2016).

Zukunftssicherung der Versorgung mit innovativen Arzneimitteln

In der Praxis würde damit eine echte finanzielle Entlastung für die gesetzlichen Krankenkassen nicht zu erreichen sein. Und für einen Großteil der Hersteller verbleibt der systematische Fehlanreiz, die Preisfreiheit im ersten Jahr gewinnbringend auszunutzen. Insofern sind allein mit einer unbedingten rückwirkenden Geltung des verhandelten Erstattungsbetrages ab dem ersten Tag des Inverkehrbringens faire Preise für Arzneimittel zu realisieren.

2.4 Die Vertraulichkeit der Erstattungsbeträge

Mit der Abkehr von einer öffentlichen Listung der Erstattungsbeträge wird eine zentrale Forderung der Industrie aus dem Pharmadialog umgesetzt. Industriekreise begründen ihr Anliegen damit, dass primär die Preisreferenzierung des Auslands zurück auf Deutschland unterbunden werden soll. Damit können privatwirtschaftliche Verluste vermieden werden. Zugleich gilt das Versprechen, dass mit der Vertraulichkeit viel niedrigere inländische Erstattungsbeträge als bisher ermöglicht und damit höhere Einsparungen für die GKV erzielt werden würden. Liegt hier also eine win-win-Situation für die private und die öffentliche Wirtschaft vor? Dies ist leider so nicht zutreffend. Es muss sogar davon ausgegangen werden, dass die Vorteile einseitig bei der Industrie angesiedelt sind.

Zunächst ist in Frage zu stellen, ob die von der Industrie behaupteten Effekte auf das europäische Preisniveau bisher tatsächlich eingetreten sind. Zwei Studien der EU-Kommission (vgl. Toumi, M. et al. 2014 und Vogler, S. et al. 2015) sprechen zumindest dagegen. Demnach ist die von Industrieseite behauptete zentrale Bedeutung Deutschlands als Referenzpreisland nicht mehr zutreffend.

Weiterhin darf bezweifelt werden, dass mit der Vertraulichkeit tatsächlich höhere Ersparnisse gewährt werden. Einerseits fehlt bei neuen Arzneimitteln schlicht der Vergleichsmaßstab, denn diese Produkte waren ja bisher weder in Deutschland noch weltweit auf dem Markt. Solange im ersten Jahr faktisch Preisfreiheit besteht, gibt es immer noch die Möglichkeit, solche höheren Rabatte bereits von vornherein einzupreisen. Nicht zuletzt steht dieses Versprechen auch im Widerspruch zu bisherigen Erfahrungen mit wiederholt eingesetzten und letztlich regulierungsbedürftigen Umgehungsstrategien in der Branche (z.B. „Preisschaukel" zur Umgehung von gesetzlichen Herstellerabschlägen).

Risiken für eine echte Zusatzbelastung der GKV aus der Vertraulichkeit finden sich hingegen mehrfach. Zwar ist der Gesetzesbegründung zu entnehmen, dass ein Verfahren zu entwickeln ist, das sicherstellt, dass „die Ärzte ihrem aus dem Wirtschaftlichkeitsgebot resultierenden gesetzlichen Auftrag nachkommen können." Eine Vorschrift, nach der die Ärzteschaft in jedem Fall nach wie vor Kenntnis über die tatsächlichen Preise erlangt, fehlt jedoch im Gesetz. Dabei ist es eigentlich kaum vorstellbar, dass zum Zwecke der Abrechnung 117 Krankenkassen, 12 Großhändler, 20.249 Apotheken und 618 Finanzämter offiziell über den Erstattungsbetrag informiert werden, nicht aber die Ärzteschaft. Falls dies dennoch gewollt ist, sollte man dringend die Rolle der Kassenärztlichen Bundesvereinigung (KBV) in der gemeinsamen Selbstverwaltung neu bewerten.

Weiterhin ist bislang der Abrechnungsweg ungeklärt, d.h. ob die nicht öffentlichen Erstattungsbeträge mit den Krankenkassen retro- oder prospektiv abgerechnet werden. Die konkrete Ausgestaltung hat jedoch massive finanzielle Auswirkungen auf die GKV. Im Falle eines retrospektiven Nacherstattungsverfahrens wäre nicht mehr der Erstattungsbetrag Abrechnungsgrundlage für Handelszuschläge und Umsatzsteuer sowie Zuzahlungen, sondern von vornherein ein höherer öffentlich gelisteter Preis. Ohne geeignete gesetzliche Regelung entstünden den Krankenkassen Mehrausgaben in Millionenhöhe durch überhöhte Handelszuschläge und Umsatzsteuer. Allein in 2016 wäre rechnerisch von einem Ausgleichsvolumen i. H. v. ca. 220 Mio. EURO an Umsatzsteuer auszugehen. Zudem werden bei einer retrospektiven Abwicklung die Patientinnen und Patienten durch überhöhte Zuzahlungen belastet. Bei allem ist zu bedenken, dass das Ausgleichsvolumen mit der Marktbedeutung neuer patentgeschützter Arzneimittel beständig zunimmt. Waren es in dem betreffenden Marktsegment 2014 noch 6,6 Millionen Verordnungen und 3,4 Mrd. EURO Umsatz. Liegt 2016 schon eine Verdopplung auf voraussichtlich 11,3 Millionen Verordnungen und 6,2 Mrd. EURO Umsatz vor. Spätestens im Jahr 2021 wird der gesamte patentgeschützte Markt über Erstattungsbeträge reguliert sein.

Bei primärer Bezugnahme auf den überhöhten öffentlichen Preis müssen die Krankenkassen mit Beträgen in Millionenhöhe in Vorleistung gehen. Ihnen entsteht eine erhebliche Liquiditätsbelastung, während die Unternehmer zusätzliche, zinslose Liquidität aus GKV-Versichertengeldern gewinnen.

Für die Rückzahlung an die Krankenkassen müssten in jedem Fall zusätzliche Verwaltungskosten von der Versichertengemeinschaft getragen werden. Zur Vermeidung dieser Nachteile sollte folglich der Erstattungsbetrag nach wie vor prospektive Berechnungsgrundlage für die Handelszuschläge sowie die Umsatzsteuer und die Patientenzuzahlungen sein. Die Ärzteschaft müsste über eine spezielle Lizenz den Zugang zum tatsächlichen Preis behalten, so dass sie ihre gesetzliche Aufgabe im Rahmen der Wirtschaftlichkeitssteuerung bei der Arzneimittelverordnung erfüllen kann. Der Erstattungsbetrag müsste nach wie vor in die Berechnung von Festbeträgen einfließen, damit diese nicht falsch hoch ausfielen. Der G-BA und die Verhandlungspartner nach § 130b SGB V sollten den Erstattungsbetrag für eine zweckmäßige Vergleichstherapie und vergleichbare Arzneimittel weiterhin kennen, damit der Erstattungsbetrag für das neue Arzneimittel angemessen bewertet werden kann. Ähnliches gilt für die Apotheken zur Umsetzung der Importklausel und für jede einzelne Krankenkasse zur korrekten Bemessung der Wirtschaftlichkeit von Selektivrabatten nach §§ 130a Absatz 8 und 130c SGB V. Zusammengefasst: Die betroffenen zentralen Steuerungsinstrumente müssen in ihrer Funktionalität durch Kenntnis des aktuellen Erstattungsbetrages aufrecht erhalten bleiben, ansonsten wären zentrale Funktionskreise durchbrochen und unwirtschaftliche Mehrausgaben für die GKV-Versichertengemeinschaft unausweichlich.

2.5 Verbesserte Orientierung im Therapiegebiet

Die Neuregelung, mit der der G-BA den Auftrag erhalten soll, seine Nutzenbeschlüsse nach § 35a SGB V so aufzubereiten, dass sie für Ärztinnen und Ärzte im Praxisalltag einfacher und schneller zugänglich sind (maschinenlesund verwertbare Fassung zur Abbildung in elektronischen Programmen), ist überfällig und in jedem Fall zu befürworten. Hierdurch wird ein höchstmögliches Maß an Transparenz und Rechtssicherheit geschaffen sowie die Grundlage für eine zeitnahe Implementierung und Aktualisierung in den elektronischen Programmen nach § 73 Absatz 8 SGB V. Damit wird das Ziel der Arzneimittel-Richtlinie nach § 92 Absatz 1 Satz 2 Nummer 6 SGB V, eine bedarfsgerechte und wirtschaftliche Verordnungsweise von Arzneimitteln durch die an der vertragsärztlichen Versorgung teilnehmenden Ärztinnen und Ärzte sicherzustellen, umgesetzt.

Als wesentliche Eckpunkte der Aufbereitung der Beschlüsse des G-BA gelten dabei (1) die vollständige und interessenunabhängige Darstellung der G-BA-Beschlüsse in den Kategorien Patientengruppen, Ausmaß und Wahrscheinlichkeit des Zusatznutzens, zweckmäßige Vergleichstherapie und Kosten, (2) die regelhafte Aktualisierung der elektronischen Programme alle 14 Tage zur zeitnahen Abbildung neuer Nutzenbewertungsbeschlüsse, (3) die einfache Zugänglichkeit für den Vertragsarzt während seines Verordnungsvorgangs und (4) Hinweise zur Wirtschaftlichkeit bei der Verordnung des Arzneimittels.

Für die Abbildung der Inhalte der Nutzenbeschlüsse, speziell der unterschiedlichen Patientengruppen, bedarf es einer geeigneten Klassifikation. Ähnlich der bereits in § 73 Absatz 8 Satz 4 SGB V festgelegten anatomisch-therapeutisch-chemischen (ATC) Klassifikation zur Abbildung der Kosten der Arzneimittel je Tagesdosis ist auch zur Abbildung der Beschlüsse eine Klassifikation von Patientengruppen erforderlich, wie sie bereits von mehreren Anbietern erarbeitet wurde.

Perspektivisch wäre es für eine effektive Unterstützung des Verordnungsprozesses zudem wünschenswert, den aktuellen Stellenwert eines Arzneimittels im Therapiegebiet nicht nur gegenüber seiner zweckmäßigen Vergleichstherapie sondern auch weiterer Alternativen, insbesondere anderer neuer Arzneimittel, darzustellen.

Auch das Konzept der GKV zur Nutzenorientierten Erstattung (NoE), welches ein umfassendes Verfahren zur zusatznutzengerechten Erstattung in den einzelnen Teilindikationen beschreibt, setzt diesen Informationstransfer vom G-BA in die Arztpraxis voraus (vgl. Haas, A. et al. 2016). Um die gesetzlich vorgesehene Wirtschaftlichkeitssteuerung durch die Ärzteschaft zu ermöglichen, sollten weiterhin die tatsächlichen Arzneimittel-Preise in der Praxisverwaltungssoftware (PVS) abgebildet werden. Für ein effektives Monitoring des Verordnungsgeschehens müssten die Krankenkassen Transparenz zu den Teilindikationen erhalten.

Am Beispiel des COPD-Marktes lässt sich anschaulich zeigen, welche Auswirkung ein Informationsdefizit im Verordnungsprozess hätte (siehe Abb. 4). Bei den beiden dargestellten neuen Arzneimitteln liegt jeweils eine gemischte Nutzenbewertung mit und ohne Zusatznutzen in vier Teilindikationen vor. Dies führt heute unter dem Mischpreis-Regime zu einem Mengenrisiko für die Krankenkassen in den Teilindikationen c) und d), wo bei fehlendem Mehrwert gegenüber der Standardtherapie ein künstlich überhöhter Preis vorliegt.

Zukunftssicherung der Versorgung mit innovativen Arzneimitteln 161

Fehlen dem Arzt die Informationen zum Nutzenbeschluss, setzt er sich bei der Verordnung der neuen Arzneimittel in diesem Bereich einem vermeidbaren Wirtschaftlichkeitsrisiko aus, denn die Standardtherapie Formoterol ist mit 480 bis über 600 EURO pro Patient und Jahr erheblich günstiger. Würde nur jeder zweite Patient der 230.000 möglichen Patienten aus den Gruppen c) + d) Aclidinium/Formoterol statt Formoterol bekommen, beliefen sich die Mitnahmeeffekte durch den Mischpreis – ohne ein Mehr an Nutzen – auf über 50 Mio. EURO. Entsprechend stiege die Belastung wenn das teurere Arzneimittel eingesetzt oder noch mehr Patienten behandelt werden würden. Liegen auf der anderen Seite der kostentragenden Krankenkasse keinerlei Informationen über die behandelte Teilindikation vor, ist eine Überprüfung und Rechtsverfolgung dieser möglichen Verschwendung von Versichertengeldern, wenn überhaupt, nur mit erheblichem zusätzlichem Aufwand verbunden.

Abbildung 4: Informationsspektrum für eine begründete Verordnungsentscheidung am Beispiel des Marktes für neue Arzneimittel bei COPD.

Aclidinium/Formoterol		Indacaterol/Glycopyrronium	
829,08 €*	a) COPD Stufe II Hinweis geringer ZN vs. *Formoterol* 349,51 €*	a) COPD Stufe II AHP geringer ZN vs. *Tiotropium/Formoterol* 1.074,89 €*	958,00 €*
829,08 €*	b) COPD Stufe III < 2 Exazerbationen/Jahr Hinweis beträchtlicher ZN vs. *Formoterol* 349,51 €*	b) COPD Stufe III < 2 Exazerbationen/Jahr Hinweis geringer ZN vs. *Tiotropium/Formoterol* 1.074,89 €*	958,00 €*
829,08 €*	c) COPD Stufe IV < 2 Exazerbationen/Jahr Kein Zusatznutzen wirtsch. Alternative: *Formoterol* 349,51 €*	c) COPD Stufe IV < 2 Exazerbationen/Jahr Kein Zusatznutzen wirtsch. Alternative: *Formoterol* 349,51 €*	958,00 €*
829,08 €*	d) COPD Stufe III + IV ≥ 2 Exazerbationen/Jahr Kein Zusatznutzen wirtsch. Alternative: *Formoterol* 349,51 €*	d) COPD Stufe III + IV ≥ 2 Exazerbationen/Jahr Kein Zusatznutzen wirtsch. Alternative: *Formoterol* 349,51 €*	958,00 €*

* Jahrestherapiekosten auf AVP-Ebene

Quelle: G-BA Beschlüsse zu Aclidiniumbromid/Formoterol und Indacaterol/Glycopyronium; LauerTaxe Stand: 01.02.2016; Eigene Berechnung.

2.6 Die Flexibilisierung der Obergrenze für Arzneimittel ohne Zusatznutzen

Durch diese Neuregelung wird den Verhandlungspartnern für Arzneimittel ohne Zusatznutzen die Möglichkeit eingeräumt, im begründeten Einzelfall von der bisher zwingenden gesetzlichen Obergrenze für den Erstattungsbetrag abzuweichen. Diese wirtschaftliche Begünstigung von Arzneimitteln ohne Zusatznutzen ist jedoch weder zur Versorgungssicherung notwendig noch anderweitig inhaltlich gerechtfertigt. Eine bislang klare Gesetzesvorschrift wird durch eine vage Regelung ersetzt, die Rechtsstreitigkeiten provoziert.

Damit wird auch ein Kompromiss einseitig zu Lasten der Krankenkassen aufgekündigt. Erst mit dem Dritten Gesetz zur Änderung arzneimittelrechtlicher und anderer Vorschriften aus dem Jahr 2013 ist dem Unternehmer im Rahmen der G-BA-Nutzenbewertung nach § 35a SGB V die Möglichkeit eingeräumt worden, aus mehreren gleichermaßen zweckmäßigen Alternativen diejenige auszusuchen, gegen die er sich vergleichen möchte. Als Gegengewicht wurde die wirtschaftlichste Alternative als Preisobergrenze in den Verhandlungen verankert. Die gesetzliche Vorgabe des § 130b Absatz 3 Satz 1 SGB V zur preislichen Obergrenze des Erstattungsbetrages auf Höhe der Jahrestherapiekosten der derzeitigen Standardtherapie setzt das Wirtschaftlichkeitsgebot um: Sind mehrere Produkte gleichermaßen zweckmäßig, wählt man das preiswerteste Produkt.

Allenfalls wäre im Fall mehrerer gleichermaßen zweckmäßiger Alternativen eine weitere Konkretisierung zur Obergrenze angebracht. Abbildung 5 veranschaulicht den Grundgedanken.

Für Arzneimittel ohne Zusatznutzen sollte demnach in Einzelfällen nicht allein die günstigste Alternative der zweckmäßigen Vergleichstherapien zur Ermittlung der Preisobergrenze herangezogen wird, sondern vielmehr die Preise all jener Alternativen miteinander nach ihrem Verordnungsanteil gewichtet werden, die die unteren 20 Prozent der Gesamtverordnungen aller Alternativen für die zweckmäßige Vergleichstherapie umfassen.

Abbildung 5: Konkretisierung der Obergrenze bei mehreren Alternativen.

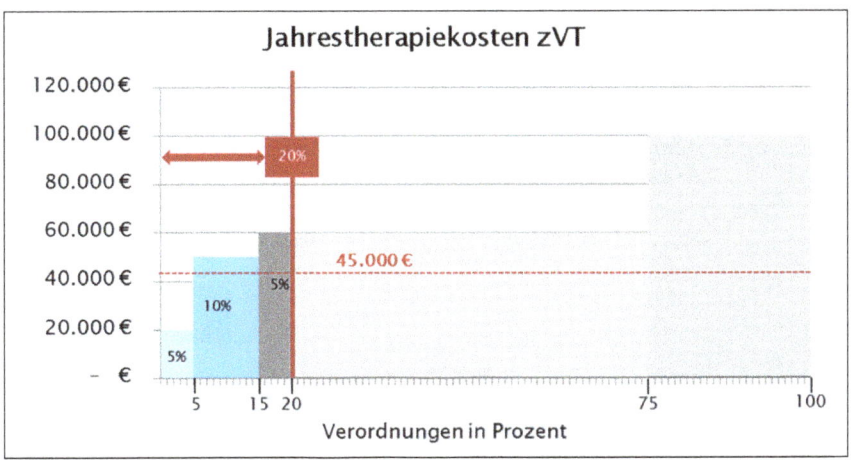

Quelle: Vorschlag GKV-Spitzenverband; Eigene Darstellung.

3. Ausblick: Neue Herausforderungen durch Adaptive Pathways

Beschleunigte Zulassungen von neuen Arzneimitteln sind eine aktuelle Herausforderung für die nationalen Versicherungssysteme (ausführlicher z.B. v. Stackelberg et al. 2016). Seit 2014 verfolgt die europäische Arzneimittelagentur (EMA) ein als „Adaptive-Pathways" gestartetes Pilotprojekt u.a. mit dem Ziel, bestehende regulative Instrumente wie „bedingte Zulassung", „Zulassung unter außergewöhnlichen Umständen" und Beratungsformate für Hersteller effektiver nutzbar zu machen (vgl. EMA 2014a; EMA 2014b; EMA 2016a; EMA 2016b; EMA 2016c). Ein Kernpunkt ist, dass bei Vorliegen einer sog. Versorgungslücke (unmet medical need) – trotz bis dato limitierter Daten zum Nutzen-Risiko-Verhältnis – die Zulassung erteilt und schrittweise erweitert werden soll.

Die Beweislast für ein positives Nutzen-Risiko-Verhältnis wird damit unzweifelhaft auf die Postmarketingphase verlagert (siehe Abb. 6). Allerdings ist bei den bereits existierenden Instrumenten bereits heute schon nicht sichergestellt, dass die erforderlichen Daten nach Zulassung auch generiert werden (vgl. Pressemitteilung des GKV-Spitzenverbandes vom 04.04.2016). Zeitliche oder inhaltliche Abweichungen von den ursprünglichen Auflagen der Zulassungsbehörden sind keine Seltenheit (vgl. HAI et al. 2015; Banzi, R. et al. 2015; Fain, K. et al. 2013). Damit steigt das Risiko von Fehlentscheidungen für Ärzte, Patienten, Versicherte und das Gesundheitssystem dauerhaft (Zentner, A., Haas, A. 2016a; Zentner, A., Haas, A. 2016b).

Abbildung 6: Adaptive Pathways = Risikoshift zu Patienten, Ärzten und Kostenträgern.

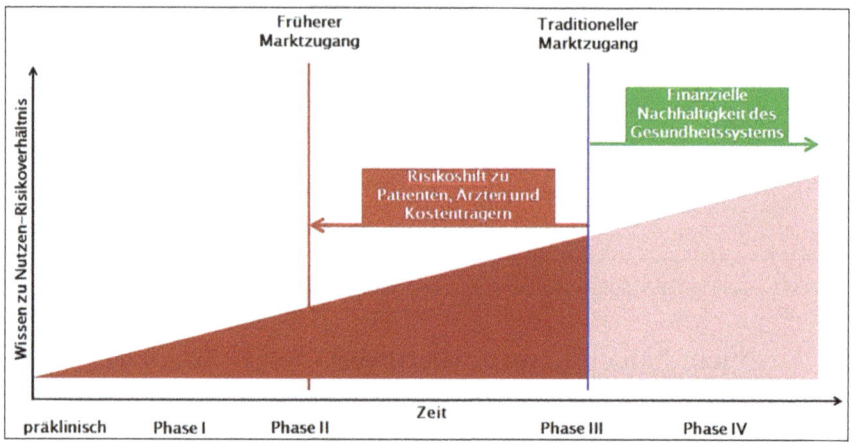

Quelle: v. Stackelberg, J.-M. et al. 2016.

Das deutsche Gesundheitssystem trifft die Vorverlagerung der Marktzulassung von Arzneimitteln in besonderem Maße, da im Unterschied zu den meisten anderen europäischen Ländern Verfügbarkeit und Erstattungsfähigkeit i. d. R. unmittelbar bei Marktzugang gegeben sind (vgl. Busse, R. et al. 2015, S. 15). Eine effektive Rückwirkung der Erstattungsbeträge ist mit dem AMVSG nicht vorgesehen. Die zum Zeitpunkt einer solchen frühzeitigen Zulassung vorliegenden unsicheren Daten genügen den hohen Bewertungsstandards der im Rahmen der AMNOG-Zusatznutzenbewertung angelegten Studienanforderungen an patientenrelevante Endpunkte, d.h. Mortalität, Morbidität und Lebensqualität, häufig nicht.

Das jüngst aus dem Markt zurückgezogenen Arzneimittel Tagrisso® (Wirkstoff: Osimertinib) zeigt beispielhaft, welche Auswirkungen im Zusammenhang mit beschleunigten Zulassungsverfahren unter den gegenwärtigen Regulierungsprämissen zu erwarten sind. Osimertinib – anzuwenden zur Behandlung des nichtkleinzelligen Lungenkarzinom (NSCLC)

Zukunftssicherung der Versorgung mit innovativen Arzneimitteln 165

bei Vorliegen einer spezifischen Mutation – wurde von der EMA unter der Auflage der Nachreichung reiferer Daten – „bedingt zugelassen". Mit dem Inverkehrbringen wurde es in Deutschland voll erstattungsfähig. In der G-BA Nutzenbewertung konnte auf Basis der durch den pharmazeutischen Unternehmer eingereichten Daten jedoch kein Zusatznutzen für die Patienten festgestellt werden. Für die sich anschließende Preisverhandlung stellten die Jahrestherapiekosten der zweckmäßigen Vergleichstherapie (verschiedene konventionelle Chemotherapien) unzweifelhaft die gesetzliche Obergrenze des Erstattungsbetrages dar. Da das Unternehmen davon ausging, auf dieser Basis seine wirtschaftlichen Ziele nicht realisieren zu können, entschied es sich per opt-out Tagrisso® aus dem deutschen Markt zurückzuziehen. Die Folgen der vom Unternehmen angestrebten erneuten Nutzenbewertung im Jahr 2017 für die Versorgung in Deutschland sind im Moment offen.

Da sich solche Fälle aufgrund der Bestrebungen auf europäischer Ebene zur weiteren Beschleunigung des Marktzugangs absehbar häufen werden, sind geeignete Reaktionen auf nationaler Ebene unvermeidbar. Das Konzept der adaptiven Marktzulassung macht im Grunde eine adaptive Zusatznutzenbewertung und eine an den jeweiligen Wissensstand angepasste adaptive Erstattungshöhe unverzichtbar. Die Nutzenbewertung muss in einen regelhaften Prozess von verpflichtender Datengenerierung mit zu wiederholender Zusatznutzenbewertung überführt werden. Dabei sind gleichbleibende Bewertungsansprüche sowie Sanktionierungsmechanismen bei unterlassenen oder unvollständigen Einreichungen zu gewährleisten. Pharmazeutische Unternehmer müssen entsprechend frühzeitig und verantwortungsbewusst beraten werden. Auch der fingierte Zusatznutzen bei Orphan Drugs, die heute schon einen Großteil der „bedingten Zulassungen" ausmachen, ist als unverrückbares Generalpostulat fragwürdig. In bestimmten Fällen muss es dem G-BA möglich sein, auch Orphan Drugs einen Zusatznutzen abzusprechen.

Die freie Preisgestaltung im ersten Jahr nach Inverkehrbringen und uneingeschränkte Erstattungsfähigkeit dürften auch nicht mehr haltbar sein. Im Zusammenhang mit beschleunigten Zulassungen sind Verordnungseinschränkungen auf die wirklich versorgungsrelevanten Teilindikationen ab Marktzugang sowie indikationsspezifische Preise (wie im NoE-Konzept der GKV beschrieben, vgl. Haas, A. et al. 2016) angezeigt. Wünschenswert wäre zudem einerseits die Schaffung von Möglichkeiten, generell bei Unsicherheiten in der Datenlage, Abschläge auf den Erstattungsbetrag verhängen zu können und andererseits die datentechnischen Voraussetzung für Cost-Risk-Sharing-Modelle auf nationaler Ebene zu schaffen.

4. Literatur

Banzi, R. et al. (2015): Approvals of drugs with uncertain benefit-risk profiles in Europe. European Journal of Internal Medicine, Oct, 26 (8), S. 572–584.

Busse, R., Panteli, D., Henschke, C. (2015): Arzneimittelversorgung in der GKV und 15 anderen europäischen Gesundheitssystemen, Ein systematischer Vergleich, in: Working papers in health policy and management, Band 11, Universitätsverlag der TU Berlin.

European Medicines Agency (EMA) (2014a): Pilot project on adaptive licensing, http://www.ema.europa.eu/docs/en_GB/document_library/ Other/2014/03/WC500163409.pdf. Zugegriffen: 18. Mai 2016.

European Medicines Agency (EMA) (2014b): Adaptive pathways to patients: report on the initial experience of the pilot project, http:// www.ema.europa.eu/docs/en_GB/document_library/Report/2014/12/ WC500179560.pdf. Zugegriffen: 18.Mai 2016.

European Medicines Agency (EMA) (2016a): Guideline on the scientific application and the practical arrangements necessary to implement Commission Regulation (EC) No 507/2006 on the conditional marketing authorisation for medicinal products for human use falling within the scope of Regulation (EC) No 726/2004. EMA/CHMP/509951/2006, Rev.1 vom 18.05.2016, http://www.ema.europa.eu/docs/en_GB/docu ment_library/Scientific_guideline/2016/03/WC500202774.pdf. Zugegriffen: 18. Mai 2016.

European Medicines Agency (EMA) (2016b): Guideline on the scientific application and the practical arrangements necessary to implement the procedure for accelerated assessment pursuant to Article 14 (9) of Regulation (EC) No 726/2004. EMA/CHMP/671361/2015 Rev. 1 vom 25.02.2016, http://www.ema. europa.eu/docs/en_GB/document_library/ Scientific_guideline/2016/03/WC500202629.pdf, Zugegriffen: 18. Mai 2016.

European Medicines Agency (EMA) (2016c): Enhanced early dialogue to facilitate accelerated assessment of PRIority MEdicines (PRIME), EMA/CHMP/57760/2015 vom 25.02.2016.

Fain, K. et al. (2013): The Food and Drug Administration Amendments Act and postmarketing commitments. Journal of the American Medical Association (JAMA), 310 (2), S. 202–204.

Haas, A., Tebinka-Olbrich, A., Kleinert, J. M., Różyńska, C. (2016): Konzeptpapier: Nutzenorientierte Erstattung, vom 28.04.2016, auf: www.gkv-spitzenverband.de, zugegriffen am 20.12.2016.

Health Action International (HAI) et al. (2015): Adaptive licensing or adaptive pathways: Deregulation under the guise of earlier access. Joint briefing paper http://ec.europa.eu/health/files/committee/stamp/2015-10_stamp3/3c_prescrire_position_paper.pdf. Zugegriffen: 21. Januar 2016.

Pressemitteilung des GKV-Spitzenverbandes (04.04.2016): Schrittweise Marktzulassung bei Arzneimitteln: Prinzip Hoffnung darf Prinzip Sicherheit nicht verdrängen, https://www.gkv-spitzenverband.de/presse/pressemitteilungen_und_statements/pressemitteilung_363904.jsp. Zugegriffen am 21.12.2016.

Toumi, M. et al. (2014): External reference pricing of medicinal products: simulation-based considerations for cross-country coordination, in: Final Report, European Commission.

Vogler, S. et al. (2015): Study of enhanced cross-country coordination in the area of pharmaceutical product pricing, in: Final Report, European Commission.

v. Stackelberg, J.-M., Haas, A., Tebinka-Olbrich, A., Zentner, A. (2016): Ergebnisse des AMNOG-Erstattungsbetragsverfahrens, in Schwabe, U. / Paffrath, D. (Hrsg.): Arzneiverordnungs-Report 2016, Springer-Verlag Berlin Heidelberg, S. 159ff.

Zentner, A., Haas, A. (2016a): Prinzip Hoffnung versus Prinzip Risiko – Folgen des beschleunigten Marktzugangs von Arzneimitteln. In: Schriftenreihe: Interdisziplinäre Plattform zur Nutzenbewertung: Adaptive Pathways – Chancen und Risiken. Springer-Verlag, Heft 3, S. 24ff.

Zentner, A., Haas, A. (2016b): Adaptive Pathways – Was würde ein beschleunigter Marktzugang von Arzneimitteln in Deutschland bedeuten? In: Gesundheits- und Sozialpolitik 70 (1), S. 59–66.

Han Steutel
Nach dem Pharmadialog. Was ist erreicht? Was steht noch aus?

Die schwarz-gelbe Bundesregierung hat 2010 das AMNOG – das Gesetz zur Neuordnung des Arzneimittelmarktes in der gesetzlichen Krankenversicherung (Arzneimittelmarktneuordnungsgesetz) verabschiedet. Das AMNOG hatte im Wesentlichen drei übergeordnete Ziele.

1. Den Menschen müssen im Krankheitsfall die besten und wirksamsten Arzneimittel zur Verfügung stehen.
2. Die Preise und Verordnungen von Arzneimitteln müssen wirtschaftlich und kosteneffizient sein.
3. Es müssen verlässliche Rahmenbedingungen für Innovationen, die Versorgung der Versicherten und die Sicherung von Arbeitsplätzen geschaffen werden.

Nach mehr als 5 Jahren Erfahrung mit dem AMNOG ist es aus unserer Sicht Zeit zu überprüfen, ob der gesetzliche Rahmen, der mit AMNOG geschaffen worden ist, so sinnvoll ist und/oder ob ggf. nachgebessert werden muss. Im Koalitionsvertrag der Großen Koalition aus dem Herbst 2013 steht:

„Wir stehen für eine flächendeckende, innovative und sichere Arzneimittelversorgung in Deutschland. Der unmittelbare Zugang zu neuen Arzneimitteln für alle Versicherten in Deutschland ist ein hohes Gut. Wir wollen einen ressortübergreifenden Dialog unter Beteiligung von Wissenschaft und Arzneimittelherstellern einrichten, um den Standort Deutschland für Forschung und Produktion zu stärken. Wir sehen das Zusammenspiel von Nutzenbewertung und anschließenden Preisverhandlungen grundsätzlich als lernendes System, das wir bei Bedarf weiterentwickeln werden."

Pharmadialog

Vor diesem Hintergrund wurde der sogenannte Pharmadialog etabliert. Der Pharmadialog sollte die Probleme des AMNOG identifizieren und Lösungen erarbeiten. Das System wurde eben als „lernendes System" verstanden. Dabei waren nicht nur die Pharmaverbände eingebunden, sondern auch die Kassen und Behörden – je nach Thema. Der GKV-SV war zu den Erstattungsfragen zu Gast, nicht aber zu Themen wie Forschung und Entwicklung – zu Recht.

Nach mehr als zwei Jahren des Dialogs wurde bereits im April dieses Jahres der Abschlussbericht zum Pharmadialog vorgestellt. Darüber hinaus hat die Bundesregierung anschließend einen konkreten Gesetzesentwurf erarbeitet. Der Entwurf, der den Namen Gesetz zur Stärkung der Arzneimittelversorgung (AM-VSG) trägt, beinhaltet leider kaum konkrete Lösungsansätze zur Reduktion der Versorgungsprobleme. Im Gegenteil: Eine Reihe von Sparmaßnahmen sowie explizite Verordnungseinschränkungen einiger Behandlungsoptionen verschärfen die Probleme nur noch. Das Ziel des Gesetzes, dass „die Patientinnen und Patienten sich darauf verlassen können, dass sie auch in Zukunft mit hochwertigen und innovativen Arzneimitteln flächendeckend versorgt werden", wird damit ins Gegenteil verkehrt. Der Gesetzesentwurf der Bundesregierung wird seinem Namen bisher leider nicht gerecht. Erlauben Sie mir auf die wichtigsten Aspekte des Gesetzesentwurfs einzugehen, die für die Industrie von besonderer Relevanz sind.

Nicht-öffentliche Listung der Erstattungsbeträge

Ein wichtiges Thema, das auch im Pharmadialog diskutiert wurde, ist die nicht-öffentliche Listung der Erstattungsbeträge. Die Bundesregierung hat das Problem erkannt und daher im AM-VSG vorgeschlagen, dass „der vereinbarte Erstattungsbetrag nicht öffentlich gelistet werden darf. Er darf nur solchen Institutionen mitgeteilt werden, die ihn zur Erfüllung ihrer gesetzlichen Aufgaben benötigen." Die nicht-öffentliche Listung der Erstattungsbeträge ist vor allem aus versorgungspolitischen Gründen von enormer Bedeutung. Die negativen Auswirkungen einer Veröffentlichung des Erstattungsbetrages zeigen sich aktuell insbesondere darin, dass die Versorgung mit innovativen Arzneimitteln nicht sichergestellt werden kann.

Erstens sind pharmazeutische Unternehmer gezwungen, ihre Produkte aufgrund der internationalen Preisreferenzierungssysteme vom deutschen Markt zurückzuziehen, wenn kein auskömmlicher Erstattungsbetrag vereinbart werden kann. Zweitens entstehen zunehmend Lieferengpässe in deutschen Apotheken, weil der rabattierte Erstattungsbetrag auf allen Handelsstufen von allen einsehbar und für alle gültig und verfügbar ist. Medikamente werden somit von Parallelhändlern zum günstigen Preis in Deutschland eingekauft und ins Ausland verkauft.

Eine – in dieser Form – bisher unveröffentlichte AOK-Studie zeigt, dass die AM-Preise nach AMNOG für einige Medikamente billiger sind als in anderen europäischen Ländern. D.h.: Für diese Medikamente lohnt sich plötzlich der Parallelexport für den Großhändler. Die Folge: In Deutschland kommt es zu Lieferengpässen. Eine Referenzierung auf deutsche Erstattungsbeträge in Europa hat somit massive und unmittelbare Auswirkungen für die Unternehmen.

21 Opt.-outs

Das sind Produkte, die für die Versorgung gebraucht werden, die einen echten Patientennutzen haben und oftmals in bedeutenden Erkrankungen (Epilepsie, Krebs, Diabetes) bereits einen erheblichen therapeutischen Stellenwert haben. Das AMNOG führt zunehmend zu Einschränkungen in der Arzneimittelversorgung durch Opt.-outs. Davon gab es mittlerweile bereits 21. Ursache dafür sind die öffentliche Listung der Erstattungsbeiträge.

Lieferengpässe

Durch Exporte aus Deutschland ins europäische Ausland entstehen außerdem Lieferengpässe. Diese können durch die vertrauliche Listung der Erstattungsbeträge ebenfalls unterbunden werden und damit die Lieferengpässe vermieden werden. Dies findet man auch in offiziellen Statistiken: Deutschland post-AMNOG: Vom Import zum Exportland „preisgünstiger" Arzneimittel (vgl. EMA Anmeldungen zu AMNOG Produkten – siehe Seite 11 der Präsentation)

Das System der Exporteure funktioniert wie folgt: Der Rabatt kann in allen Handelsstufen an Parallelhändler weitergegeben werden. Die Ware wird zum rabattierten Preis gekauft und ins Ausland verkauft. Doch der Rabatt sollte den deutschen Versicherten zu Gute kommen.

Der Gesetzesentwurf bietet leider über die bloße unverbindliche Ankündigung hinaus noch keine konkrete Lösung für die skizzierten Probleme. Eine sachgerechte Antwort bietet allein die Umstellung auf ein Abrechnungsverfahren, das den Erstattungsbetrag direkt zwischen den Kassen und den pharmazeutischen Unternehmen abrechnet. Denn nur dann ist gewährleistet, dass der niedrigere Erstattungspreis den deutschen Versicherten zu Gute kommt, und nicht den exportierenden Parallelhändlern. Dies ist jedoch bisher noch nicht abschließend gesetzlich geregelt.

Das sogenannte „Direktabwicklungsverfahren" ist ein etabliertes Verfahren. Seit vielen Jahren werden auf diesem Wege bereits über 50 Prozent aller Arzneimittelverordnungen in Deutschland im Rahmen von Rabattverträgen für Generika und innovative Arzneimittel, wie z.B. Insulinanaloga, gemeinsam mit den Krankenkassen als gängige Praxis gelebt.

Arztinformationssystem

Ein weiteres wichtiges Vorhaben stellt das geplante Arztinformationssystem dar. Der Ansatz, Ärzte noch besser zu informieren, ist grundsätzlich zu begrüßen. Doch aus „Information" darf nicht „kassengesteuerte Verordnungskontrolle" werden. Die Information des Arztes, die in der Praxissoftware gegeben ist, sollte sachlich, unmissverständlich und vollständig sein, und die ärztliche Therapiefreiheit darf dabei nicht eingeschränkt werden. Im Interesse der Patienten sollten alle Akteure mit finanziellen Interessen – also auch die Krankenkassen – keinen Einfluss auf ein Arztinformationssystem ausüben dürfen.

Unzumutbar ist der Kassenvorschlag, dass zukünftig die Ärzte nach Subgruppen spezifizierte Zusatznutzenkategorien bei der Verordnung dokumentieren müssen, die dann von den Kassen kontrolliert werden. Sollen wirklich die für die Verwaltung der Kassenbeiträge zuständigen Kassenmitarbeiter noch mehr die medizinischen Verordnungen der Ärzte beeinflussen? Eine derartige Verordnungskontrolle der Kassen würde nicht nur die Ärzteschaft zutiefst verunsichern, sondern den von Kassen selbst aktuell öffentlich zugegebenen Kodierungsmanipulationen Tür und Tor öffnen. Jeglicher Anreiz für taktische Fehlkodierungen muss ausgeschlossen sein. Darüber hinaus wäre eine derartige Kodierung auch datenschutzrechtlich nicht durchführbar, da es einer unzulässigen Weitergabe der Diagnose entspräche.

Ein Arztinformationssystem ist wie bereits gesagt grundsätzlich zu begrüßen, es darf nur nicht zu einem Kassenkontrollsystem werden. Daher gilt es Folgende Grundsätze zu beachten: Akzeptanz wird ein Informationssystem in der Ärzteschaft nur dann erzielen, wenn die zusätzlichen Informationen nicht den therapeutisch und haftungsrechtlich relevanten und hochqualitativen

S3-Leitlinien, nationalen Versorgungsleitlinien sowie Leitlinien der Fachgesellschaften widersprechen und ständig auf dem neuesten Stand sind. Anders als die frühe Nutzenbewertung werden die echten Leitlinien ständig aktualisiert. Darüber hinaus muss der Informationstransfer sachlich korrekt gestaltet werden sein. Die Therapiefreiheit darf nicht eingeschränkt werden, eine widerspruchsfreie Kommunikation über den therapeutischen Mehrwert muss geschaffen werden und eine wirtschaftliche Verordnung als Ergebnis der Erstattungsbetragsverhandlungen gegeben sein.

Verordnungseinschränkung

Das AM-VSG ermöglicht dem G-BA darüber hinaus eine Verordnungseinschränkung nach § 92 Absatz 1 Satz 1 zu beschließen, soweit ein Zusatznutzen nicht belegt ist und die Verordnungseinschränkung zur Sicherstellung der Versorgung von einzelnen Patientengruppen erforderlich ist.

Der Selbstverwaltung werden damit weitreichende Verordnungseinschränkungen ermöglicht. Somit können demnächst Ärzten und Patienten wichtige Behandlungsalternativen genommen werden. Betroffen sind zum einen Medikamente, die genauso gut wirken wie andere. Zum anderen aber auch Medikamente, die besser wirken bzw. manchmal sogar die einzige Behandlungsalternative sind, denen aber im Bewertungsverfahren der frühen Nutzenbewertung – zumeist aus formalen Gründen – ein Zusatznutzen noch nicht zugesprochen wurde. Bei Brust- oder Hautkrebs, Diabetes, Epilepsie, Multipler Sklerose oder psychischen Störungen sind Ärzte zum Beispiel dringend auf ein breites Spektrum von Behandlungsmöglichkeiten angewiesen. Wenn ein Arzneimittel im Einzelfall nicht wirkt oder nicht vertragen wird, ist es notwendig, dass Alternativen zur Verfügung stehen.

Die geplante Regelung wäre ein Paradigmenwechsel im deutschen Gesundheitswesen. Bisher sollte das AMNOG immer die Preise der Medikamente reduzieren, aber keinesfalls das Therapiespektrum des Arztes und damit den Zugang der Patienten zu Medikamenten einschränken, deren Nutzen zweifelsfrei nachgewiesen ist. Bisher gilt: Wenn ein Medikament über den Nutzen hinaus keinen weiteren Zusatznutzen gegenüber der vom G-BA gewählten Vergleichstherapie zuerkannt bekommt, ist es auch nicht teurer als die Vergleichstherapie. Und das, obwohl der Zusatznutzen in 75 Prozent aller Fälle lediglich aus „formalen Gründen" nicht zugewiesen wurde.

Weitere Regelungen

Das AM-VSG sieht außerdem vor, dass der Gemeinsame Bundesausschuss eine Nutzenbewertung veranlassen kann für Arzneimittel mit einem Wirkstoff, der kein neuer Wirkstoff im Sinne des Absatzes 1 Satz 1 ist, wenn für das Arzneimittel eine neue Zulassung mit neuem Unterlagenschutz erteilt wird.

Ziel der Regelung ist es, für die wenigen Arzneimittel, die auf einem bereits vermarkteten Wirkstoff basieren und trotzdem eine neue vollständige Zulassung für einen völlig anderen Indikationsbereich bekommen, auch dem AMNOG-Bewertungsverfahren zu unterziehen. Es geht ausdrücklich nicht darum, die gesetzlich abgeschaffte Option des Aufrufes von Arzneimitteln des Bestandsmarkts wiedereinzuführen. Die Abschaffung wurde zu Beginn der laufenden Legislaturperiode bestätigt. Sie war der Grund für eine kompensatorische Erhöhung des Herstellerabschlags.

Der erste Satz des Gesetzesentwurfs ist in Ordnung, wenn klargestellt wird, dass es sich um einen „vollständigen" Unterlagenschutz handelt bzw. dass es sich bei „neuer Zulassung" um eine Neuzulassung handelt und nicht etwa um eine Zulassungserweiterung. Praktisch bedeutet dies, dass es sich um einen vollständigen Unterlagenschutz (8+2+1 bzw. 10 Jahre) und nicht etwa eine Verlängerung des Unterlagenschutzes (2 oder +1 Jahre) handeln muss. Der zweite Satz schafft keine Klarheit (entweder bedeutet er keine Änderung, dann braucht es ihn nicht oder er macht den Bestandsmarkt wieder komplett auf, dann braucht es Satz 1 nicht), sondern jede Menge Unklarheit. Er sollte schlicht entfallen.

Umsatzschwelle

Ein weiteres Thema, dass uns sehr beschäftigt, die Preise bzw. Umsätze von Arzneimitteln. Entgegen aller unsachlichen Stimmungsmache durch die Krankenkassen zeigen die Daten der letzten fünf Jahre nach AMNOG-Einführung, dass in den ersten zwölf Monaten keine unverhältnismäßigen Ausgaben für neue AMNOG-Arzneimittel anfallen. Lediglich ein einziges Arzneimittel hat mehr als 500 Mio. Euro Umsatz im ersten Jahr erzielt. Die These, dass die freie Preisbildung im ersten Jahr zum Ruin des Systems führt, bleibt somit ein Mythos. Es zeigt sich vielmehr, dass das System des direkten Marktzugangs nach Zulassung sich im Sinne der Versorgung der Patientinnen und Patienten bewährt hat. Unter Berücksichtigung der Umsätze von AMNOG-Produkten im ersten Jahr ist daher kein gesetzlicher Handlungsbedarf notwendig.

Dennoch soll mit dem AM-VSG eine Umsatzschwelle eingeführt werden. Um den damit einhergehenden Schaden zu begrenzen, muss dann zumindest sichergestellt sein, dass sich die Regelung tatsächlich auf die kostenintensiven Einzelfälle beschränkt, die politisch als Grund der Änderung des AMNOG diskutiert werden. Dies scheint bei einem Schwellenwert von 250 Mio. Euro tendenziell gegeben, der voraussichtlich genau die wenigen Arzneimittel mit einem hohen Umsatzvolumen und gleichzeitig mehr als 50 Prozent des Gesamtumsatzes aller AMNOG-Produkte im ersten Jahr betreffen würde.

Die Debatte um eine Umsatzschwelle wurzelt an den Therapien für HCV. Daher lohnt sich ein Blick auf die Umsätze in diesem Therapiebereich. Es zeigt sich, dass die Umsätze seit Anfang 2015 kontinuierlich zurückgehen.

Preismoratorium

Zuletzt: die geplante Verlängerung des Preismoratoriums ist betriebs- und volkswirtschaftlich inakzeptabel. Es handelt sich hierbei um eine staatlich verordnete Preissenkung, die die Deckungsbeiträge verringert und damit auch die Investitionen in Forschung, Entwicklung und Produktion erheblich erschwert.

Es fehlt seit langer Zeit an der ökonomischen Notlage der gesetzlichen Krankenkassen, die bei der Einführung des Preismoratoriums vor vielen Jahren als Begründung genannt wurde. Aktuell wurde dies gerade nochmals durch den Schätzerkreis beim Bundesversicherungsamt bestätigt. Die Begründung für die Einführung des Preismoratoriums lag in der schwierigen Finanzlage der Kassen und die hohen Ausgaben für Arzneimittel. Weder die Ausgaben für Arzneimittel steigen anteilig dramatisch, noch stehen die Kassen vor der unmittelbaren Pleite.

Schlusswort

Den Menschen müssen im Krankheitsfall die besten und wirksamsten Arzneimittel zur Verfügung stehen. Und es müssen verlässliche Rahmenbedingungen für Innovationen, die Versorgung der Versicherten und die Sicherung von Arbeitsplätzen geschaffen werden. Dieser Gesetzesentwurf legt jedoch einseitig den Fokus auf weitere Einsparungen und Maßnahmen, die zu Lasten der Versorgung der Patientinnen und Patienten geht.

Jürgen Wasem und Vivien Engelberth

Erfahrungen mit der Schiedsstelle nach § 130b Abs. 5 SGB V

Dieser Beitrag befasst sich mit der Schiedsstelle nach § 130b Abs. 5 SGB V. Er ordnet zunächst die Schiedsstelle in den durch das Gesetz zur Neuordnung des Arzneimittelmarktes (AMNOG) geschaffenen Rahmen ein. Anschließend werden Gegenstände, Zusammensetzung und Verfahren der Schiedsstelle skizziert. Der Schwerpunkt des Beitrages liegt allerdings auf einigen inhaltlichen Fragen. Diese werden danach unterschieden ob das Arzneimittel in der Nutzenbewertung durch den Gemeinsamen Bundesausschuss (G-BA) einen Zusatznutzen zuerkannt bekommen hat oder nicht.

1. Das AMNOG als Rahmen für die Schiedsstelle

Der Arzneimittelbereich ist aufgrund seiner institutionellen Ausgestaltung (Ärzte verordnen, Patienten haben den Nutzen, gesetzliche Krankenversicherung trägt die Kosten) ein ständiger Gegenstand gesundheitspolitischer Beobachtung und Intervention. Nachdem die Politik Ende der 1980er Jahre zunächst mit Blick auf patentfreie Arzneimittel und in der Folge dann in Bezug auf Analog-Präparate Regelungen geschaffen hat, mit denen Einsparpotenziale realisiert und Ausgabenanstiege begrenzt werden sollten, hat sie 2011 mit dem AMNOG systematisch auch patentgeschützte Arzneimittel mit neuen Wirkstoffen in den Fokus genommen. Aufgrund des AMNOGs entscheidet nun der G-BA auf Basis eines bei Marktzugang vom pharmazeutischen Unternehmen einzureichenden Dossiers, ob er einem neuen Arzneimittel einen patientenrelevanten Zusatznutzen im Vergleich zu einer von ihm bestimmten zweckmäßigen Vergleichstherapie zuerkennt. Wird kein Zusatznutzen festgestellt, wird dem Arzneimittel ein Erstattungsbetrag, durch Einordnung in eine Festbetragsgruppe mit ähnlichen Arzneimitteln, zugeordnet. Ist dies nicht möglich, da es keine pharmakologisch vergleichbaren Arzneimittel gibt, vereinbart der Hersteller mit dem Spitzenverband Bund der Krankenkassen (GKV-Spitzenverband, GKV-SV) einen Erstattungsbetrag, der zu keinen höheren Jahrestherapiekosten als die zweckmäßige Vergleichstherapie führen darf. Diese Verhandlungen werden ebenfalls geführt, wenn der G-BA einen Zusatznutzen für das Arzneimittel feststellt (vgl. Bundesgesundheitsministerium, 2016). Für die Verhandlungen über den Erstattungsbetrag sieht der Gesetzgeber einen Zeitraum von sechs Monaten vor und in der weit überwiegenden Zahl von Markteinführungen verständigen sich pharmazeutischer Hersteller und GKV-SV in dieser Zeit auf den Erstattungsbetrag. Letztlich kann es allerdings dazu kommen, dass sich die Parteien nicht einig werden. Für diesen Fall hat der Gesetzgeber – einer langjährigen Praxis in anderen Bereichen der gesetzlichen Krankenversicherung folgend[1] – die Konfliktlösung durch eine Schiedsinstitution, hier konkret: eine Schiedsstelle, vorgesehen.

1.1 Gegenstände, über die die Schiedsstelle entscheidet

Gemäß § 130b Abs. 5 SGB V bilden der GKV-SV und die Spitzenorganisationen der pharmazeutischen Unternehmen eine gemeinsame Schiedsstelle auf Bundesebene. Diese ist dafür verantwortlich, im Falle einer Uneinigkeit zwischen dem Spitzenverband Bund der Krankenkassen und den pharmazeutischen Unternehmen, die notwendigen Beschlüsse zu treffen und insoweit Vereinbarungen der Beteiligten zu ersetzen. Hauptsächlich kommt die Schiedsstelle dann zum Einsatz, wenn keine Einigung in Bezug auf Erstattungsbeträge für Arzneimittel gefunden werden konnte (§ 130b Abs. 4 SGB V). Außerdem kommt die Schiedsstelle bei strittigen Gegenständen der Rahmenvereinbarung (RV) (§ 130b Abs. 9 SGB V), welche Vorgaben über die Maßstäbe von Vereinbarungen die Erstattungsbeträge betreffend enthält, zusammen. Hierzu zählt, nach Auffassung der Unparteiischen Mitglieder der Schiedsstelle, auch die Frage, wer herstellerseitig Partner der Rahmenvereinbarung ist.[2] In der aktuellen Fassung der Rahmenvereinbarung ist außerdem vorgesehen, dass die Schiedsstelle entscheidet, in wie weit sich beim Vorliegen eines Härtefalls die Erstattungsbeträge auf

---

1 So bestehen Schieds*ämter* in der vertragsärztlichen und vertragsärztlichen Versorgung (§ 89 SGB V) sowie Schieds*stellen* u.a. in der Krankenhaushausversorgung (§ 13 KHEntgG) und bei den Apotheken (§ 129 SGB V). Schieds*personen* sieht das Gesetz etwa bei der häuslichen Krankenpflege vor (§ 132a SGB V).
2 Vgl. etwa Schiedsspruch zur Rahmenvereinbarung vom 12.05.2015 sowie Schiedsspruch zur Rahmenvereinbarung vom 30.06.2016.

Erfahrungen mit der Schiedsstelle nach § 130b Abs. 5 SGB V 179

weitere Arzneimittel mit dem gleichen Wirkstoff erstrecken (§ 4 Abs. 8 Satz 4 RV). Zu guter Letzt ist die Schiedsstelle dafür verantwortlich ihre eigene Geschäftsordnung, im Benehmen mit den Rahmenvertragspartnern, zu erstellen. Diese bedarf zusätzlich der Genehmigung des Bundesministeriums für Gesundheit (§ 130b Abs. 6 SGB V).

1.2 Zusammensetzung der Schiedsstelle

Die Zusammensetzung der Schiedsstelle ergibt sich aus § 130b Abs. 5 SGB V und ist in der Schiedsstellenverordnung des BMG näher konkretisiert. Die Schiedsstelle besteht, wenn sie zusammenkommt, um einen Erstattungsbetrag festzusetzen sowie bei Härtefall-Entscheidungen, aus einem unparteiischen Vorsitzenden und zwei weiteren unparteiischen Mitgliedern, sowie aus jeweils zwei Vertretern des GKV-SV und des jeweiligen betroffenen pharmazeutischen Unternehmens. Bei Verfahren, die die Rahmenvereinbarung oder die Geschäftsordnung betreffen, besteht die Schiedsstelle nur aus den drei Unparteiischen.

Für die Bestimmung der Unparteiischen ist eine Einigung der Verbände der pharmazeutischen Industrie mit dem GKV-SV vorgesehen. Soweit eine Einigung nicht zu Stande kommt, stellen die Beteiligten eine gemeinsame Liste auf, die mindestens die Namen für zwei Vorsitzende und je zwei weitere unparteiische Mitglieder sowie deren Stellvertreter enthält. Von dieser Liste wird mittels Losverfahren entschieden, wer die Ämter der Unparteiischen ausüben wird. In diesem Fall beträgt die Amtsdauer nur ein Jahr, im Gegensatz zu einer vierjährigen Amtsdauer bei einer Einigung (§ 89 Abs. 3 SGB V). Seit 2015 sind die weiteren unparteiischen Mitglieder und ihre Stellvertreter sowie der zweite Stellvertreter des Vorsitzenden geeint, über den Vorsitzenden und seinen ersten Stellvertreter wurde jedoch kein Einvernehmen erzielt.

2. Verfahren der Schiedsstelle

2.1 Ablauf eines Verfahrens

Wenn der GKV-SV und das pharmazeutische Unternehmen zu keiner Einigung über den Erstattungsbetrag oder weitere in der zu schließenden Vereinbarung zu regelnde Gegenstände gelangen (i.d.R. nach dem vierten gescheiterten Verhandlungstermin), kommt es zu einer Anrufung der

Schiedsstelle durch eine oder auch durch beide Seiten. Hierzu wird ein Eröffnungsantrag mit den einschlägigen Unterlagen eingereicht. Darauf folgend wird vom Vorsitzenden der Termin (i.d.R. knapp drei Monate nach Antragseingang) der mündlichen Verhandlung festgelegt. Die beiden Seiten werden vom Vorsitzenden aufgefordert, konkretisierende Anträge zu stellen. Der PKV-Verband erhält gem. § 130b Abs. 4 Satz 4 die Gelegenheit zur Stellungnahme.

Die Schiedsstelle entscheidet in mündlicher Verhandlung. Die Verhandlung beginnt mit einer Vorstellung und Erörterung der Anträge beider Seiten. An dieser Stelle ist auch eine Teilnahme- und Stellungnahmemöglichkeit für die Patientenvertreter vorgesehen. Typischerweise nehmen ein themenunspezifischer und ein themenspezifischer Patientenvertreter teil. Auch das BMG ist teilnahmeberechtigt und nimmt diese Möglichkeit im Allgemeinen auch wahr. Die Geschäftsordnung der Schiedsstelle sieht zudem vor, dass mit Zustimmung des Vorsitzenden auch die Stellvertreter der Unparteiischen Mitglieder teilnehmen können. Darauf folgt die Beratung in interner Sitzung der Schiedsstelle mit anschließendem Schiedsspruch, der daraufhin beiden Seiten mitgeteilt wird.

Die unparteiischen Mitglieder der Schiedsstelle bemühen sich, auf eine Einigung der beiden Seiten über die streitigen Gegenstände hinzuwirken. In einzelnen Fällen ist dies vollständig, in anderen Fällen zumindest für Teile der streitigen Gegenstände gelungen. Sofern dies nicht gelingt, muss die Schiedsstelle den Vertragsinhalt konfliktär durch Mehrheitsentscheid festsetzen. Für eine Entscheidung der Schiedsstelle ist die einfache Mehrheit der anwesenden Mitglieder ausreichend, wobei Enthaltungen nicht gestattet sind. Ergibt sich bei einer Abstimmung bei einer geraden Anzahl der anwesenden Mitglieder keine Mehrheit, erhält der Vorsitzende eine Zweitstimme.[3]

Der Vorsitzende fertigt den Schiedsspruch einschließlich der Begründung aus und stellt ihn den Beteiligten zu. Es gibt für die Öffentlichkeit die Möglichkeit, den Schiedsspruch in der Geschäftsstelle einzusehen. Dort steht

---

3 Vgl. dazu Urteil des LSG Berlin-Brandenburg vom 20.06.2016 im Klageverfahren L 9 KR 513/15 KL ER. Bislang ist es nicht zu Abstimmungen mit Stimmengleichheit und Zweit-Stimmen-Ausübung durch den Vorsitzenden gekommen.

dieser auch zur Verfügung, um für quantitative und qualitative wissenschaftliche Analysten genutzt zu werden (vgl. Ludwig, S. et al. 2016).

2.2 Klagen gegen Schiedssprüche

Schiedssprüche, die von Schiedsämtern und Schiedsstellen erlassen werden, haben nach Literatur (vgl. Luthe, E.W. 2016) und ständiger Rechtsprechung des Bundessozialgerichts[4] einen Doppelcharakter: Gegenüber Dritten, die nicht Partner der zu schließenden Verträge sind, haben sie Normcharakter. Gegenüber den beteiligten beiden Seiten haben sie auch den Charakter von Verwaltungsakten. Damit ist die Klagemöglichkeit durch beide Seiten gegen die Schiedssprüche als Klage gegen Verwaltungsakte eröffnet. Es findet kein Vorverfahren statt.

Die Klage bewirkt keine aufschiebende Wirkung des Schiedsspruchs. Es besteht aber die Möglichkeit, im Rahmen eines Verfahrens des einstweiligen Rechtsschutzes (ER-Verfahren) den Aufschub zu bewirken. Klagen gegen den Schiedsspruch der einen oder anderen Seite sind keine Seltenheit. Tabelle 1 zeigt, wie häufig (seit Juli 2015) dies vorgekommen ist und welche Seite im jeweiligen Fall geklagt hat.

In fünf Verfahren der Schiedsstelle, bei denen der G-BA keinen Zusatznutzen festgestellt hat, wurde in zwei Fällen Klage erhoben, beide Male von der Seite des jeweiligen Herstellers. Zusätzlich wurde in beiden Verfahren einstweiliger Rechtsschutz beantragt. Bei den elf Verfahren, in denen der G-BA einen Zusatznutzen für das Arzneimittel festgestellt hat, wurden insgesamt fünf Klagen gegen die Schiedssprüche erhoben, vier Mal davon von der Seite des GKV-Spitzenverbandes (davon ein ER-Verfahren).

Da nach § 35a Abs. 8 SGB V keine eigenständige Klagemöglichkeit gegen den G-BA-Nutzenbewertungsbeschluss besteht, erfolgt eine Prüfung der Rechtmäßigkeit des G-BA-Beschlusses inzidenter bei einer Klage gegen den zugehörigen Schiedsspruch. Sämtliche Klagen der Hersteller in den hier betrachteten Verfahren richten sich auch gegen den jeweiligen G-BA-Beschluss, etwa gegen die von ihm bestimmte zweckmäßige Vergleichstherapie oder seine Feststellungen zum Zusatznutzen oder zu den Patientenzahlen.

---

4 Vgl. etwa BSG-Urteil vom 13.08.2014 (B 6 KA 5 /14 R).

Tabelle 1: Schiedssprüche und Klagen seit Juli 2015.

	Summe Verfahren	keine Klage	GKV-SV klagt	davon ER	Hersteller klagt	davon ER
ohne Zusatznutzen	5	3			2	2
mit Zusatznutzen	11	6 [1)]	4	1	1	
davon „Orphan Drugs"	4	3			1	
Insgesamt	16	9 [1)]	4	1	3	2

[1)] Bei zwei Verfahren ist die Frist einer Klage noch nicht abgelaufen.
Quelle: eigene Darstellung.

Die Klageverfahren sind sehr langwierig. Bisher wurden nur zwei ER-Verfahren entschieden. Bei allen anderen Verfahren zu Schiedssprüchen seit Juli 2015 kam es bis heute[5] noch zu keiner gerichtlichen Entscheidung. Zusätzlich laufen noch mehrere Klageverfahren zu Schiedssprüchen, bei denen vor Juli 2015 Klage eingereicht wurde.

3. Die Festsetzungen von Erstattungsbeträgen durch die Schiedsstelle

Im Folgenden gehen wir zunächst grundlegend auf die Kriterien für die Festsetzung von Erstattungsbeträgen ein. Anschließend werden wir drei unterschiedliche Fallkonstellationen näher betrachten: Nämlich zunächst den Fall, dass das Arzneimittel komplett ohne Zusatznutzen gemäß G-BA-Beschluss ist, sodann den Fall, dass es für alle Patientengruppen nach G-BA-Beschluss über Zusatznutzen verfügt und schließlich den Fall, dass es für Teile der Patientengruppen mit Zusatznutzen gemäß G-BA-Beschluss, für andere Teile ohne Zusatznutzen versehen ist.

---

5 Redaktionsschluss für diesen Beitrag ist der 02. März 2017.

3.1 Grundlegende Kriterien für die Festsetzung von Erstattungsbeträgen

„Die Schiedsstelle entscheidet unter freier Würdigung aller Umstände des Einzelfalls und berücksichtigt dabei die Besonderheit des jeweiligen Therapiegebietes" (§ 130b Abs. 4 Satz 2 SGB V). Für die Festsetzung eines Erstattungsbetrags durch die Schiedsstelle gelten zusätzlich zu dieser ausdrücklichen gesetzlichen Regelung die gleichen Kriterien wie für eine Festsetzung durch die Vertragsparteien selbst. Hierzu zählt, dass eine Vereinbarung über einen Erstattungsbetrag auf Grundlage des Beschlusses des G-BA über die Nutzenbewertung getroffen wird. Die Verhandlungen sind inklusive der Vorbereitung, Beratungsunterlagen und der Niederschriften vertraulich zu behandeln (§ 130b Abs. 1 SGB V).

3.2 Arzneimittel mit G-BA-Entscheid (komplett) „ohne Zusatznutzen"

Gemäß § 130b Abs. 3 Satz 1 SGB V ist bei Arzneimitteln, für die vom G-BA vollständig ein Zusatznutzen verneint wurde, „ein Erstattungsbetrag [...] zu vereinbaren, der nicht zu höheren Jahrestherapiekosten [(JTK)] führt, als die [...] zweckmäßige Vergleichstherapie" (zVT). Sollte es mehrere zVTs geben, so dürfen die JTK des zu bewertenden Arzneimittels zu keinen höheren JTK führen als die wirtschaftlichste Alternative. Das LSG Berlin-Brandenburg hat dazu ausgeführt, dass die Schiedsstelle keinen Ermessensspielraum hinsichtlich dieser Obergrenze habe, sondern „das gesetzgeberisch vorgegebene Ziel der Kostendeckelung auf einen bestimmten Betrag verwirklichen" müsse.[6] So dürfe die Schiedsstelle etwa nicht bei mehreren Möglichkeiten, die Kosten der zVT zu bestimmen, im Wege eines Interessenausgleichs einen „Mischpreis" aus den unterschiedlichen Ansätzen wählen sondern habe eindeutig zu entscheiden, welcher Ansatz der „richtige" sei und auf dieser Basis zu entscheiden.

Es bleibt abzuwarten, inwieweit sich durch das aktuell in der parlamentarischen Beratung befindliche Arzneimittelversorgungsstärkungsgesetz (AMVSG) hier künftig in besonders gelagerten Einzelfällen begrenzte Ermessensspielräume ergeben. Denn das AMVSG sieht vor, die gesetzliche vorgegebene Begrenzung auf die Jahrestherapiekosten der zVT als Obergrenze künftig als „Soll"-Regelung auszugestalten. Diese Begrenzung

---

6 Vgl. a.a.O., L 9 KR 513/15 KL ER.

auf die JTK der Vergleichstherapie bleibt damit der Regelfall. Ein Ausnahmefall könnte nach dem Gesetzgeber z.b. bei unterschiedlichen, kostenmäßig stark divergierenden Vergleichstherapien vorliegen, was das Finden eines angemessenen Erstattungsbetrages erschwere. Aus unserer Sicht könnten Konstellationen relevant sein, bei denen das Arzneimittel trotz des Bescheides, über keinen Zusatznutzen zu verfügen, in der Versorgung eine relevante Rolle spielt und es droht, dass es vom Markt genommen wird.

Verschiedentlich zu Auseinandersetzungen in Schiedsverfahren hat geführt, welche Kosten der zVT einbezogen werden müssen.[7] Das LSG Berlin-Brandenburg hat festgestellt, dass sicherzustellen ist, dass für die in die Kostenberechnung der zVT einbezogenen Arzneimittel die „Eignung zur Behandlung" gegeben sein muss.[8] Denn für den Fall, dass das vertragsgegenständliche Arzneimittel nach dem Schiedsspruch vom Markt genommen wird, muss auch tatsächlich die Versorgung mit der zweckmäßigen Vergleichstherapie zu diesen Kosten stattfinden können. In der jüngeren Spruchpraxis der Schiedsstelle wird daher ermittelt, welche Kosten anfallen, damit die Patienten in der Regel mit der zVT versorgt werden können. Hierbei gilt nicht, dass auch der exotischste Patient mit Maximalkosten (z.B. bei Best Supportive Care) versorgt werden muss. Es gilt aber auch nicht, dass nur unter engen Konstellationen eine Versorgung von Teilen der Patienten mit der zVT zu den angesetzten Kosten möglich wäre.

Bei der Bestimmung der Kosten-Obergrenze für das neue Arzneimittel ist die Frage, ob die GKV-Kosten oder der Hersteller-Abgabepreis der zVT bei der Berechnung herangezogen wird, verschiedentlich von Bedeutung gewesen. Relevant ist dies z.B. bei unterschiedlich häufigem Anfall von Distributionskosten in der zVT und in dem zu bepreisenden Arzneimittel. Die Schiedsstelle hat hier bislang überwiegend, aber ohne präjudizierende Wirkung, die GKV-Kosten als Ausgangspunkt der Berechnungen angesehen. Dies wird von pharmazeutischen Herstellern teilweise als rechtswidrig eingestuft.[9]

---

7 Vgl. etwa Schiedsspruch im Verfahren 130b-SSt. 4–16 (Vortioxetin (Brintellix®).
8 Vgl. dazu Beschluss des LSG Berlin-Brandenburg vom 03.03.2016, L 1 KR 345/15 KL ER (Elivitegravir/Cobicistat/Emtricitabin/Tenovovirdisoproxil (Stribild®).
9 Vgl. etwa Schiedsspruch im Verfahren 130b-SSt. 11–16 (Netupitant/Palonosetron (Akynzeo®).

Ein weiterer Sachverhalt ist dann angesprochen, wenn das Arzneimittel, für das ein Erstattungsbetrag festgesetzt werden soll, zwingend in Kombination mit einem anderen Arzneimittel einzusetzen ist. Die gesetzliche Vorgabe, dass der Erstattungsbetrag zu keinen höheren JTK führen darf als bei der zVT, bedingt nach überwiegender Spruchpraxis der Schiedsstelle, dass in diesen Fällen die Kosten des Kombinationspartners saldierend zu berücksichtigen sind, so dass die Summe aus Kosten des Erstattungsbetrages des Arzneimittels und Kosten seines Kombinationspartners die Kosten der zVT nicht übersteigt.

Verschiedentlich hat der G-BA mehrere Patientengruppen mit unterschiedlichen zVT gebildet oder es liegen mehrere Indikationen mit unterschiedlichen zVT vor. In Fällen, in denen in keiner Gruppe bzw. Indikation vom G-BA ein Zusatznutzen zuerkannt wurde, interpretiert die Schiedsstelle die Vorgabe der Obergrenze der Kosten der zVT in der Regel für jede Patientengruppe getrennt und bildet dann einen gewichteten Misch-Erstattungsbetrag. Dabei legt die Schiedsstelle in diesen Fällen, in denen es in keiner Indikation einen Zusatznutzen gibt, im Allgemeinen die Verteilung der Patienten auf die verschiedenen Gruppen bzw. Indikationen des G-BA-Beschlusses für die Gewichtung zugrunde.

Die zuvor skizzierten Elemente führen zur Ermittlung der Jahrestherapiekosten der Vergleichstherapie als *Obergrenze*. In aller Regel hat die Schiedsstelle bislang diesen Betrag der Obergrenze verwendet, um ihn als Betrag der Jahrestherapiekosten des vertragsgegenständlichen Arzneimittels heranzuziehen und von diesem Betrag ausgehend dann den Erstattungsbetrag festzusetzen. Nur in wenigen Fällen hat die Schiedsstelle bislang Anlass gesehen, den Betrag der Obergrenze nicht voll für die Festlegung der Jahrestherapiekosten und des Erstattungsbetrages des vertragsgegenständlichen Arzneimittels auszuschöpfen.[10]

Insgesamt ist festzustellen: Sofern das pharmazeutische Unternehmen für sein neues Arzneimittel komplett keinen Zusatznutzen zuerkannt bekommt, wird es in der Regel keinen „premium price" realisieren können. Sofern es hierauf mit einem Marktaustritt reagieren will, ist die Schiedsstelle in der

---

10 Vgl. etwa den Schiedsspruch im Verfahren 130b-SSt. 14–16 (Fingolimod (Gilenya®); es handelt sich um ein Arzneimittel mit keinem Zusatznutzen nur in Teilen der Patientengruppen.

Regel aufgrund der gesetzlichen Vorgaben auch dann, wenn man es wollte, nicht der Ort, an dem diese Konsequenz verhindert werden könnte. Es bleibt abzuwarten, ob die durch das AMVSG vorgenommene Veränderung hinsichtlich der Obergrenze daran etwas ändert.

3.3 Arzneimittel mit G-BA Entscheid (komplett) „mit Zusatznutzen"

Für die Festsetzung eines Erstattungspreises für Arzneimittel, die durch einen G-BA-Entscheid einen Zusatznutzen zuerkannt bekommen, gibt es gesetzliche Vorgaben, die in der Rahmenvereinbarung näher konkretisiert sind. Zu berücksichtigende Kriterien sind insbesondere das Ausmaß des Zusatznutzens, die JTK vergleichbarer Arzneimittel und der tatsächliche Abgabepreis des Arzneimittels in anderen europäischen Ländern, gewichtet nach den jeweiligen Umsätzen und Kaufkraftparitäten.

Vorrangig bei der Bildung des Erstattungsbetrages für Arzneimittel mit Zusatznutzen zu berücksichtigendes Kriterium, ist das Ausmaß des Zusatznutzens im Vergleich zur zVT. Die Monetarisierung des Zusatznutzens bedarf wertender Entscheidungen zur Zahlungsbereitschaft der gesetzlichen Krankenversicherung, die im Regelungsgefüge des AMNOGs bei Nicht-Einigung der Vertragspartner der Schiedsstelle überantwortet wird. Es handelt sich hierbei um arzneimittelindividuelle Wertenscheidungen der Schiedsstelle, die nach unserer Auffassung auch sozialgerichtlich nicht nachzuprüfen sein dürften. Das LSG Berlin-Brandenburg hat jüngst allerdings in mündlicher Verhandlung formuliert, dass es bei geringem Zusatznutzen einen Aufschlag auf die Kosten der zweckmäßigen Vergleichstherapie um bis 100% in der Regel für ausreichend und die Festlegung für durch die Gerichtsbarkeit inhaltlich überprüfbar hält.[11]

Nähere Konkretisierungen zu den Arzneimitteln, die mit ihren Jahrestherapiekosten zum Vergleich herangezogen werden, finden sich in der Rahmenvereinbarung.[12] Diese Arzneimittel müssen für das Anwendungsgebiet zugelassen sein und den zweckmäßigen Standards nach den Kriterien der

---

11 Vgl. dazu Mündliche Verhandlung am 01.03.2017 im Verfahren GKV-Spitzenverband ./. Schiedsstelle, Az. L9 KR 437/16 KL ER; schriftliches Urteil liegt noch nicht vor.
12 Vgl. dazu § 6 Nr. 4 der Rahmenvereinbarung.

evidenzbasierten Medizin entsprechen. Die Aussage, dass es sich um vergleichbare Arzneimittel handelt, muss nach der Rahmenvereinbarung auf wissenschaftlich einwandfrei durchgeführten Studien, die eine Aussage zum Erfolg der Behandlung ermöglichen, basieren. Es hat sich gezeigt, dass eine verfahrensindividuelle Bewertung durch die Schiedsstelle erforderlich ist, um jeweils zu entscheiden, welche Arzneimittel diese Kriterien erfüllen. In der Praxis der Schiedsstelle zeigt sich auch, dass die Wahl der jeweils als vergleichbar angesehenen Arzneimittel durch die beiden Seiten durch verhandlungsstrategische Erwägungen beeinflusst ist.

Wenn ein Arzneimittel mit Zusatznutzen schon in mindestens einem anderen europäischen Land zugelassen wurde, werden die dortigen Preise – wie gesetzlich vorgesehen – in der Verhandlung der Schiedsstelle ebenfalls als Kriterium bei der Bildung des Erstattungsbetrages herangezogen. Die Grundlage hierfür ist eine Länderliste, die von der Schiedsstelle 2012 beschlossen wurde;[13] von der in § 3 Abs. 2 der Rahmenvereinbarung vorgesehenen Möglichkeit zur Aktualisierung der Länderliste haben die Vertragspartner der Rahmenvereinbarung bislang keinen Gebrauch gemacht. Der Hersteller stellt die Einzelpreise unter Berücksichtigung von Rabatten und Informationen zur Schätzung von Rabatten zusammen. In diesem Punkt besteht des Öfteren eine Kontroverse zur Frage, was die tatsächlichen Abgabepreise bei Miteinbezug von vertraulichen Rabatten, Mengenstaffeln, Risk-Sharing Verträgen etc. sind; hier muss sich die Schiedsstelle jeweils in einer Gesamtabwägung der vorgetragenen Argumente ein Urteil bilden. Die Schiedsstelle hat 2016 Anträge beider Seiten, die Rahmenvereinbarung jeweils zu ihren Gunsten an diesem Punkt zu verändern, abgelehnt,[14] da sie die aktuelle Regelung auch mit Blick auf den gebotenen Interessenausgleich zwischen beiden Seiten als sachgerecht ansieht.

Die Preise in den anderen Ländern müssen mit den Kaufkraftparitäten der jeweiligen Länder bereinigt werden. Dies geschieht nach Vorgaben der Rahmenvereinbarung, wie sie von der Schiedsstelle 2015 entschieden wurden. Entsprechend der gesetzlichen Regelung wird im Regelfall der

---

13 Vgl. dazu Anlage 2 der Rahmenvereinbarung in der Fassung des Schiedsspruchs zur Rahmenvereinbarung vom 08.03.2012.
14 Vgl. dazu Schiedsspruch zur Rahmenvereinbarung vom 30.06.2016, Begründung zu B.

europäische Durchschnittspreis über eine Umsatzgewichtung errechnet. Die Schiedsstelle hat 2016 entschieden, dass in begründeten Fällen aber auch die Einwohnerzahlen der jeweiligen Länder als Näherung an die Umsatzgewichtung verwendet werden können.[15]

Aus Erfahrungen durch nicht-systematische Beobachtung kann man die Schlussfolgerung ziehen, dass die Launch-Sequenz in Europa einen nennenswerten Einfluss auf den sich ergebenden europäischen Durchschnittspreis hat, da sie darüber bestimmt, für welche Länder zum Zeitpunkt der Verhandlung der Schiedsstelle bereits Preisinformationen vorliegen. Ebenfalls hat sich überwiegend gezeigt, dass durch die Bereinigung nach Kaufkraftparitäten der dann errechnete europäische Durchschnittspreis geringer ist als vor der Bereinigung – offenbar spreizen die Preise eines Arzneimittels zwischen den Ländern mehrheitlich weniger als die Kaufkraftparitäten.

Nicht zu den vom Gesetzgeber vorgegebenen Kriterien für die Bildung des Erstattungspreises gehören die Forschungs- und Entwicklungskosten des Herstellers, während sie in dem dem AMNOG vorangegangenen Ansatz einer Kosten-Nutzen-Bewertung durch das GKV-WSG als ausdrückliches Kriterium für die Festsetzung des Erstattungsbetrages genannt waren.[16] Allerdings fällt auf, dass mit kleineren Patientenzahlen die JTK pro Patient deutlich ansteigen. Da die Forschungs- und Entwicklungskosten Fixkostencharakter haben, muss aus Herstellersicht ihre Umlage auf kleinere Patientenzahlen zu größeren im Erstattungsbetrag zu berücksichtigenden Beträgen führen.

Auch ist der Budget Impact für die gesetzlichen Krankenkassen formal kein zu berücksichtigendes Kriterium. Allerdings sind in Schiedssprüchen Patientenzahlen festgelegt worden, bei deren Überschreitung die Vereinbarung gekündigt werden kann[17], was als Berücksichtigung des Budget Impact gewertet werden könnte. Soweit dabei die zu vereinbarenden Mengen konfliktär gestellt werden, bildet sich die Schiedsstelle ein eigenes Urteil über realistische Mengen und setzt diese im Schiedsspruch fest.

---

15 Vgl. dazu § 6 Nr. 3 der Rahmenvereinbarung in der Fassung des Schiedsspruchs vom 30.06.2016.
16 Vgl. dazu § 31 Abs. 2a Satz 4 SGB V in der Fassung des GKV-Wettbewerbsstärkungsgesetzes vom 26.03.2007 (BGBl. I S. 378).
17 Vgl. etwa Schiedsverfahren 130b-SSt. 9–15 (Siltuximab (Sylvant®)).

Bei der Festsetzung eines Erstattungspreises für ein Arzneimittel mit Zusatznutzen findet kein starrer Algorithmus Anwendung. Grundsätzlich bestehen zwei mögliche Vorgehensweisen für die Schiedsstelle: Entweder die Schiedsstelle verwendet überhaupt keine Formel, sondern nimmt eine qualitative Gesamtabwägung vor. Zum Beispiel könnte die Schiedsstelle zunächst den Zusatznutzen monetarisierend bewerten und anschließend im Sinne einer Plausibilitätskontrolle den gefundenen Betrag mit den europäischen Vergleichspreisen und den Jahrestherapiekosten vergleichbarer Arzneimittel abgleichen. In diesem Falle müsste sie dann, wenn ihr die Abweichungen zu groß erscheinen, entscheiden, in welchem Umfang sie den zunächst ermittelten Erstattungsbetrag anpasst. Oder aber die Schiedsstelle entwickelt für den konkreten Einzelfall im Sinne einer „synthetischen Vorgehensweise" (Cassel, D. et al. 2015) eine Formel, die neben dem Zusatznutzen die europäischen Vergleichspreise und die Preise vergleichbarer Arzneimittel berücksichtigt. Bislang ist die Schiedsstelle, ohne präjudizierende Wirkung, überwiegend dem zweiten Ansatz bei der Bildung eines Erstattungsbetrages gefolgt.[18]

Die Rahmenvereinbarung sieht vor, dass bei Arzneimitteln mit Zusatznutzen der Erstattungsbetrag durch einen Zuschlag auf die JTK festgelegt wird. In der Spruchpraxis der Schiedsstelle wird überwiegend kein expliziter Aufschlag auf die JTK der zVT vorgenommen[19], vielmehr geschieht dies implizit bei der Monetarisierung des Zusatznutzens: Dadurch dass der Erstattungsbetrag oberhalb der JTK der zVT liegt, ist gegenüber dieser ein Aufschlag vorgenommen worden. Das LSG Berlin-Brandenburg[20] hat diese Praxis jüngst als rechtswidrig eingestuft: Es sei von den Kosten der zweckmäßigen Vergleichstherapie auszugehen und darauf ein expliziter Zuschlag zu bestimmen.

Die gesetzliche Regelung sieht vor, dass für Arzneimittel mit Zusatznutzen Praxisbesonderheiten vereinbart werden sollen. Dies ist teilweise zwischen den beiden Seiten streitig. Die Schiedsstelle hat in ihrer jüngeren

---

18 Vgl. etwa Verfahren 130b-SSt. 14–15 (Idelalisib (Zydelig®)), auch wenn dies ein Verfahren mit nur teilweisem Zusatznutzen war.
19 Vgl. etwa Verfahren 130b-SSt. 1–16 (Dulaglutid (Trulicity®)), auch wenn dies ein Verfahren mit nur teilweisem Zusatznutzen war.
20 Vgl. dazu Mündliche Verhandlung am 01.03.2017, a.a.O.

Spruchpraxis im Regelfall bei Arzneimitteln mit Zusatznutzen Praxisbesonderheiten festgelegt,[21] wenn es im Einzelfall keine Gegenargumente gibt.[22]

Der pharmazeutische Hersteller kann mit Blick auf die internationale Preisreferenzierung ein Interesse an einer Nicht-Ablösung der Herstellerrabatte bei der Festsetzung des Erstattungsbetrages haben, weil dann ein c.p. höherer Erstattungsbetrag in der öffentlichen Preis-Liste steht. Umgekehrt hat die Krankenkassenseite eher ein Interesse an einer Ablösung der Herstellerrabatte, weil sich dann die prozentualen Handelsmargen von pharmazeutischem Großhandel und Apotheken auf eine niedrigere Preisbasis beziehen. Anders als die Vereinbarung einer Praxisbesonderheit, die vom Gesetzgeber als Soll-Regelung vorgesehen ist, ist die mögliche Ablösung des Herstellerrabatts durch einen festgesetzten Erstattungsbetrag allerdings nur eine Kann-Regelung. In der jüngeren Spruchpraxis hat die Schiedsstelle daher regelmäßig entschieden, solche Ablösungen nicht konfliktär festzusetzen[23], sondern nur wenn dazu ein Konsens beider Seiten besteht.[24]

3.4 Arzneimittel mit G-BA Entscheid „mit und ohne Zusatznutzen"

Der Gesetzgeber hat mit dem AMNOG zwischen Arzneimitteln „mit Zusatznutzen" und Arzneimitteln „ohne Zusatznutzen" unterschieden. In der Praxis ist ein häufiger Fall, dass der G-BA mehrere Patientengruppen unterscheidet und für einen Teil der Patientengruppen auf einen Zusatznutzen erkennt, für einen anderen Teil hingegen nicht – eine Konstellation, für die es keine explizite gesetzliche Regelung gibt. In der Schiedsstelle gibt es vielfach zu solchen Arzneimitteln Auseinandersetzungen. Diese beginnen bereits mit der Frage, wie diese Arzneimittel ganz grundsätzlich zu behandeln sind.

---

21 Vgl. etwa Verfahren 130b-SSt. 16–15 (Translarna (Ataluren®)), auch wenn dies ein Verfahren mit nur teilweisem Zusatznutzen war.
22 Im Verfahren 130b-SSt. 1–16 (Dulaglutid (Trulicity®)) hat die Schiedsstelle keine Praxisbesonderheit festgelegt und dies damit begründet, dass nur in einer von 5 Patientengruppen ein (geringer) Zusatznutzen vorläge, dessen Ergebnissicherheit zudem vom G-BA nur mit „Anhaltspunkt" qualifiziert worden sei.
23 Vgl. etwa Schiedsverfahren 130b-SSt. 9–15 (Siltuximab (Sylvant®)).
24 Vgl. etwa Schiedsspruch im Verfahren 130b-SSt. 11–16 (Netupitant/Palonosetron (Akynzeo®)), auch wenn dies ein Verfahren ohne Zusatznutzen war.

Aus Sicht der pharmazeutischen Unternehmen wird überwiegend die Auffassung vertreten, es handele sich entsprechend der gesetzlichen Unterscheidung um Arzneimittel „mit" Zusatznutzen, für die in der Gänze die im vorangegangenen Unterabschnitt dieses Beitrags getroffenen Erwägungen Anwendung fänden. Auf dieser Basis wollen diese pharmazeutischen Unternehmen in einer „Gesamtschau" mittels der einschlägigen Kriterien einen Erstattungsbetrag festsetzen.[25] In diesem Kontext wird es entsprechend von den Unternehmen abgelehnt, dass bei einem solchen Arzneimittel für die Patientengruppen ohne Zusatznutzen nur die Jahrestherapiekosten der jeweiligen zVT herangezogen werden.

Demgegenüber vertritt der GKV-SV regelmäßig die Auffassung, die Arzneimittel seien hinsichtlich der Patientengruppen ohne Zusatznutzen wie Arzneimittel ohne Zusatznutzen und hinsichtlich der Patientengruppen mit Zusatznutzen wie Arzneimittel mit Zusatznutzen zu behandeln.[26] Daher sieht das Konzept des GKV-SV in diesen Fällen vor, für die Patientengruppen ohne Zusatznutzen die Jahrestherapiekosten der zweckmäßigen Vergleichstherapie als Obergrenze heranzuziehen, für die Patientengruppen mit Zusatznutzen hingegen neben der Monetarisierung des Zusatznutzens die Preise vergleichbarer Arzneimittel und die europäischen Vergleichspreise zu berücksichtigen und einen Mischpreis zu bilden.

Die Schiedsstelle hat sich bislang überwiegend, allerdings ohne präjudizierende Wirkung, in ihrer Einzelfallbetrachtung der Sichtweise des GKV-Spitzenverbandes angenähert. Denn wenn ein Arzneimittel nur für kleinere Patientengruppen einen Zusatznutzen, für größere hingegen keinen Zusatznutzen zuerkannt bekommen hat, muss dies anders gewürdigt werden als bei der umgekehrten Konstellation. Dazu ist der Ansatz des GKV-Spitzenverbandes geeignet. Eine Berücksichtigung der europäischen Vergleichspreise in einer Gesamtschau für die Patientengruppen mit und ohne Zusatznutzen ist allerdings gut begründbar, denn auch die ausländischen Preise werden zumindest ein verschiedenen Ländern berücksichtigen, dass das Arzneimittel in unterschiedlichen Patientengruppen mit unterschiedlichem Zusatznutzen eingesetzt wird. Auch bei den Preisen der vergleichbaren Arzneimittel kann

---

25 Vgl. etwa Verfahren 130b-SSt. 13–15 (Daklatasvir (Daklinza®)).
26 Vgl. etwa Verfahren 130b-SSt. 13–16 (Empagliflozin (Jardiance®)).

unter Umständen diese Konstellation vorliegen, so dass die Betrachtung über alle Patientengruppen einen sachgerechten Umgang darstellt.

Verschiedentlich hat die vom G-BA aufgestellte Verteilung der Patientenzahlen in den einzelnen Patientengruppen zu Kontroversen geführt. In der jüngeren Zeit hat die Schiedsstelle verschiedentlich die Auffassung vertreten, dieser Teil des G-BA-Beschlusses spiegele die epidemiologische Verteilung der Patienten mit der Krankheit wider, bilde aber nicht notwendiger Weise auch die Verteilung der Verordnungen des vertragsgegenständlichen Arzneimittels auf die Therapiealternativen ab. Daher hat die Schiedsstelle für die Gewichtung der Erstattungsbeträge unterschiedlicher Patientengruppen (insbesondere solcher mit und ohne Zusatznutzen) teilweise andere Patientenverteilungen zugrunde gelegt als der G-BA-Beschluss ausweist.[27]

Unabhängig davon, wie die Schiedsstelle den Mischpreis zwischen Indikationen mit und solchen ohne Zusatznutzen bildet, besteht auf der regionalen Ebene das Problem, dass Mischpreise in der regionalen Verordnungssteuerung teilweise gleichwohl zur Einschätzung des Medikamentes in der Indikation ohne Zusatznutzen als unwirtschaftlich führen (Weegen, L. et al. 2016). Dieses Problem kann durch die Schiedsstelle nicht gelöst werden. Hierzu bedürfte es vielmehr eines gesetzgeberischen Eingriffes.

Das LSG Berlin-Brandenburg hat in einem Verfahren des einstweiligen Rechtsschutzes am 01.03.2017 entschieden, bei der Festsetzung von Erstattungsbeträgen für Arzneimittel, bei denen einzelnen Patientengruppen keinen Zusatznutzen hätten, andere hingegen schon, dürfe die Schiedsstelle (wie auch die Vertragspartner im Rahmen der Vereinbarung nach § 130b Abs. 1 SGB V) keinen Mischpreis bilden.[28] Denn dieser Mischpreis läge für die Patientengruppen ohne Zusatznutzen oberhalb der Kosten der zweckmäßigen Vergleichstherapie, was gegen § 130b Abs. 3 SGB V verstoße. Vielmehr müsste der Erstattungsbetrag ausschließlich auf die Patientengruppen mit Zusatznutzen bezogen werden. Die Ärzte dürften das Arzneimittel in der Folge auch nur bei diesen Patienten einsetzen, ansonsten verstießen sie gegen das Wirtschaftlichkeitsgebot. Dem G-BA legt das LSG nahe,

---

27 Vgl. etwa Verfahren 130b-SSt. 1–16 (Dulaglutid (Trulicity®)).
28 Vgl. dazu Mündliche Verhandlung am 01.03.2017, a.a.O.

regelhaft zu prüfen, ob er für das Arzneimittel in Bezug auf die Patientengruppen ohne Zusatznutzen einen Leistungsausschluss vornimmt oder aber zumindest einen Therapiehinweis gibt.

3.5 Schiedsverfahren bei Indikationserweiterungen

In Fällen, in denen bereits ein Erstattungsbetrag für ein Arzneimittel in einer ersten Indikation besteht, kann die Schiedsstelle damit konfrontiert werden, dass sich die Vertragspartner anlässlich einer Indikationserweiterung nicht auf den Erstattungsbetrag verständigen konnten – auch wenn in der ersten Indikation der Erstattungsbetrag einvernehmlich ohne Mitwirkung der Schiedsstelle festgelegt wurde. In der bisherigen Spruchpraxis der Schiedsstelle wird in einem solchen Falle ein fiktiver Erstattungsbetrag für die jeweils neuen Indikationen gebildet und dann ein neuer, einheitlicher Erstattungsbetrag als Mischpreis für das Arzneimittel aus dem bisherigen Erstattungsbetrag und dem neuen Erstattungsbetrag festgelegt, wobei beide mit den jeweiligen Patientenzahlen gewichtet werden.[29] Dabei kann der neue Erstattungsbetrag sich in beide Richtungen verändern oder konstant bleiben. Dies ist abhängig vom Anteil der Patienten mit Zusatznutzen, dem Ausmaß des Zusatznutzens, der Preise vergleichbarer Arzneimittel und der Preise der zVT in Teilpopulationen in denen kein Zusatznutzen festgestellt werden konnte.

Im Falle einer Indikationserweiterung müsste dem Hersteller nach unserer Auffassung im Übrigen bei einer zusätzlichen Indikation ohne Zusatznutzen die Möglichkeit eines indikationsspezifischen Opt out gegeben werden. (vgl. May, U. et al. 2017).4.

4. Literatur

Bundesgesundheitsministerium (2016): Arzneimittelmarktneuordnungsgesetz. im Internet unter: https://www.bundesgesundheitsministerium.de/service/begriffe-von-a-z/a/arzneimittelmarktneuordnungsgesetz-amnog.html (besucht am 07.02.2017).

Cassel, D. & Ulrich, V. (2015): AMNOG auf dem ökonomischen Prüfstand. Gutachten für den Bundesverband der pharmazeutischen Industrie e.V. Duisburg-Essen und Bayreuth.

---

29 Vgl. etwa Schiedsverfahren 130b-SSt. 9–16 (Nivolumab (Opdivo®)).

Ludwig, S. & Charalabos-Markos, D. (2016): Arbitration Board Setting Reimbursement Amounts for Pharmaceutical Innovations in Germany: When Price Negations between Payers and Manufacturers Fail. An Empirical Analysis of 5 Years' Experience. Value in Health, 19, 1016–1015.

Luthe, E.W. (2016): § 130b in: Hauck, K. & Noftz, W. (Hrsg.) SGB V Kommentar. Loseblattsammlung.

May, U., Bauer, C. & Wasem, J. (2017): Indikationserweiterungen im Kontext des AMNOG-Prozesses. Manuskript Rheinbreitbach u. Essen.

Weegen, L., May, U., Bauer, C., Walendzik, A. & Wasem, J. (2016): Umsetzung des AMNOG in die Versorgungspraxis. IBES Diskussionsbeitrag Nr. 2016. Universität Duisburg Essen.

Verzeichnis der Autoren

Marco Annas
BAYER VITAL GmbH
Leiter Market Access/Health Policy
Gebäuder K56
51368 Leverkusen

Vivien Engelberth
Universität Duisburg – Essen, Campus Essen
Lehrstuhl für Medizinmanagement
Fakultät für Wirtschaftswissenschaften
Thea-Leymann-Straße 9
45127 Essen

Michael Hennrich, MdB
Büro Michael Hennrich, MdB
Deutscher Bundestag
Platz der Republik 1
10011 Berlin

Professor
Josef Hecken
Vorsitzender des Gemeinsamen
Bundesausschusses
Wegelystraße 8
10623 Berlin

Dr. Wulf-Dietrich Leber
Abteilungsleiter Krankenhäuser
GKV-Spitzenverband
Reinhardtstraße 28
10117 Berlin

Professor Dr. Michael Philippi
Healthcare Consulting GmbH
Adamstraße 24
50996 Köln

Johann-Magnus von Stackelberg
Stellv. Vorstandsvorsitzender
GKV-Spitzenverband
Reinhardtstraße 28
10117 Berlin

Han Steutel
Vorsitzender des vfg. Die forschenden
Pharma-Unternehmen
Hausvogteigplatz 13
10117 Berlin

Dr. Anja Tebinka-Olbricht
Spitzenverband der Krankenkassen
Abteilung Arznei- und Heilmittel
Reinhardstraße 28
10117 Berlin

Professor Dr. Gregor Thüsing LL.M. (Harvard)
Universität Bonn
Fachbereich Rechtswissenschaft
Institut für Arbeitsrecht und
Recht der sozialen Sicherheit
Adenauerallee 24–42
53113 Bonn

Professor Dr. Volker Ulrich
Universität Bayreuth
Lehrstuhl für VWL III
Postfach
95440 Bayreuth

Professor Dr. Jürgen Wasem
Universität Duisburg-Essen, Campus Essen
Lehrstuhl für Medizinmanagement
Fakultät für Wirtschaftswissenschaften
Thea-Leymann-Str. 9
45127 Essen

Professor Dr. Eberhard Wille
Josef Braun-Ufer 23
68165 Mannheim

STAATLICHE ALLOKATIONSPOLITIK IM MARKTWIRTSCHAFTLICHEN SYSTEM

Band 1 Horst Siebert (Hrsg.): Umweltallokation im Raum. 1982.

Band 2 Horst Siebert (Hrsg.): Global Environmental Resources. The Ozone Problem. 1982.

Band 3 Hans-Joachim Schulz: Steuerwirkungen in einem dynamischen Unternehmensmodell. Ein Beitrag zur Dynamisierung der Steuerüberwälzungsanalyse. 1981.

Band 4 Eberhard Wille (Hrsg.): Beiträge zur gesamtwirtschaftlichen Allokation. Allokationsprobleme im intermediären Bereich zwischen öffentlichem und privatem Wirtschaftssektor. 1983.

Band 5 Heinz König (Hrsg.): Ausbildung und Arbeitsmarkt. 1983.

Band 6 Horst Siebert (Hrsg.): Reaktionen auf Energiepreissteigerungen. 1982.

Band 7 Eberhard Wille (Hrsg.): Konzeptionelle Probleme öffentlicher Planung. 1983.

Band 8 Ingeborg Kiesewetter-Wrana: Exporterlösinstabilität. Kritische Analyse eines entwicklungspolitischen Problems. 1982.

Band 9 Ferdinand Dudenhöfer: Mehrheitswahl-Entscheidungen über Umweltnutzungen. Eine Untersuchung von Gleichgewichtszuständen in einem mikroökonomischen Markt- und Abstimmungsmodell. 1983.

Band 10 Horst Siebert (Hrsg.): Intertemporale Allokation. 1984.

Band 11 Helmut Meder: Die intertemporale Allokation erschöpfbarer Naturressourcen bei fehlenden Zukunftsmärkten und institutionalisierten Marktsubstituten. 1984.

Band 12 Ulrich Ring: Öffentliche Planungsziele und staatliche Budgets. Zur Erfüllung öffentlicher Aufgaben durch nicht-staatliche Entscheidungseinheiten. 1985.

Band 13 Ehrentraud Graw: Informationseffizienz von Terminkontraktmärkten für Währungen. Eine empirische Untersuchung. 1984.

Band 14 Rüdiger Pethig (Ed.): Public Goods and Public Allocation Policy. 1985.

Band 15 Eberhard Wille (Hrsg.): Öffentliche Planung auf Landesebene. Eine Analyse von Planungskonzepten in Deutschland, Österreich und der Schweiz. 1986.

Band 16 Helga Gebauer: Regionale Umweltnutzungen in der Zeit. Eine intertemporale Zwei-Regionen-Analyse. 1985.

Band 17 Christine Pfitzer: Integrierte Entwicklungsplanung als Allokationsinstrument auf Landesebene. Eine Analyse der öffentlichen Planung der Länder Hessen, Bayern und Niedersachsen. 1985.

Band 18 Heinz König (Hrsg.): Kontrolltheoretische Ansätze in makroökonometrischen Modellen. 1985.

Band 19 Theo Kempf: Theorie und Empirie betrieblicher Ausbildungsplatzangebote. 1985.

Band 20 Eberhard Wille (Hrsg.): Konkrete Probleme öffentlicher Planung. Grundlegende Aspekte der Zielbildung, Effizienz und Kontrolle. 1986.

Band 21 Eberhard Wille (Hrsg.): Informations- und Planungsprobleme in öffentlichen Aufgabenbereichen. Aspekte der Zielbildung und Outputmessung unter besonderer Berücksichtigung des Gesundheitswesens. 1986.

Band 22 Bernd Gutting: Der Einfluß der Besteuerung auf die Entwicklung der Wohnungs- und Baulandmärkte. Eine intertemporale Analyse der bundesdeutschen Steuergesetze. 1986.

Band 23 Heiner Kuhl: Umweltressourcen als Gegenstand internationaler Verhandlungen. Eine theoretische Transaktionskostenanalyse. 1987.

Band 24 Hubert Hornbach: Besteuerung, Inflation und Kapitalallokation. Intersektorale und internationale Aspekte. 1987.

Band 25 Peter Müller: Intertemporale Wirkungen der Staatsverschuldung. 1987.

Band 26 Stefan Kronenberger: Die Investitionen im Rahmen der Staatsausgaben. 1988.

Band 27 Armin-Detlef Rieß: Optimale Auslandsverschuldung bei potentiellen Schuldendienstproblemen. 1988.

Band 28 Volker Ulrich: Preis- und Mengeneffekte im Gesundheitswesen. Eine Ausgabenanalyse von GKV-Behandlungsarten. 1988.

Band 29 Hans-Michael Geiger: Informational Efficiency in Speculative Markets. A Theoretical Investigation. Edited by Ehrentraud Graw. 1989.

Band 30 Karl Sputek: Zielgerichtete Ressourcenallokation. Ein Modellentwurf zur Effektivitätsanalyse praktischer Budgetplanung am Beispiel von Berlin (West). 1989.

ALLOKATION IM MARKTWIRTSCHAFTLICHEN SYSTEM

Band 31 Wolfgang Krader: Neuere Entwicklungen linearer latenter Kovarianzstrukturmodelle mit quantitativen und qualitativen Indikatorvariablen. Theorie und Anwendung auf ein mikroempirisches Modell des Preis-, Produktions- und Lageranpassungsverhaltens von deutschen und französischen Unternehmen des verarbeitenden Gewerbes. 1991.

Band 32 Manfred Erbsland: Die öffentlichen Personalausgaben. Eine empirische Analyse für die Bundesrepublik Deutschland. 1991.

Band 33 Walter Ried: Information und Nutzen der medizinischen Diagnostik. 1992.

Band 34 Anselm U. Römer: Was ist den Bürgern die Verminderung eines Risikos wert? Eine Anwendung des kontingenten Bewertungsansatzes auf das Giftmüllrisiko. 1993.

Band 35 Eberhard Wille, Angelika Mehnert, Jan Philipp Rohweder: Zum gesellschaftlichen Nutzen pharmazeutischer Innovationen. 1994.

Band 36 Peter Schmidt: Die Wahl des Rentenalters. Theoretische und empirische Analyse des Rentenzugangsverhaltens in West- und Ostdeutschland. 1995.

Band 37 Michael Ohmer: Die Grundlagen der Einkommensteuer. Gerechtigkeit und Effizienz. 1997.

Band 38 Evamaria Wagner: Risikomanagement rohstoffexportierender Entwicklungsländer. 1997.

Band 39 Matthias Meier: Das Sparverhalten der privaten Haushalte und der demographische Wandel: Makroökonomische Auswirkungen. Eine Simulation verschiedener Reformen der Rentenversicherung. 1997.

Band 40 Manfred Albring / Eberhard Wille (Hrsg.): Innovationen in der Arzneimitteltherapie. Definition, medizinische Umsetzung und Finanzierung. Bad Orber Gespräche über kontroverse Themen im Gesundheitswesen 25.–27.10.1996. 1997.

Band 41 Eberhard Wille / Manfred Albring (Hrsg.): Reformoptionen im Gesundheitswesen. Bad Orber Gespräche über kontroverse Themen im Gesundheitswesen 7.–8.11.1997. 1998.

Band 42 Manfred Albring / Eberhard Wille (Hrsg.): Szenarien im Gesundheitswesen. Bad Orber Gespräche über kontroverse Themen im Gesundheitswesen 5.–7.11.1998. 1999.

Band 43 Eberhard Wille / Manfred Albring (Hrsg.): Rationalisierungsreserven im deutschen Gesundheitswesen. 2000.

Band 44 Manfred Albring / Eberhard Wille (Hrsg.): Qualitätsorientierte Vergütungssysteme in der ambulanten und stationären Behandlung. 2001.

Band 45 Martin Pfaff / Dietmar Wassener / Astrid Sterzel / Thomas Neldner: Analyse potentieller Auswirkungen einer Ausweitung des Pharmaversandes in Deutschland. 2002.

Band 46 Eberhard Wille / Manfred Albring (Hrsg.): Konfliktfeld Arzneimittelversorgung. 2002.

Band 47 Udo Schneider: Theorie und Empirie der Arzt-Patient-Beziehung. Zur Anwendung der Principal-Agent-Theorie auf die Gesundheitsnachfrage. 2002.

Band 48 Manfred Albring / Eberhard Wille: Die GKV zwischen Ausgabendynamik, Einnahmenschwäche und Koordinierungsproblemen. 2003.

Band 49 Uwe Jirjahn: X-Ineffizienz, Managementanreize und Produktmarktwettbewerb. 2004.

Band 50 Stefan Resch: Risikoselektion im Mitgliederwettbewerb der Gesetzlichen Krankenversicherung. 2004.

Band 51 Paul Marschall: Lebensstilwandel in Ostdeutschland. Gesundheitsökonomische Implikationen. 2004.

Band 52 Eberhard Wille / Manfred Albring (Hrsg.): Paradigmenwechsel im Gesundheitswesen durch neue Versorgungsstrukturen? 8. Bad Orber Gespräche. 6.–8. November 2003. 2004.

Band 53 Eberhard Wille / Manfred Albring (Hrsg.): Versorgungsstrukturen und Finanzierungsoptionen auf dem Prüfstand. 9. Bad Orber Gespräche. 11.–13. November 2004. 2005.

Band 54 Brit S. Schneider: Gesundheit und Bildung. Theorie und Empirie der Humankapitalinvestitionen. 2007.

Band 55 Klaus Knabner / Eberhard Wille (Hrsg.): Qualität und Nutzen medizinischer Leistungen. 10. Bad Orber Gespräche, 10.–12. November 2005. 2007.

Band 56 Holger Cischinsky: Lebenserwartung, Morbidität und Gesundheitsausgaben. 2007.

Band 57 Eberhard Wille / Klaus Knabner (Hrsg.): Wettbewerb im Gesundheitswesen: Chancen und Grenzen. 11. Bad Orber Gespräche. 16.–18. November 2006. 2008.

Band 58 Christian Igel: Zur Finanzierung von Kranken- und Pflegeversicherung. Entwicklung, Probleme und Reformmodelle. 2008.

Band 59 Christiane Cischinsky: Auswirkungen der Europäischen Integration auf das deutsche Gesundheitswesen. 2008.

Band 60 Eberhard Wille / Klaus Knabner (Hrsg.): Die besonderen Versorgungsformen: Herausforderungen für Krankenkassen und Leistungserbringer. 12. Bad Orber Gespräche über kontroverse Themen im Gesundheitswesen. 15.–17. November 2007. 2009.

Band 61 Malte Wolff: Interdependenzen von Arzneimittelregulierungen. 2010.

Band 62 Eberhard Wille / Klaus Knabner (Hrsg.): Qualitätssicherung und Patientennutzen. 13. Bad Orber Gespräche über kontroverse Themen im Gesundheitswesen. 20.–21. November 2008. 2010.

Band 63 Eberhard Wille / Klaus Knabner (Hrsg.): Reformkonzepte im Gesundheitswesen nach der Wahl. 14. Bad Orber Gespräche über kontroverse Themen im Gesundheitswesen. 12.-13. November 2009. 2011.

Band 64 Eberhard Wille / Klaus Knabner (Hrsg.): Dezentralisierung und Flexibilisierung im Gesundheitswesen. 15. Bad Orber Gespräche über kontroverse Themen im Gesundheitswesen. 18.-19. November 2010. 2011.

Band 65 Eberhard Wille / Klaus Knabner (Hrsg.): Strategien für mehr Effizienz und Effektivität im Gesundheitswesen. 16. Bad Orber Gespräche über kontroverse Themen im Gesundheitswesen. 2013.

Band 66 Timo Wasmuth: Gesundheitsausgaben: Determinanten und Auswirkungen auf die Gesundheit. Theoretische Modellierung und empirische Analyse. 2013.

Band 67 Eberhard Wille (Hrsg.): Wettbewerb im Arzneimittel- und Krankenhausbereich. 17. Bad Orber Gespräche über kontroverse Themen im Gesundheitswesen. 2013.

Band 68 Christian Maier: Eine empirische Analyse der Anreize zur informellen Pflege. Impulse für Deutschland aus einem europäischen Vergleich. 2015.

Band 69 Eberhard Wille (Hrsg.): Versorgungsdefizite im deutschen Gesundheitswesen. 18. Bad Orber Gespräche über kontroverse Themen im Gesundheitswesen. 2015.

Band 70 Anke Schliwen: Versorgungsbedarf, Angebot und Inanspruchnahme ambulanter hausärztlicher Leistungen im kleinräumigen regionalen Vergleich. 2015.

Band 71 Eberhard Wille (Hrsg.): Verbesserung der Patientenversorgung durch Innovation und Qualität. 19. Bad Orber Gespräche über kontroverse Themen im Gesundheitswesen. 2015.

Band 72 Eberhard Wille (Hrsg.): Entwicklung und Wandel in der Gesundheitspolitik. 20. Bad Orber Gespräche über kontroverse Themen im Gesundheitswesen. 2016.

Band 73 Eberhard Wille (Hrsg.): Neuerungen im Krankenhaus- und Arzneimittelbereich zwischen Bedarf und Finanzierung. 21. Bad Orber Gespräche über kontroverse Themen im Gesundheitswesen. 2017.

www.peterlang.com

www.ingramcontent.com/pod-product-compliance
Ingram Content Group UK Ltd.
Pitfield, Milton Keynes, MK11 3LW, UK
UKHW021828210426
5322IPUK00004B/76